JN429504

지적 대화를 위한 품격의 스피치

박 보 식

도서출판 대영문화사

머리말

독자가 갈구하는 '품격의 스피치' 여기에 있다

유명한 경영학자인 피터 드러커 박사는 "인간에게 있어서 가장 중요한 능력은 자기표현이며, 경영이나 관리는 커뮤니케이션에 의해서 좌우된다"라고 하였다.

세계 제일의 갑부인 빌 게이츠에게 "후계자를 누구로 선택할 예정입니까?"라는 기자의 질문에, "여러 가지 능력이 있으면 좋지만, 그 중 하나를 선택하라면 스피치 능력이 있는 사람을 후계자로 지명하겠다"라고 하였다.

이처럼 스피치 능력은 의사전달을 넘어 우리의 삶에서 매우 중요한 역할을 한다. 또한 "화술은 인품을 나타내는 척도다"라는 말이 있듯이 사람을 판단하는 중요한 기준이 되기도 한다.

그러나 말을 잘한다는 것은 결코 쉽지만은 않다. 그렇다고 또한 어려운 것만도 아니다. 다만, 스피치는 기술이므로 스피치기법을 배우고, 자신감을 갖고 말의 내용을 깊게 하기 위해 독서를 많이 한다면 스피치를 잘할 수 있다. 구체적으로 스피치를 잘하기 위해서 첫째는 스피치의 기술을 바탕으로 하여야 한다. 스피치의 기본은 천천히, 또박또박 자연스럽게 하는 것이다. 지나치게 말이 빠르거나 발음이 정확하지 않으면 스피치 내용을 이해하기가 어렵다. 나아가 진실에 바탕을 두고 하는 것이 훌륭한 스피치이다.

둘째는 내용에서 감동을 주어야 한다. 감동에는 진실성이 묻어 있어야 한다. 특히, 스피치가 빛을 발휘하려면 많은 전문지식과 정보를 바탕으로 진솔하게 이야기해야 한다.

셋째는 높은 인격이 밑바탕이 되어야 한다. 아무리 내용이 좋아도 연사의 평판이 좋지 않으면 그 효과를 충분히 발휘하기 어렵다.

결론적으로 훌륭한 스피치란 스피치 기술과 내용, 인품을 바탕으로 형성되는 것이다. 여기에 겸손함과 자신감을 갖추면 금상첨화가 되는 것이다.

다만, 스피치는 절대로 한술에 배부를 수가 없다. "나도 잘할 수 있다"라는 자신감을 갖고 꾸준히 연습과 노력을 하면, 탁월한 스피치 전문가가 될 수 있다.

본 서는 저자의 수십 년 간에 걸친 스피치 실전 경험과 다양한 스피치 이론을 바탕으로 집필하였다. 한 절 한 절 그냥 기술한 것이 아니라, 저자의 다양한 스피치 경험과 수십 년에 걸친 스피치 강의에 바탕에 두고 저술한 것이다. 즉, 본 서는 올바른 인간관계를 형성하고자 하거나, 자신의 스피치 품격을 높이고 이미지를 업그레이드하는 경우, 더 나아가 성공을 꿈꾸는 현대인에게 유용한 스피치 지침서이다.

책의 주요 내용으로는 발표불안증의 극복, 스피치의 기본원칙, 감성의 스피치, 스피치의 콘텐츠, 공감과 소통기법, 대화의 기술, 유머스러운 화법, 면접 스킬, 선거연설, 토론기법, 유명인사의 스피치에 이르기까지 다양한 내용을 수록하였다. 독자께서 본 서를 항상 가까이 두고 스피치할 때 응용한다면, 훌륭하게 스피치를 잘하리라 확신한다.

다만, 열정을 갖고 집필을 하였지만 많은 부분에서 부족한 부분이 있으리라 생각한다. 독자의 질책을 겸허히 받아들이며, 이를 바탕으로 개정판에서는 더욱 발전된 책으로 독자에게 선보이도록 노력하겠습니다.

본 서를 출판하는 데 깊은 애정을 갖고 많은 지원을 해주신 대영문화사 임춘환 사장님과 편집인에게 무한한 감사를 드립니다.

2015. 9.

박 보 식

차례

제 1 장

이젠 떨리지 않는다

희망은 잠자고 있는 인간의 꿈이다.
인간의 꿈이 있는 한 이 세상은 도전해 볼 만하다.
어떠한 일이 있더라도 꿈을 잃지 말자.
꿈을 꾸자.
꿈은 희망을 버리지 않는 사람에게 선물로 주어진다.

-아리스토텔레스-

Speech

01 불안증을 극복하자

발표불안증은 성격적 불안증과 상황적 불안증으로 나눌 수 있다.

성격적 불안증은 모든 커뮤니케이션 상태에서 거의 언제나 불안을 느끼는 상태를 가르치는데, 이는 전체 성인의 약 1% 정도라고 한다.

상황적 불안증은 커뮤니케이션 중 특수한 상황에서만 불안증을 느끼는 상태이다. 평소 친구하고 이야기할 때는 아무런 불안감을 느끼지 않던 사람이, 연단에 나가서 스피치를 할 때나 아니면 자신이 하는 스피치의 중요성을 너무 크게 생각한 나머지 생겨나는 것으로, 이는 거의 대부분의 사람들이 겪게 되는 현상이다.

즉, 사람이 연단에 나와서 발표할 때 다소 강약의 차이는 있으나 발표불안증을 느끼는 것은 지극히 당연한 현상이다. 우리는 평소 이야기를 잘하다가도 연단에만 나오면 나의 의지와 관계없이 불안, 초조, 긴장, 흥분됨으로 인하여 자신이 원하는 스피치를 충분히 하지 못하는 경우가 많이 있다.

이를 해결하기 위한 방안을 제시하고자 한다.

저자가 스피치를 가르친 한 분의 사례를 소개하고자 한다. 이분은 약 40대 중반 정도의 나이로, 지방의 중소도시에 살고 있는 분이다.

이분은 사업을 잘하여 재력은 어느 정도 갖고 있으나, 각종 모임에서 회장을 하라면 연단공포증이 있어서 죽어도 안한다고 하는 분이다. 왜 안하느냐고 하면 연단공포증이 있다고는 말하지 못하고, 그냥 바쁘다는 핑계를 대며 절대로 안한다고 하여 연단에 나가서 말을 하지 않아도 되는 부회장만 약 10개 정도나 가지고 계시는 분이다. 물론 이분이 스피치 학원에서 약 3개월 정도 수강을 열심히 듣고 나서 많이 좋아졌다. 연단에 오르는 자세나 연단에 나와서 발표할 때 떨리는 강도가 전과 같지 않고 많이 좋아졌다. 그래서 앞으로는 회장을 하라고 하면 앞에 나가서 말하는 것 때문에는 못한다고는 하지 않겠다고 자신 있게 말씀을 하신 분이다.

물론 이분은 약 3개월 과정의 실습으로 많은 자신감을 얻기도 하였지만, 강의 중에 이 이론을 많이 주입시켜 보다 자신감을 얻는 데 많은 보탬이 된 분이다. 발표불안증을 극복하는 방안은 다음의 6가지를 잘 알아야 하고, 또 기회가 되면 많이 연단에 서 보아야 한다.

1. 불안증의 증폭을 막아야 한다

일단 불안증이 정상적인 수준을 넘게 되면 불안증 자체가 또 불안증을 낳는 걷잡을 수 없는 상태로 빠지게 된다. 이를 해결하기 위해서는 불안하게 만드는 원인이 무엇인지 파악해야 한다. 조금 중요한 상황이라고 해서, 이것을 지나치게 심각하게 받아들이거나 "잘못하면 크게 망신을 당한다"라는 생각은 더욱 불안하게 만드는 요인이 된다.

불안의 원인은 크게 두 가지로 나눌 수 있다. 첫째는 사전에 원고를 준비하지 않음으로 인한 불안증과 둘째는 발표하는 것을 너무 중요하다고 생각하는 것이 불안의 원인이 된다.

그래서 연사는 어떤 발표를 한다면, 사전에 주제의 내용을 철저히 준비하여야 하며, 발표 그 자체를 너무 중요하게 생각하지 않고 "나의 생각과 감정을 전달하면 된다"라고 생각하면서, 편안히 연단에 오르는 자세가 중요하다.

2. 모든 것을 긍정적으로 생각하고 표현하라

모든 것은 마음먹기에 달려 있다. 잘못된 경우를 지나치게 생각하다 보면 자신감을 잃게 되고, "열심히 잘 준비했다"라고 생각하면 자신감이 생겨난다.

발표불안증은 의식할수록 심해지는 것이기 때문에 되도록 의식하지 않는 것이 좋다. 그러나 의식하지 않는 것이 불가능할 때는 긍정적인 언어로 인식이나 표현하는 것이 좋다.

"잘못하면 실패한다"라는 부정적 사고에서 탈피하여, 잘하면 "나를 부각시킨다"라는 긍정적 사고를 갖는 것이 다소 불안감을 낮출 수 있다. 또 불안증을 긍정적으로 바라보아야 한다. 긴장이 없으면 발전이 없다. 긴장과 불안은 다가올 사태에 대한 심리적 준비가 계속되고 있다는 건강한 신호이며, 사람으로 하여금 준비에 만전을 기하도록 하는 촉매제 역할을 하는 것이다.

3. 스스로를 과소평가하지 마라

스피치에 임하는 사람은 자신의 발표 능력을 과소평가하는 경향이 있다. 스피치 경험이 없다거나 말주변이 없어서 스피치를 잘할 수 없다고 생각한다.

그러나 성인이라면 누구나 20년 이상 말을 사용했기 때문에 자신의 의사를 충분히 말할 수 있다. 문제는 연사가 청중을 감동시키는 화려한 스피치를 해야 한다는 강박 관념에서 나오는 것이다. 지나친 완벽에서 벗어나 어느 정도 실수가 있더라도 자신의 능력과 진솔함, 그리고 정열을 보여 주면 되는 것이다.

자신의 능력을 너무 과소평가하여 불안감에 떨지 말고, 나도 대화할 때 "친구나 동료에게 말을 잘한다"라는 생각을 갖고 스피치에 임해야 한다.

4. 불안감을 숨기려 하지 마라

속으로는 불안한데 겉으로 태연한 척하면 더욱 불안감은 고조된다. 이때 자신이 현재 많이 긴장하고 있다는 것을 청중에게 이야기하면 보다 편안히 연설을 잘할 수 있다.

즉, 얼굴이 붉어지거나, 목소리가 떨리거나 말이 빨라지는 현상, 또는 시선 처리가 잘 안되는 현상을 숨기려 하지 말고, 이런 현상 때문에 무척 긴장이 된다고 이야기하면 이런 여러 현상이 나타나도, 사전에 이야기를 한 관계로 다소 여유를 가지고 스피치에 임할 수 있다.

대부분 발표불안증이 많이 나타나는 사람은 이런 현상이 스피치할 때 나타나는데, 이를 숨기려고 하다 보면 더 불안감이 나타나고, 또 이를 감추려고 하다 보니 연설을 실패로 이끄는 경우가 많다.

이런 현상이 나타날 때 숨기지 말고, 자신의 불안 현상을 이야기하면 다소 불안감이 낮아질 수 있다. 어느 면에서는 연사가 자신의 단점까지도 이야기한다고 하면서 더욱 청중들이 신뢰를 보이기도 한다.

5. 불안감은 일시적인 현상이다

연설 시작 1~3분 전과 연설 후 3분까지가 가장 긴장이 고조되는 시기이다. 연설 실패의 약 90%는 연단 등단 후 3분 이내이다. 그래서 연단에 오른 후 연사에게는 3분이 가장 중요하며, 시작할 때 서론기법을 잘 사용하여 불안감의 현상을 낮추어야 한다.

서론기법에는 평소 본인이 잘 사용하는 사자성어나, 날씨, 건강, 그리고 적절한 유머 등을 자연스럽게 사용하여 스피치를 시작하는 것이 좋다.

이런 서론기법을 사용하다 보면 3~4분이 쉽게 지나가고, 본론은 자신이 사전에 준비한 바를 논리적으로 전개해 나아가면 된다. 물론 서론기법은 시간에 맞추어 하면 되는 것이지, 앞에 열거한 모든 내용을 다 할 필요는 없다.

유머 하나를 소개하고자 한다.

아주 잘 생겼으며 끼가 많은 4살 먹은 남자아이가 아파트에 살고 있었다. 그런데 이 아파트 바로 아래층에 3살 먹은 아주 예쁜 여자아이가 이사를 왔다. 4살 먹은 남자아이는 3살 먹은 여자아이 집에 매일 놀러가서 소꿉놀이를 하였다.

그러나 끼가 많은 남자아이가 작업(?)을 걸려고 하면, 여자아이의 어머니가 항상 집에 있어서 작업을 걸지 못했다. 그러나 기회는 왔다. 여자아이 어머니가 잠깐 아파트 현관에 택배를 받으러 간다고 하며 문을 나섰다.

끼가 많은 남자아이는 바로 하던 놀이를 멈추고 여자아이에게 키스를 했다.

여자아이가 뭐라고 했을까요?

여자아이 왈 : 자기야 책임져.

그 후 남자아이는 뭐라고 말을 했을까요?

남자아이 왈 : 우리가 한두 살 먹은 어린애도 아닌데…….

이렇게 처음에 유머를 하여 청중이 웃으면 연설은 쉽게 잘 풀릴 수 있다.

6. 성공적으로 발표하는 장면을 상상하라

심리학에 사람은 언제나 자기예언을 실현하는 방향으로 노력한다는 이론이 있다. 자기예언은 자신이 앞으로 어떻게 될 것인가를 예측하는 것이다. 그래서 자기예언을 바탕으로 성공적인 스피치를 하기 바란다.

스피치에서 실패를 예감하고 하다 보면 맥이 빠지고 머릿속이 멍해서 준비한 원고를 제대로 잘할 수 없다. 그러나 성공적으로 발표하는 장면을 상상하면 의욕이 솟구치고 정신도 맑아져 연설을 성공으로 잘 이끌 수 있다.

그래서 자신이 불안하다는 것을 느낄 때 그 불안감 때문에 스피치를 실패하는 상황을 상상하지 말고, 그것을 극복하고 성공리에 발표해 나아가는 상황을 그리는 것이 불안감을 낮출 수 있다. 사람은 생각한 대로 말하고, 말한 대로 행동한다는 말을 가슴에 새기기 바란다.

이상 6가지의 내용을 잘 숙지하고, 연단에 자주 서는 연습을 많이 하다 보면, 연단공포증은 잘 극복할 수 있다.

02 명연설가의 비결

유명한 연설가요, 사상가인 에머슨R. W. Emerson은 "모든 훌륭한 연설가들도 처음에는 형편없는 연설가였다"라고 했다. 훌륭한 연설가는 만들어지는 것이지, 태어나는 것이 아니다.

케네디나 루스벨트 대통령, 그리고 버락 오바마 대통령, 영국의 처칠 수상도 훌륭한 연설 능력을 쌓기 위해 많은 노력을 투자했다. 명연설가가 되기 위한 비결은 다음과 같다.

1. 사전 준비를 철저히 하라

위대한 것은 하루아침에 저절로 이뤄지는 것이 아니다. 훌륭한 화술가가 되기 위해서도 남다른 준비와 노력이 있어야 한다.

가수가 자신의 노래 한 곡을 대중 앞에서 부르기 위해 3~4분 밖에 안되는 노래를 하루 수시간씩 3~4개월 피나는 연습을 한 후에 무대에 나선다고 한다. 스피치도 마찬가지이다. 스피치 역시 성공과 실패는 연사가 사전에 얼마나 많은 준비와 연습을 하였느냐에 달려 있다. 철저한 사전 준비와 피나는 노력이 성공적인 스피치를 만든다.

2. 멋진 서두로 주의를 끌어라

저자는 주례를 많이 본다. 요사이 주례도 너무 길면 효과가 많이 떨어진다. 주례를 할 때 많은 하객을 감동시키기 위해서는 처음에 진부한 날씨나 평이한 이야기보다는 멋진 첫 구절로 시작해야 한다. 그래서 저자는 첫 마디에 결혼의 중요성을 의미하는 러시아 속담을 말한다.

"전쟁터에 나갈 때에는 한 번 기도하고, 거친 바다에 나갈 때에는 두 번 기도하고, 결혼할 때는 세 번 기도하라"라는 말이 있다. "이만큼 결혼은 인생에 있어서 힘들고 중요한 일인 것입니다"라고 서두를 시작함으로써 청중의 집중을 받으며 시작한다.

또 동창회 모임에서는 이런 문구가 동문을 사로잡는다.

"국적은 바꿀 수 있어도, 학적은 바꿀 수 없다"라는 말처럼, "우리가 다닌 이 학교는 우리가 죽을 때까지 같이 가지고 가야 하는 운명입니다"라는 문구를 먼저 이야기를 하면 더욱 동문이 집중하여 듣는 것을 볼 수 있다.

이처럼 '시작이 반'이라는 말은 대중 스피치에서 매우 교훈적인 말이다. 입을 여는 첫 마디부터 청중의 관심과 주의를 끌 수 있는 멋진 내용의 말과 멋진 음성으로 접근하여야 한다.

처음에 잡지 못한 물고기를 다시 잡기란 쉽지 않다. 즉, 멋진 서두로 표현하는 노력은 멋진 스피치를 만드는 지름길이다.

"초반 3분이 스피치의 성패를 좌우한다"라는 말이 있다. 청중은 연사가 나와서 처음 3분 동안의 스피치를 듣고, 이 연설(강의)을 열심히 들을 것인지, 대충 들을 것인지 아니면 안 들을 것인지를 결정한다고 한다.

3. 논점을 철저히 고찰하라

말에는 지우개가 없다. 한 번 쏘아버린 화살처럼, 한 번 엎지른 물처럼 말의 실수에 대해 청중은 관용을 베풀지 않는다. 그래서 연사는 자신의 논점을 철저히 고찰한 후에 분명한 메시지를 가지고 대중 앞에 서야 한다.

뛰어난 연설가는 훌륭한 사상가라는 말이 있다. 지나치게 자신감이 넘치는 연사일수록 준비를 소홀히 하여 발표에서 큰 낭패를 보는 경우가 있다.

연사는 자신이 말하고자 하는 주제에 대하여 독서와 경험, 그리고 다양한 사례를 사전에 철저히 연구하고 분석하여 반대자의 반론에 잘 대처하고, 해박한 지식으로 청중을 휘어잡아야 한다.

4. 교훈적이고 유쾌한 말을 하라

사람은 누구나 가치없는 것이나, 재미없는 것에는 외면을 한다. 연설은 내용의 가치와 재미의 가치가 잘 조화되어 어울릴 때 더욱 효과를 발휘한다.

연사는 맛있는 음식을 만들어 내는 요리사와도 같다. 요리사는 고객의 입맛에 맞추어 맛을 내야 하고, 또 충분한 영양분을 음식에 포함시켜야 하는 것처럼, 연사도 청중에게 값진 내용과 흥미를 유발시켜야 한다.

즉, 유능한 연사는 청중이 좋아하는 화제를 제공하면서 교훈적인 말을 하는 사람이라고 한다.

미국의 유명한 사상가요, 웅변가인 에머슨은 연사의 사명에 대해 다음과 같이 말했다. “연사란 청중에게 유쾌한 말로 즐거운 마음을 불어 넣고, 교양을 높여 주며 지도하는 것이다”라고 하였다. 교훈적이며, 즐거운 말을 하도록 연사는 사전에 철저히 준비하여야 한다.

5. 예증으로 확신을 심어 줘라

일부 전문직 연사는 전문 용어나 어려운 외국어를 즐겨 사용하는 경우가 있다. 이런 경우 그 연사는 전문적인 식견은 인정받을 수 있을지 몰라도 청중이 잘 알아듣지 못하므로 공감대를 형성하기는 어렵다. 특히, 많은 사람을 대상으로 하는 스피치는 글자 그대로 여러 사람을 알기 쉬운 말로 알기 쉽게 설득하는 것이다.

그래서 대중 스피치는 연사의 지식을 자랑하거나 연사의 수준에서 하는 말이 아니라, 대중의 수준에서 그들을 이해시키고 납득시키고 공감시키는 것이다. 그래서 청중을 잘 납득시키려면, 누구든지 알고 있는 사실을 사례를 들어서 이해시키는 것이 바람직하다.

6. 열정적으로 박력 있게 말해라

장작더미에 불을 붙이려면 먼저 성냥개비가 불타야 하듯이, 청중을 감동시키려면 먼저 연사 자신이 열정적으로 불타오르지 않으면 안된다. 열정적이고 박력 있는 말이란 청중을 향한 연사의 눈동자가 빛나고, 목소리가 용솟음치듯이 방사되며, 태도가 생동적으로 표출되는 박진감 넘치는 표현이다.

히틀러Adolf Hitler도 열정과 언어의 마력을 사용해 청중을 휘어잡았다. "위대한 역사적 운동에 의해 초래된 권력은 예외 없이 말하는 기술, 즉 언어의 마력에 의존하고 있다"라는 문구를 명심해야 한다.

7. 제스처를 적절히 사용하여라

처칠Winston Churchill이 승리를 상징한 'V'자형의 제스처나, 필리핀의 장기 집권을 무너뜨린 코라손Corazon Aquino의 'L'자형의 제스처는 얼마나 강렬한 의미가 담겨져 있는가?

제스처gesture는 청중의 입맛을 돋우는 양념이며, 말을 빛나게 해주는 액세서리라고 하고, 청중을 콘트롤하는 지휘봉이라 할 수 있다. 스피치에 생동감을 더해 주는 제스처를 익히도록 노력해야 한다.

제스처는 말을 통하여 전달되는 메시지의 의미를 명확하게 해주며, 특정한 단어나 구절을 강조하는 기능을 하고, 청중의 시선을 모으는 역할을 하는 연설의 지휘봉이다.

8. 함축성 있고 강렬한 말로 여운을 남겨라

훌륭한 스피치의 기준은 길이가 아니라 깊이에 있다.

영국 최대의 위인이요, 대웅변가이며 정치인인 처칠의 연설은 짧으면서도 함축성 있는 말이라는 사실을 알아야 한다. 그리고 위대한 연설은 대부분 감동적인 짧은 말로 마지막을 장식한다.

미국의 독립전쟁에서 승리로 이끈 페트릭 헨리Patrick Henry의 "나에게 자유를 달라! 그렇지 않으면 죽음을!"이라는 말과, 맥아더Douglas

MacArthur 장군의 “노병은 결코 죽지 않는다. 다만 사라져 갈 뿐이다” 라는 말도 깊은 여운을 남기는 말이다.

짧은 마지막 부분의 강렬한 말 몇 마디가 앞의 긴 연설 전체보다 더 무게 있고 창조적이며 깊은 여운을 남기는 말이기 때문이다.

리더는 위에서 언급한 8가지 명연설가의 비결을 익혀 리더십을 발휘하는 데 효과적으로 사용할 수 있는 능력을 배양해야 한다.

미국의 44대 대통령이며, 최초의 흑인 대통령인 버락 오바마Barack Obama는 연설의 대가다. 그는 이 8가지의 명연설가의 비결을 실천했으며, 나아가 밝고 환한 미소, 자신감으로 빛나는 눈빛, 성량이 풍부한 목소리, 위엄이 느껴지는 동작에 비전을 제시하고, 미국인에게 혼을 넣는 연설을 하여 청중을 흥분의 도가니로 몰아넣었다.

즉, 오바마는 현실을 정확히 진단하고, 구체적이고 간결하게 표현하며, 정직과 진실로써 소통하고 마침내 청중에게 영감을 불어넣어 감동을 시킨다. 탁월한 리더는 연설 하나를 하더라도 오바마 대통령처럼 명연설을 실행하고, 나아가 최선과 열정을 다해야 한다.

03 스피치에 자신감을 가져라

“싸움에서의 최초의 승부는 눈싸움에서 결정된다”라는 말과 같이 연설에서의 승패는 연사의 자신감에서 결정된다. 그렇다면 자신감을 어떻게 가질 수 있을까? 물론 이 물음에서 가장 중요한 것은 자신의 긍정적 마인드이다.

운전을 생각해 보자. 운전을 잘하는 베스트 드라이버는 처음부터 운전을 잘하고 태어난 것이 아니다. 운전교습소에서 열심히 배우고, 면허증을 따고 오랜 기간 반복과 연습을 통하여 모범 운전사가 되는 것처럼, 탁월한 연설가도 마찬가지이다.

유명한 웅변가 데모스테네스Demosthenes는 원래 선천적인 말더듬이였다. 그는 말더듬으로 인하여 심한 열등감에 사로잡히고 친구들로부터 조롱의 대상이 되었다. 그러나 그는 말더듬을 극복하기 위하여 바닷가나 산에 가서 발성 훈련과 말하는 연습을 꾸준히 하였다. 피나는 노력 끝에 당대 제일의 웅변가가 된 것이다.

미국의 유명한 사상가요, 웅변가인 에머슨은 "모든 훌륭한 연설가들도 처음에는 형편없는 연설가였다"라고 하였다. 탁월한 연설가는 부단한 노력과 연습의 결과라는 사실을 알아야 한다. "남들이 하였다면, 나도 할 수 있다"라는 자신감이 연설을 잘할 수 있게 만드는 비결이다.

또 훌륭한 스피치에서 긴장은 가장 큰 장애물이다. 스피치의 공포는 적극적인 행동을 취하지 못하고 망설이는 원인이 된다. 독자들도 연단에 나가서 말을 하다가 갑자기 말문이 막혀 당황을 한 적이 있었을 것이다.

이런 어려움을 극복하는 방안에 대해 평상시, 말하기 전, 그리고 연단에서의 자세로 나누어 살펴보겠다.

1. 평상시에 많이 반복하고 연습하라

첫째는 가급적이면 모든 원고를 그냥 보고 읽는 습관을 버려라.

스피치는 지위의 고하에 관계없이 많은 사람들이 어려움을 느낀다. 프랑스의 데샤넬Paul Deschanel 대통령을 예를 들면, 이 대통령은 스피치 청탁을 받으면 미리 준비한 원고를 읽곤 하였다. 그런데 어느 날 스피치 원고를 읽다가 대상이 틀려 허겁지겁 다른 원고를 꺼내 읽다가 큰 망신을 당했다.

데샤넬 대통령은 스피치 읽기에 피로한 나머지 머리가 돌아 열차에서 떨어져 최후를 마쳤다고 한다. 이 대통령처럼 높은 지위에 있는 사람도 스피치에 부담을 느끼고 어려움을 느낀다. 당연히 가끔 연설을 하는 서민들의 어려움은 더욱 크리라고 생각한다.

둘째는 완전무결한 스피치를 바라지 마라.

이 세상에서 완전한 스피치를 구사하는 사람은 많지 않다. 능숙한 연사도 자세히 들으면 결점과 모순을 발견할 수 있다. 다만, 불완전하다고 하더라도 성의 있게 하면 되는 것이다. 지나치게 완전무결함을 요구하다가는 더 많은 실수와 불안감을 야기할 수 있다. 연사는 적당한 정도에서 만족할 줄 알아야 한다.

셋째는 듣는 사람을 과대평가하지 마라.

듣는 사람이 자기보다 훨씬 높은 것 같아도 사실은 그렇게 큰 차이가 있는 것은 아닌 경우가 많다. 어떤 높은 지식이나 지위가 높은 분이 있다고 하더라도 겁먹지 말고 용기를 내어 당당하게 말하는 것이 중요하다.

연단에 서는 순간 "나는 왕이다"라는 마음의 자세를 갖고 연설에 임해야 한다.

넷째는 자기 스타일의 화술을 개발하라.

지나치게 유창한 연사의 스피치를 완전히 모망하려고 하는 사람들이 있다. 다만, 모방은 창조의 한 부분이 될 수는 있으나, 나의 개성과 타인의 개성이 다르기 때문에 완전히 모방하려고 하다 보면, 나도 아니고 유명한 연사도 아닌 어정쩡한 스피치가 될 수 있다.

나의 개성에 맞는 스피치 스타일을 개발하는 것이 중요하다.

다섯째는 큰 소리로 반복하여 연습하고, 대중 앞에서 훈련을 하라.

연사는 스피치 문장을 소리 내어 읽는 습관을 길러야 한다.

전 세계 헤비급 복싱 챔피언 무하마드 알리Muhammad Ali는 "모든 경기는 링에 오르기 전에 이미 결정되었다. 다만, 링에서는 자신이 사전에 연습한 사항을 확인할 뿐이다"라고 하였다. 이처럼 모든 실제는 사전에 얼마나 연습하였느냐에 따라 결정되는 것이다.

대부분 한국 사람들은 말은 잘 못한다고 하면서, 스피치 연습은 게을리하는 경향이 있다.

여섯째는 마이크사용법을 익혀라.

마이크의 올바른 사용법을 모르면 효과가 줄어들 뿐만 아니라, 어색하고 두려운 마음이 싹튼다. 마이크는 성능에 따라 다르나 대개 대중 연설시 연사의 입과 마이크의 거리는 약 5~7cm가 적당하다.

또 실제 연단에 나서기 전에 마이크 소리가 너무 높은지 낮은지를 미리 확인해 보는 것도 실제에서 효과적인 연설을 하는데 대단히 중요하다.

저자가 모 교회를 다니는데, 모 목사는 설교를 매우 열정적으로 잘한다. 물론 감동도 많이 준다. 그러나 목소리가 너무 커서 설교시간에 가끔 귀를 막기도 한다. 아무리 좋은 내용이라 하더라도 목소리가 커서 귀를 막고 듣는 것이 효과가 있겠는가?

일곱째는 화술 전문가에게 교육을 받아라.

춤을 잘 추기 위해서는 춤 선생님에게 스텝부터 배워야 하는 것처럼, 화술도 잘하기 위해서는 화술 전문가에게 배우는 것이 효과적이다. 혼자서 열심히 해도 어느 정도는 잘할 수 있으나, 능숙하게 잘하기 위해서는 한계가 있다.

서예나 그림처럼 스피치도 누구에게 가르침을 받았느냐에 따라 그 스타일로 굳어지는 경우가 많이 있다.

2. 말하기 전에 긍정적인 자기 암시를 하라

첫째는 철저한 준비로 자신감을 가져라.

공포는 대부분 무지나 반신반의에서 나온다. 언제, 어디서, 누구에게 말해도 부끄러울 것이 없다는 자신감을 갖는 것이 스피치의 공포를 없애는 최상의 방법이다. 자신감을 갖기 위해서는 원고 내용을 잘 숙지하여야 한다.

둘째는 자기 암시를 하라.

심리학자 버틀러P. E. Butler는 "우리 모두는 자신에게 말을 한다. 우리가 하는 말은 우리 삶의 방향과 질을 형성한다"라고 하였다. 이처럼 자신이 자신에게 하는 말을 셀프 토크self-talk라고 한다.

힘들고 어려운 일이라도 긍정적으로 자신 있게 말하라. 이런 말이 부정적 사고를 없애는 데 매우 중요하며, 일의 성과를 크게 높인다. "난 할 수 있어"라고 스스로 응원하듯이, 자신에게 던지는 다짐들이 실제 일에 미치는 효과는 대단히 크다.

셋째는 메모장을 준비하라.

유명한 연사는 당상수가 메모장을 사용하고 있다. 메모장은 내용의 중요 사항을 적었기 때문에 횡설수설하지 않게 만든다. 그렇다고 지나치게 메모장을 들여다봐서는 안된다.

줄거리를 읽기 좋게, 순서대로 핵심적인 내용을 메모하면 된다. 크기는 명함 정도의 크기나 약간 큰 독서 카드 정도로 상황에 따라 선택하면 된다. 잘 정리된 메모장은 자신감을 갖게 하는 좋은 반려자가 된다.

넷째는 말할 장소를 사전에 답사하라.

사람은 누구나 처음 가는 장소에는 익숙하지가 않다. 더구나 많은 사람들 앞에서 스피치를 해야 할 경우에는 더욱 어색하고 불안하기 마련이다. 남의 집에 처음 손님으로 가는 경우와 마찬가지라고 생각할 수 있다.

스피치를 하기 전에 미리 그 장소에 가서 장소의 크기나 조명 상태, 그리고 마이크의 시설 상태 등을 파악하여야 한다. 그리고 기회가 된다면 단상에 서서 목소리를 테스트하는 것도 자신감을 얻는 데 많은 도움이 된다.

다섯째는 스피치의 아우트라인outline을 준비하라.

훌륭한 연사는 쉽게 접근할 수 있는 서두와 여러 내용을 논리정연하게 전개시킬 본론, 그리고 끝맺을 때의 요약 등을 잘 구성하여야 한다.

스피치의 아우트라인은 건축시 설계도와 같다. 아무리 좋은 재료가 있다 하더라도 설계도가 없으면 건축이 엉망이 되듯이, 스피치할 때 아우트라인이 없으면 철근 없이 지은 집과 같은 것이다. 아우트라인의 중요함을 잊어서는 안된다.

3. 연단에서는 여유로운 자세를 가져라

아무리 좋은 원고 내용이라 하더라도, 연단에서 실수하면 무용지물이 되는 것이다. 연단에서는 여유로운 자세를 갖고, 다음과 같이 하여야 한다.

첫째는 심호흡으로 몸의 긴장을 풀어라.

연설 대기 상태에서 자기의 차례가 점점 다가오면 불안이나 흥분이 고조되어 긴장하게 마련이다. 이때 심호흡을 천천히 여러 번 되풀이하면 다소 안정된 상태가 된다.

차례가 되면 자리에서 일어나 침착한 자세로 등단하여 연단 앞에서서 단정히 인사를 하고, 미소 띤 밝은 표정으로 청중을 응시한 다음 연설을 시작하면 된다.

둘째는 여유 있는 태도로 자신 있게 나아가라.

"사람은 생각대로 된다"라는 말이 있듯이 연단에 나갈 때는 여유와 자신감을 갖고 나아가야 한다.

"첫 인상이 그 사람을 평가하는 중요한 척도이다"라는 말이 있다. 연사가 처음에 청중에게 나아갈 때 당당하면서 여유 있으면서 겸손한 태도로 임하여야 한다. 속으로는 두렵더라도, 조금도 두렵지 않는 것처럼 여유 있는 태도로 자신 있게 행동하면, 불안과 초조한 마음도 다소 줄어들게 된다.

셋째는 상기된 모습을 감추려고 하지 마라.

말을 잘하는가 못하는가는 긴장 상태를 어떻게 처리하느냐에 달려 있다고 한다. 대개 상기된 경우에 나타나는 현상은 말이 빨라지거나, 말을 더듬거리거나 얼굴이 붉어지는 경우로 나타날 수 있다.

이런 경우 대부분의 연사는 이 상기된 표정을 숨기려고 하다 보니까 더욱 말이 빨라지고, 더듬거리게 되는 경우를 많이 보게 된다. 이때 이런 현상을 숨기려 하지 말고 청중에게 솔직히 이야기하면 다소 불안한 현상이 낮아질 수 있다.

예를 들면, "내가 처음 연설을 하게 되어서"라든가, "이렇게 청중이 많이 모여서 긴장하게 되었다"라고 이야기를 하면, 이런 긴장된 현상이 나타나도 사전에 이야기를 한 관계로 다소 긴장이 줄어들 수 있다.

넷째는 대화처럼 자연스러워야 한다.

스피치 실행시 염두에 두어야 할 원칙은 대화를 하듯이 자연스럽게 하여야 한다. 스피치는 연기도 아니요, 쇼도 아니다. 따라서 목소리를 과장할 필요도 없으며, 억지로 연기할 필요도 없다.

다만, 청중이 많으면 약간 크게 하고, 진행은 대화하듯이 자연스럽게 하여야 한다. 대화처럼 자연스럽게 하라는 것은 속삭이라는 것이 아니라, 힘을 넣어 박력 있게 발표하되 대화와 비슷한 억양과 강세, 그리고 템포tempo를 유지하라는 것이다.

다섯째는 청중과 상호작용 속에서 이루어져야 한다.

스피치는 일방적으로 해서는 안되고 대화를 할 때처럼 청중과 상호작용을 하면서 진행하여야 한다. 지나치게 상황을 무시하고 외운 것을 그대로 암송하거나 대본을 읽는 경우에는 청중과 원만한 커뮤니케이션이 이루어지지 않을 수 있다.

특히, 청중의 반응을 잘 살펴서 그 상황에 맞는 적절한 코멘트를 하거나 원하는 욕구를 잘 충족시켜 주어야 한다.

제 2 장

스피치의 기본원칙을 숙지하라

스피치는 인품의 척도요,
인간관계를 좌우하는 요소이다.

-박보식-

Speech

01 스피치의 중요성은 더욱 높아지고 있다

1. 정보화 사회에서 스피치는 필수이다

현대는 교섭의 시대요, 설득의 시대이다. 인류의 역사가 투쟁과 협상의 연속이듯이 우리들의 생활은 하루 종일 설득의 연속이다. 특히, 현대를 정보화 시대라고 하는데, 정보화 사회에서 가장 중요한 능력 중 하나는 말을 다루는 능력, 즉 스피치 능력이다.

말은 정보를 전달하는 가장 중요한 수단이다. 정보를 제공하는 사람의 스피치 능력이 부족하면 전달되는 정보는 불완전할 수밖에 없고, 당연히 그 사람의 능력은 평가절하된다.

발표력이 뛰어난 경우에는 정보자체도 효과적으로 전달될뿐더러 발표자에 대한 신뢰도 높아져서 발표자의 능력 자체가 높은 평가를 받게 된다. 즉, 스피치 능력이 그 사람의 전반적인 능력을 대표하게 된다. 그래서 화술은 인품의 척도이며, 인간관계를 좌우하는 능력이라 한다.

미국의 유명한 사상가요, 화술가인 에머슨은 "사람은 자신의 하는 말에 의해서 자신의 초상을 내보이는 것이다"라고 하며 화술의 중요성을 강조하였다.

말 잘하기에는 말하는 자체뿐 아니라, 말하기 위해서 생각하는 방법, 남의 말을 잘 듣는 방법, 구체적으로 표현하는 방법 등이 모두 포함된다. 또한 말 잘하는 것은 단순히 언어 표현만을 의미하지는 않는다. 언어 이외에 다양한 비언어를 통한 의사전달방법인 얼굴 표정, 몸짓, 의상, 목소리, 시선 처리 등의 모든 요소가 포함된다.

이처럼 말하기 과정에는 다양한 요소들이 스피치 커뮤니케이션에서 주요 관심 대상이 된다. 스피치 커뮤니케이션은 단순한 말하기를 떠나 언어와 비언어의 상징을 통해 메시지를 주고받는 상호작용의 과정이며, 상대방과 함께 의미를 공유하는 과정이다.

2. 스피치를 잘해야 하는 이유는 무엇인가?

스피치를 잘해서 큰 이득을 보기도 하고, 또는 스피치를 잘못해서 큰 손해를 보는 경우를 우리는 주위에서 많이 보게 된다.

스피치를 잘해야 하는 이유를 나열해 보고자 한다.

첫째는 커뮤니케이션의 본질과 현상을 이론적으로 잘 해석할 수 있다.

둘째는 여러 가지 상황에 따라 커뮤니케이션의 형태가 어떻게 달라지는가를 알게 되며, 이를 통해 보다 나은 커뮤니케이터communicator가 될 수 있다.

셋째는 스피치에 대해 보다 긍정적인 태도를 가짐으로써 자신감과 실제 능력을 향상시킬 수 있다.

넷째는 듣기와 말하기의 기본원리를 이해하면 좀 더 나은 커뮤니케이터가 될 수 있으며, 나아가 좀 더 원활한 대인관계를 유지할 수 있다.

다섯째는 언어 커뮤니케이션과 비언어 커뮤니케이션을 함께 배움으로써, 이 두 가지가 메시지를 전달하고 수용하는 데 어떻게 연결되는가를 잘 이해할 수 있다.

여섯째는 스피치 상황별로 커뮤니케이션기법을 배움으로써 각 상황에 적용되는 구체적 기법을 이해하고 연습하여 자기 능력을 개선하고 계발할 수 있다.

이런 6가지의 이유로 스피치를 잘해야 한다.

3. 탁월한 연설가는 꾸준한 노력가이다

훌륭한 연설가는 만들어지는 것이지, 태어나는 것이 아니다.

버락 오바마는 현재 미국의 대통령으로서 21세기 최고의 연설가이며, 훌륭한 지도자이다. 그가 성공한 배경에는 여러 가지 요소가 있지만, 그중 하나는 탁월한 연설 능력이 있었기 때문이다. 그의 연설 스타일은 현실을 정확히 진단하고, 구체적이고, 간결하며, 정직과 진실로 소통하여 청중을 감화시킨다.

오바마 연설의 특징은 울림이 풍부한 바라톤 음성으로 목소리 변화를 잘한다. 즉, 사색에 잠기고 분노하고 낙관과 결의에 넘치는 톤으로 목소리의 빛깔을 자유자재로 바꾼다. 또 언제 침묵해야 하는지를 정확히 파악하며, 보디랭귀지로 역동적인 이미지를 그려 사람을 감동시킨다.

그리고 다양한 수사법을 사용하며, 비전과 목표를 제시하고 감동적으로 전달하는 능력을 가지고 있다. 그래서 그를 21세기의 최고 연설가로 칭한다.

또 케네디 대통령이나 히틀러, 루스벨트 대통령, 윈스턴 처칠 수상, 마틴 루터 킹 목사 같은 사람도 당대의 탁월한 연설가이다. 이 모든 사람의 탁월한 연설은 타고난 것이 아니라, 무단히 연습하여 훌륭한 연설가로 변모된 것이다.

02 훌륭한 연사란 누구인가?

1. 정확한 발음을 하여야 한다

말에서 가장 중요한 것 중 하나는 정확한 발음이다. 발음은 내용을 잘 이해시킬 뿐만 아니라, 청중이 연사를 평가하는 중요한 척도 중의 하나이다.

청중의 심금을 울리는 내용이라 하더라도, 매력적인 목소리라 하더라도, 아무리 쇼킹한 뉴스라 하더라도 연사의 발음이 불분명하면 스피치의 효과는 크게 감소한다. 많은 사람들이 명확한 발음 훈련을 하지 않고 훌륭한 연사가 된다는 것은 모래 위에 성을 쌓는 것과 같은 것이다.

발음은 연사의 생명이다. 발음은 연습과 훈련에 비례한다. 명확하고 세련된 발음을 위해서 연사는 평소에 자신의 발음에 많은 관심을 갖고, 자신의 발표 내용을 녹음도 해보고, 꾸준한 연습으로 올바른 발음을 익혀야 한다.

정확한 발음을 하기 위해서는 다음 사항을 잘 숙지하여야 한다.

첫째는 먼저 숨을 깊게 들이쉰 후에 말하라.

호흡은 목소리의 원천이다. 자동차를 운행하려면 먼저 휘발유를 넣어야 하고, 겨루기를 하기 위해서는 먼저 몸을 풀어야 하듯이, 말을 명확하게 잘하기 위해서는 먼저 숨을 깊게 들이쉰 후에 하는 것이다. 심호흡은 안전감을 주고, 목소리를 활기차게 만들고, 입을 충분히 벌리게 하는 에너지의 원천으로써 발음을 정확하게 도와준다.

둘째는 입을 크게 벌려 분명하게 하라.

입을 작게 사용하거나 잠겨진 턱으로의 입놀림은 불분명한 발음, 공명이 나쁜 음성, 뚜렷하지 않은 음성을 만든다. 가수나 아나운서들은 말을 할 때 입을 크게 벌린다. 이런 입모양은 아름다운 음성과 정확한 발음을 만들어 준다.

셋째는 혀의 움직임을 원활하게 훈련시켜라.

발음 기관 중에서 중요한 것이 혀다. 만약에 혀가 늘어지고 이 늘어진 혀와 함께 발음하도록 내버려 두면, 혀가 충분히 움직이지 않아 발음이 부정확해진다.

넷째는 말머리는 부드럽게, 말끝은 분명하게 하라.

말머리를 지나치게 크게 하거나 부자연스럽게 하면 싸움하는 듯한 인상을 줄 수 있다. 특히, 과묵한 사람이나 긴장한 연사는 갑자기 큰 소리로 말문을 열어, 어딘지 모르게 딱딱하거나 어색하며 말하는 도중에 실수를 범하기가 쉽다. 그리고 말끝을 흐리게 되면, 뜻이 명확하게 전달이 안되고, 힘이 없어 보이고 자신이 없어 보인다.

다섯째는 음절은 변화를 주면서 분명하게 발음하라.

변화가 없는 똑같은 음은 청중을 졸게 하는 자장가가 된다. 무미건조한 똑같은 음은 청중을 지루하게 하고 졸리게 만든다. 음절에 적절한 변화를 주어야 하며, 일부 성격이 급한 사람은 말을 지나치게 빨리하여 자신은 잘 이야기했으나, 상대방은 알아 듣지 못하는 경우가 많다. 보다 천천히 하면서 발음을 정확히 내는 훈련을 많이 하여야 한다.

여섯째는 파열음을 발음할 때 부드럽게 하라.

자음 가운데 발음 기관의 어느 한 부분을 막았다가 일시에 터트리는 파열음(ㄱ, ㄲ, ㅋ, ㄷ, ㄸ, ㅌ, ㅂ, ㅃ, ㅍ)은 마이크를 사용할 때 퍽퍽 소리가 나는 경우가 있다.

또 이런 파열음은 사교의 자리에서나 환담을 할 때 침이 튀겨 상대방을 불쾌하게 만드는 경우도 있다. 따라서 이런 파열음의 낱말은 가급적이면 천천히 부드럽게 발음하여야 한다.

이렇게 발음을 잘하기 위한 기본사항 6가지를 잘하여야 하며, 나아가 설득력 있는 음성을 내야 한다.

목소리는 단순히 내용 전달만의 역할만 하는 것이 아니다. 같은 말이라도 연사의 설득력 있는 목소리는 스피치의 효과를 더욱 빛나게 만든다.

설득력 있는 목소리는 청중을 이끄는 강인한 힘이다. 이는 신념을 불어 넣고, 용기를 불어 넣고, 노여움을 떨쳐 버리며 나아가 부정적인 태도를 바꾸게 만드는 것이다. 또 설득력 있는 목소리는 감성의 목소리이어야 한다.

요즈음을 감성의 시대라고 한다. 같은 말이라도 감성을 불어 넣으면 더욱 설득력이 있다. 그렇다고 지나치게 무슨 연극배우처럼 연기를 하라는 것은 아니다. 말이 주가 되고 여기에 적절한 감정을 넣으면 더욱 효과가 있다. 그리고 설득력 있는 목소리는 적절한 울림이 있어야 한다.

미국의 버락 오바마 대통령은 바리톤 울림의 목소리를 잘한다.

이 울림의 목소리는 음성학에서 비음(ㄴ, ㅁ, ㅇ)이다. 즉, 콧소리라고도 하는데, 이 비음은 울리는 목소리이기 때문에 목소리가 부드럽고 낭랑하게 들려 안전감과 신뢰감을 준다.

또 설득력 있는 목소리는 자연스러운 목소리이다. 지나치게 과장되게 딱딱하거나 점잔을 빼거나 아양을 부리는 듯한 꾸민 목소리는 금방 식상할 수 있으며, 신뢰성이 떨어지며 거부감을 느낄 수 있다. 자신의 음성 그대로 이야기하는 자연스러운 목소리가 좋은 목소리이다.

그리고 말에는 리듬을 주어야 한다. 물도 완만하게 흐르다가 급류로 변하고, 때로는 바위와 계곡에 부딪쳐 흰 물거품으로 돌변하는 현상을 나타낸다. 같은 물도 강할 때가 있고 약할 때가 있듯이 말도 마찬가지이다. 조용조용 부드럽게 말하다가 날카롭게 말할 경우도 있고, 강하게 말하다가 약하게 말하기도 하며, 느리게 말하다가 빨리 말하기도 하고, 때로는 잠시 쉬었다가 말하는 경우도 있다.

이렇듯 내용이나 상황에 따라서 감정과 음성의 변화를 주는 것이 말의 리듬을 살리는 스피치이다. 특히, 우리나라 사람들은 감정 표현이나 변화 있는 음성 표현이 매우 서투르다. 그래서 외국인이 우리 한국인을 보면 너무 무표정해서 접근하기가 어렵다고 한다.

2. 좋은 목소리로 이야기하라

스피치 실행의 기본이 되는 것이 목소리이다. 따라서 목소리가 좋아야 스피치를 효과적으로 잘할 수 있다.

즉, 스피치를 잘하기 위해서는 정확한 발음과 좋은 목소리를 내야 한다. 연사의 목소리는 내용만을 전달하는 것이 아니라, 연사의 감정 상태나 확신성을 보여주는 중요한 요소가 된다.

좋은 목소리란 확신에 찬 목소리이어야 하며, 굳건한 목소리이며 발음이 분명해야 한다. 확신에 찬 목소리는 말 한마디 한마디에 힘이 들어감으로써, 스스로 하는 말에 진정성이 있다는 것을 청중들이 믿도록 해주어야 한다. 그렇다고 말에 힘이 들어간다고 소리를 크게 지르는 것과는 다르다. 낮고 작게 말해도 힘이 실리는 목소리가 있다.

연사가 자신이 하는 말에 확신이 없으면, 청중은 연사의 말 속으로 이끌려 오지 않는다.

또 굳건한 목소리가 좋은 목소리이다. 분위기에 압도되어 어찌할 줄을 모르는 연사를 보면, 청중은 불쌍하게 느끼거나 측은해 할지는 모르나 감동을 받지는 않는다.

목소리가 지나치게 가늘거나 찢어지는 소리를 내거나 갈라지는 소리는 굳건한 목소리가 아니며 청중이 신뢰를 갖지 않는다. 그래서 웅변학원이나 변론학원에서 아랫배에 힘을 주고 큰 소리로 발표 연습을 하는 것은 목소리를 굳건해지도록 단련시키는 것이다.

또 목소리가 굳건하고 확신에 차 있어도 발음이 부정확하면 좋은 목소리라고 할 수 없다.

빨리 말을 하거나, 어린아이처럼 어리광을 부리는 소리를 하거나, 연인에게 하는 말처럼 지나친 콧소리를 내거나, 지나치게 흥분을 하면서 말을 하면 발음이 정확히 나오지 않을 뿐만 아니라, 좋은 목소리가 나오기 어렵다.

3. 좋은 스피치의 조건을 갖추어라

좋은 스피치는 내용 자체가 진실하고도 적절해야 한다. 그리고 이러한 내용이 명쾌하고 간결한 방식으로 자연스럽게 전달될 때, 청중의 마음을 움직일 수 있는 좋은 스피치가 탄생되는 것이다. 좋은 스피치의 조건을 5가지로 나누어 볼 수 있다.

1) 스피치는 진실해야 한다

연설에서 가장 중요한 요소다. 프레젠테이션, 수업 중의 발표, 강의, 강연, 학술 발표 등 정보 제공을 목적으로 하는 연설이 불확실한 사실이나 허위로 날조된 사실을 바탕으로 한다면 머지않아 그 진실이 드러나게 되고, 이런 발표를 한 연사는 청중의 비난을 받게 될 것이다.

정치 연설이나 세일즈와 같은 설득 스피치의 경우도 마찬가지다. 즉, 지키지 않을 약속이나, 허황된 비전을 제시하거나, 비일관적인 주장을 펴거나, 아전인수 격의 논리를 펴거나, 핵심을 피해 가는 말을 하게 되면 그 당시는 효과가 있을지 몰라도 언젠가는 진실이 드러나 청중의 신뢰를 잃게 된다.

진실한 스피치는 청중들이 연사에게 높은 신뢰감을 주고, 나아가 가장 효과적인 스피치라 할 수 있다.

2) 스피치는 명쾌해야 한다

구렁이 담 넘어 가는 연설은 듣는 사람을 식상하게 한다. 스피치가 명확해지기 위해서는 주장이나 결론, 논리와 조직, 그리고 표현방식이 명확해야 하며, 나아가 명확한 언어를 사용해야 한다.

즉, 명쾌한 주장과 결론, 확고한 논리의 체계, 그리고 명확한 언어는 연사의 공신력을 제고하는 데 일조한다. 논리와 체계가 명쾌하면 청중은 연사의 능력이나 전문성을 높이 사게 되며, 표현이 명쾌하면 청중은 연사를 신뢰하게 되고, 주장과 결론이 명쾌하면 청중은 연사의 내용을 사랑하게 된다.

연사는 공신력을 갖추어야 하는데, 공신력이란 연사의 능력과 신뢰성과 정열이라 할 수 있다. 공신력 있는 연사는 청중이 더욱 따르고, 감동을 줄 수 있다.

3) 스피치는 간결해야 한다

스피치의 내용이 복잡해지고, 맺고 끊는 맛이 없이 자꾸만 늘어지는 경우에 청중은 혼란에 빠지게 된다. 청중은 스피치의 요지를 이해하지 못할 때 그 연사의 연설 능력을 탓하게 된다.

따라서 스피치는 가능한 한 간결해야 한다. 간결한 스피치는 전체적으로 잘 조직되어야 하며, 각각의 주장이 간단명료한 논리에 의해 입증되어야 한다.

특히, 스피치가 간결하다는 느낌을 받기 위해서는 서론과 결론이 짧아야 한다. 서론은 청중의 주의를 집중시키고 관심을 유발하며 주제를 도입하는 데 그 목적이 있으며, 결론은 지금까지의 주장을 요약하는 데 목적이 있다. 이런 목적에서 벗어난 서론과 결론은 스피치의 효과를 떨어트린다.

4) 스피치는 자연스러워야 한다

모든 스피치는 대화처럼 자연스러워야 한다. 표정, 태도, 시선 처리, 음성의 변화 등이 자연스러워야 한다.

지나치게 단조로운 낭독이나 몸동작이 경직되어 있는 웅변식 스피치는 청중에게 지루함을 자아내고 연사의 공신력을 깎아 내린다. 자연스럽고 역동적인 스피치의 실행이 스피치의 생명이다.

5) 스피치는 때와 장소에 적절해야 한다

가장 딱한 사람은 때와 장소를 가리지 못하고 자기 이야기만 하는 사람이다. 즉, 분위기 파악도 못하고 장례식장에서 선거운동을 하거나, 즐거운 회갑연에서 슬픔에 젖어 있는 사람이다.

가장 효과적인 연설은 때와 장소에 잘 적응하는 스피치다. 때와 장소에 잘 적응한다는 것은 청중의 속성이나 반응, 그리고 주어진 상황에 따라 스피치의 내용과 발표의 양식을 변화시키는 것을 의미한다.

특히, 청중의 지식이나 태도 및 감정은 스피치의 효과에 지대한 영향을 미치므로, 사전에 이를 잘 분석해서 스피치의 내용과 표현, 그리고 발표의 방식을 잘 적응시킬 때 스피치의 효과는 배가되는 것이다.

4. 말하기의 기본원칙에 충실하라

1) 천천히 말하자

불안하거나 긴장되면 말이 빨라지게 마련이다. 아무리 내용이 훌룡해도 긴장, 초조, 불안으로 말의 속도가 빨라지면 청중이 쉽게 이해하기 어려우므로 효과가 반감된다.

그렇기 때문에 일상생활에서 이야기하는 것보다, 연단에서는 약간 천천히 이야기하여야 한다. 그렇다고 너무 느리면 답답함을 준다. 그래서 중요한 내용은 약간 느리면서 약간 크게 강조하고, 보충 설명이나 덜 중요한 내용은 약간 빠르게 하는 것이 좋다.

2) 자연스럽게 말하자

지나치게 가성으로 말을 하거나, 가식이 들어간 웅변체의 연설은 청중의 싫증을 자아낼 수 있다. 일상생활에서 쓰는 용어로 대화를 나누듯이 표현하면서 명확하게 말하여야 한다.

즉, 발표자의 목소리가 자연스럽고 명확하면 청중이 편안한 마음으로 발표 내용에 잘 몰두하여 들을 수 있다.

3) 또박또박 말하자

발표자의 말이 들리기는 하는데 도무지 무슨 말을 하는지 알아듣기 어려운 경우가 많다. 이런 경우가 계속되면 청중은 바로 지루함을 느끼게 된다. 발표자의 말이 부정확하게 더듬는다거나 우물우물하는 것은 청중을 싫증나게 만드는 요인이 된다.

발표할 때 평상시보다 발음을 또박또박하게 하여 청중의 귀에 쏙쏙 들어올 수 있도록 하여야 한다. 특히, 발음이 명료하지 않는 연사는 발성 훈련을 많이 연습하여 발음이 정확하도록 노력하여야 한다.

4) 크게 말하자

힘이 넘치는 활기찬 발표는 청중의 마음을 움직인다. 그렇다고 너무 큰 소리로만 계속하는 것도 지루해질 수 있고, 시종일관 모기 소리처럼 작게 하는 것도 지루함을 줄 수 있다. 일반적으로 연단에서는 비교적 크게 말하고, 목소리는 단조롭지 않게 크고 작게 변화를 주어야 좋은 느낌으로 전달이 된다.

발표자의 목소리 크기는 강의실 맨 뒤에 있는 사람이 잘 들릴 정도로 하면 된다.

이상을 말하기의 기본 4원칙이라 한다.

여기에 덧붙이면 순간 말 쉼과 감정을 표현하는 것이 있다. 순간 말 쉼을 무언의 언어라고 한다. 즉, 음악에는 중간중간 쉼표가 있다. 음악에 이러한 쉼표들이 존재함으로써 멜로디가 듣기 좋게 되는 것처럼, 말을 할 때도 쉼표가 필요한 것이다. 이 쉼표를 순간 말 쉼(무언의 언어)이라 한다.

말하는 중간중간에 쉬면 청중은 발표자가 말한 내용을 음미할 수 있는 시간을 가질 수 있어서 말의 효과가 더욱 커진다. 순간 말 쉼은 단어와 단어 사이, 구와 구 사이, 절과 절 사이에서 쉴 수 있다. 그래서 스피치는 내용도 중요하지만, 그 내용을 어떻게 전달하느냐에 따라 효과가 크게 달라질 수 있다.

예를 들면, "우리 민족의 지상 과제는 남북한 평화통일입니다"라는 말에는 강조해야 할 부분이 '남북한 평화통일입니다'라고 한다면, '남북한' 앞에서는 약간 길게 쉬면 '남북한 평화통일입니다'가 강조되어 청중의 기억에 오래 남을 수 있는 것이다.

또 스피치에서 중요한 것이 감정을 표현하는 것이다.

발표자가 감정을 제대로 살리지 못하고, 마치 원고를 읽듯이 밋밋하게 말하면 청중은 쉽게 지루함을 느낀다. 감정이 없는 말은 반찬 없는 밥과 같다. 반찬이 없으면 아무리 밥이 맛있어도 밥의 가치를 못 느끼듯이, 감정이 없는 말은 내용이 좋아도 청중에게 미치는 영향력은 미약하게 나타날 수 있다.

스피치에는 감정을 듬뿍 실어 전달하여야 한다. 발표자의 목소리에는 내용에 합당한 감정이 담겨서 전달되어야 효과가 크게 나타나는 것이다.

5. 훌륭한 연사의 요건을 구비하라

훌륭한 연사의 요건에는 인격과 지식, 그리고 적극적인 태도와 스피치기법을 갖추고 자신감이 넘치는 연사이어야 한다.

1) 훌륭한 인격을 갖추어야 한다

좋은 연사란 교언영색(巧言令色)이나 감언이설(甘言利說)로 청중을 유혹하기보다는 진실로 청중을 위하는 마음에서 그들의 마음을 이끌어야 한다. 청중에게 잘 알려진 연사의 인격은 그 자체가 설득 무기이다.

아리스토텔레스Aristoteles에 의하면, "사람들은 자신이 믿고 존경하는 사람이 하는 말이면 증거를 따지지 않고 믿는 경향이 있으며, 자기가 싫어하고 인정하지 않는 사람의 말은 확실한 증거를 대더라도 믿으려 하지 않는 경향이 있다"라고 했다.

따라서 이미 지나간 인생의 경력이 현재 스피치에 영향을 미치게 되며, 현재의 스피치는 다시 앞으로 인생 역정에 영향을 미치게 된다. 그래서 평소 인격을 갖춘 연사는 청중의 공감을 보다 효과적으로 얻을 수 있고, 특별한 노력이 적어도 청중의 심금을 울리는 데 크게 인격이 작용할 수 있다.

2) 연설 주제의 지식을 잘 알아야 한다

탁월한 연사가 되려면 주어진 주제에 대한 충분한 지식을 갖춰야 한다. 주제에 대해 아는 것이 없으면 고매한 인격도 알맹이 없는 껍질에 불과하다. 따라서 스피치를 준비하는 사람은 연구하는 자세로 가능한 한 많은 정보를 수집해서 지식의 폭을 넓혀 나가야 한다. 지식은 관련 서적이나 다양한 정보, 그리고 체험 등을 통해 얻을 수 있다.

요즈음은 지식정보사회이다. 그래서 지식정보가 중요하고, 또 누구나 쉽게 정보를 얻을 수 있다. 연사가 자신의 주제 내용을 잘 알지도 못하면서 하는 것은 차라리 하지 않으니만 못하다. 왜냐하면 요즈음은 어떤 내용이라도 인터넷만 검색하면 거의 다 나오기 때문이다.

3) 연설시 적극적인 태도로 임해야 한다

연사는 적극적인 태도로 스피치에 임해야 한다. 스피치는 자신의 능력과 지식, 인격과 진솔함, 정열과 사랑을 널리 알릴 수 있는 좋은 기회라고 생각해야 한다. 그렇게 되면 스피치에 대한 불안증도 사라지게 되며 좀 더 정열적인 스피치를 해낼 수 있다.

스피치는 연사에게 여러 가지 기회를 제공한다.

첫째, 스피치는 자신을 표현할 수 있는 기회를 제공한다.

둘째, 스피치는 자신의 지식을 넓힐 수 있는 좋은 기회를 제공한다.

셋째, 스피치는 연사로 하여금 청중을 계도할 수 있는 기회를 부여한다.

스피치는 이처럼 여러 가지 좋은 기회를 제공해 준다. 따라서 연사는 적극적인 태도로 스피치에 임해서 자신의 능력을 넓히는 계기로 삼아야 한다.

4) 스피치기법을 잘 알아야 한다

스피치의 기법을 알아야 훌륭한 연사가 된다는 것은 긴 설명이 필요없다. 연사는 발표시에 발음의 정확성과 음성의 강약이나 올바른 연설 자세, 그리고 신념에 찬 태도와 적절한 시선 처리와 제스처를 효과적으로 잘 사용하는 것이 스피치기법을 잘 아는 것이다.

그러나 우리나라 사람들의 대부분은 스피치를 배울 기회도 많지 않았고, 또 잘하지도 못하면서 배우지도 않으므로 스피치 능력이 부족한 것이 현실이다. 물론 요즈음은 조금 변모되기는 하였지만, 실제 생활에서 스피치는 생활의 무기라는 사실을 잘 알아야 한다.

5) 자신감으로 상황을 장악하여야 한다

성공적인 연사가 되기 위해서는 무엇보다도 자기 자신을 믿어야 한다. 혹시 잘못하면 어찌하나, 실수하면 어찌하나 하는 부정적인 생각을 떨쳐 버리고 자신의 능력을 믿고 정열적으로 대처할 때 좋은 스피치를 하게 된다.

단, 자신감을 갖으라고 해서 아무 준비도 없이 무턱대고 자신감을 갖으라는 것은 아니다. 불안증을 극복하기 위해서는 철저한 준비와 사전에 연습이 선행되어야 한다. 불안증의 정도는 준비의 양에 반비례한다는 사실을 알고, 자신감을 갖기 위해서는 보다 철저히 준비하여야 한다.

03 올바른 자세와 제스처를 잘 구사하라

1. 보디랭귀지는 연설의 성패를 좌우한다

미국의 사회심리학자 조지 미드George Mead는 "커뮤니케이션의 원점은 제스처이다"라고 하였다. 즉, "손짓은 만인의 공통 언어이다" 또 "제스처는 명장의 지휘도와 같다"라고 하였고, "몸은 입보다 더 많은 말을 한다"는 등 여러 격언이 시사하듯이 보디랭귀지는 근원적으로 설득력과 호소력을 가지고 있다.

스피치는 말로만 실행하는 것이 아니다. 말과 함께 자연스러운 몸동작이 따라 주어야 하는데, 이를 보디랭귀지body language라고 한다.

보디랭귀지는 여러 가지 중요한 역할을 한다.

첫째는 말의 내용이 어떻게 해석되어야 하는가에 대한 힌트를 제공한다. 즉, 당당한 자세와 확신에 찬 표정은 분명한 사실이니, 반드시 믿어야 한다는 의미가 내포되어 있다.

둘째는 연사의 감정 상태를 노출한다. 굳건한 자세와 밝은 표정,

긴 응시와 명확한 제스처는 연사가 자신에 차 있음을 보여 준다.

셋째는 말을 통하여 전달하는 메시지를 보완하는 역할을 한다. 말의 뜻을 강조하거나 분명하게 할 필요가 있을 때는 목소리의 변화뿐만 아니라 적절한 몸 움직임과 더불어 제스처를 사용하여야 한다.

사람들은 말보다는 얼굴 표정에 더욱 신경을 쓴다. 얼굴 표정은 연사의 감정 상태와 태도를 나타내기 때문이다. 즉, 표정이 없이는 콘텐츠 전달이 제대로 잘 전달이 안되기 때문이다.

보편적으로 원고의 내용에 따라 희노애락(喜怒哀樂)의 표정이 나타나야 한다. 슬픈 표정의 원고인데, 연사가 웃으며 이야기를 하면 어떠하겠는가? 생각만 해도 아찔해질 것이다. 그리고 기쁜 내용의 원고를 발표하면서 슬픈 표정을 짓는다면 어떻게 되겠는가? 그래서 각 원고 내용에 맞는 표정을 지어야 하는 것이다.

다만, 희노애락이 아닌 평이한 내용의 원고를 발표할 때는, 미소 띤 밝은 표정으로 하는 것이 듣는 사람도 좋고 말하는 사람도 즐겁게 말할 수 있는 것이다. 또 질문을 받을 때도 온화한 표정으로 고개를 끄덕이면서 들어주는 것이 좋다.

청중은 진지하게 질문을 하는데, 연사가 그 질문의 내용을 잘 안 들어 주는 자세를 취한다면 그 질문자는 얼마나 기분이 나쁘겠는가?

또 표정과 더불어 중요한 것이 시선 처리와 눈빛이다. 눈은 마음의 창이라고 한다. 즉, 눈은 그 사람의 심리 상태를 반영하는 것이다. 가장 바람직한 시선 처리는 청중 개개인의 눈을 자연스럽고 따뜻하게 쳐다보면서 스피치를 하는 것이다.

따뜻한 응시는 서로 간의 교감을 형성하여 주기 때문에 스피치의 효과를 더욱 높일 수 있다. 다만, 응시가 지나치게 강렬하거나, 한 사람만을 뚫어지게 쳐다보는 것은 역효과가 나타날 수 있다. 그래서 사랑하는 사이의 관계를 알려면 눈빛만 보아도 안다고 하지 않았던가?

연애를 할 때는 상대방의 눈빛만 보아도 그 사람의 마음을 충분히 읽는다고 한다. 사랑은 백마디 말보다 따뜻한 눈빛에 더욱 감화를 받는다고 한다.

이렇게 연인처럼 청중도 연사로부터 따뜻한 시선을 받고 싶어 한다. 어떤 면에서는 청중이 연사로부터 시선을 못 받으면 자신을 무시한다고 생각하기도 한다.

아무리 입으로 따뜻한 이야기를 해도 시선을 받지 않으면 청중은 그 따뜻함을 느끼지 못한다고 한다. 그래서 연사는 의도적이라도 청중들에게 따뜻한 시선을 골고루 주려고 노력해야 한다.

청중이 눈으로 받아들이는 자극은 강렬하다. 연사가 이야기를 하기 전에 이미 성패는 정해진다는 말이 있다. 이 성공과 실패는 좋은 인상을 심어 주느냐 아니냐에 달려 있다.

좋은 인상을 심어 주는 요소에는 3가지가 있다.

첫째는 밝게 웃는 얼굴이다.

미소는 만국의 공통어이며, 남에게 주어도 줄지 않으며, 첫 대면하는 사람의 마음을 사로잡는다. 밝은 표정으로 상대와의 만남을 시작할 수 있다면 대인관계의 첫발은 성공한 셈이다.

둘째는 솔직한 태도이다.

태도는 그 사람의 마음을 반영한다고 한다. 서로 잘 모르는 사람끼리는 경계심을 세우고 움츠러들기 마련이다.

이런 어색한 태도에 친근감을 느낄 수 없다. 마음을 열고 있는 그대로의 모습으로 타인과 접촉을 하라. 다소 어려움이 있더라도 내가 먼저 용기를 내어 다가가면, 상대방도 마음의 문을 열고 내게 다가와 더욱 빨리 친해질 수 있다. 지나친 가식을 버리고 있는 그대로의 모습으로 상대방을 대하자. 그러면 나의 마음도 편해지고 상대방도 편하게 할 수 있다.

셋째는 먼저 인사하기이다.

인사는 상대방에 대한 존경의 발로이며, 친해지고 싶은 의미가 담겨져 있는 것이다. 즉, 인사를 한다는 것은 타인의 존재를 인정하고, 대화의 여지를 마련한다는 의미가 담겨져 있는 것이다.

인사를 하지 않는다는 것은 말을 하고 싶은 의사가 없다는 의미가 내포되어 있는 것이다. 우리의 삶에서 인사를 가볍게 생각하지 말자. 먼저 인사하는 것이야말로, 좋은 인상을 심어주고 원만한 대인관계를 만들기 위한 가장 쉬우면서도 확실한 방법이다.

2. 마이크사용법이 중요하다

연설가에게 마이크사용법은 대단히 중요하다. 연설가가 음성도 좋고 내용도 좋은데 올바른 마이크사용법을 몰라 내용이 효과적으로 청중에게 잘 전달하지 못하는 경우를 종종 보게 된다.

반면에 음성은 그다지 좋지 않으나 마이크 사용을 잘하여 청중에게 좋은 공감을 얻는 경우도 많이 보게 된다. 마이크의 성능이 연설의 성패를 좌우한다고 할 만큼 중요하다.

올바른 마이크사용법은 거리와 위치, 그리고 소리 등을 파악하여 잘 사용하여야 한다.

첫째는 마이크와 입과의 거리는 앰프의 성능에 따라 다르나 대개

5~7cm 정도 사이를 두고 하는 것이 좋다.

마이크를 너무 가까이 하면 연설자의 거친 숨소리가 들리게 되고, 또 너무 멀리 떨어져 있거나, 삐딱하게 마이크를 잡고 사용하면, 효과적으로 음이 마이크로 전달이 잘 안된다.

둘째는 마이크 위치로서 되도록이면 연사는 바른 자세로 눈은 청중을 자연스럽게 보면서 이야기를 하여야 한다.

또 고정 마이크를 쓰는 경우에는 연설하기 전에 마이크를 똑바로 적당하게 조정해 두면 연설 중에 마이크에 신경을 쓰지 않아도 되기 때문에 편안히 말할 수 있다.

셋째는 소리이며, 이는 매우 중요하다. 특히, 마이크 사용시에 너무 큰 소리를 내지 않도록 해야 한다. 일부 강사는 너무 열정이 강한 나머지 지나치게 음성을 크게 하여 청중이 연사의 말을 잘 알아듣지 못하는 경우도 있다. 그리고 음성은 같은 음의 연속보다는 높고 낮게 변화를 주어야 한다.

3. 제스처의 기법을 잘 활용하라

제스처의 사용 원칙과 방법에 대하여 이야기하고자 한다. 제스처의 사용 원칙에는 중요한 4가지의 원칙이 있다. 즉, 자연성과 변화성, 그리고 명확성과 시간성의 원칙이 있다.

첫째는 자연스러워야 한다.

제스처는 마음에서 우러나오는 대로 자연스러울 때가 가장 효과적이다. 지나치게 꾸민 듯한 제스처나, 틀에 박힌 제스처는 청중으로부터 거부감을 느낄 수 있다. 자연스럽고 부드럽게 하는 제스처가 청중의 시선을 모을 수 있는 것이다.

둘째는 변화성이 있어야 한다.

아무리 멋진 제스처라도 자꾸 하면 효과가 반감된다. 똑같은 제스처를 처음에 할 때에는 금이 되지만, 두 번째는 은이 되고 세 번째는 동이 되는 효과가 나타난다. 이것은 음식과 같은 것으로서 아무리 맛있는 음식도 처음에는 매우 맛있다가 많이 먹을수록 맛이 없어지는 것과 같은 효과이다.

제스처는 다이나믹dynamic하여야 한다. 연사의 주장과 신념을 더욱 청중에게 강조하는 것이 제스처라면, 제스처의 사용은 생동적이고 활기차야 한다. 제스처가 활기와 박력이 없으면 죽은 제스처라고 하며, 차라리 이런 제스처는 하지 않으니만 못하다. 그래서 제스처는 활기차고 다양하게 변화를 주어야 하는 것이 효과적이다.

셋째는 명확성이다.

제스처를 하는데 손을 뻗는 것도 아니요, 그렇다고 안 뻗는 것도 아닌 어정쩡한 제스처는 차라리 하지 않는 것만 못하다. 말의 효과를 높이는 제스처는 누가 보아도 명확하게 이해할 수 있어야 한다.

넷째는 시간성이다.

제스처는 타이밍이 맞아야 한다. 제스처와 말이 일치하지 않으면 더욱 우습게 된다. 개그나 유머 프로그램에서 시청자를 웃기게 하기 위해서는 개그맨이 이런 제스처를 쓸 수는 있지만, 연설에서는 말과 제스처가 시간적으로 일치하거나, 제스처를 약간 말보다 먼저 하여야 한다.

제스처의 효율적 방법은 다음과 같다.

첫째, 제스처는 팔 전체로 하여야 한다.

제스처는 말에 강세를 주고 청중의 시선을 모으기 위한 것이다. 따라서 제스처는 역동적일수록 더욱 효과적이다. 제스처를 효과적으로 하기 위해서는 팔 전체를 유기적으로 움직여야 한다.

둘째, 크고 분명하게 하여야 한다.

제스처는 대화처럼 자연스럽게 이루어져야 하며, 제스처를 크게 하라는 것은 손과 팔의 움직임을 확대하라는 것이며, 분명히 하라는 것은 움직임의 시작과 끝을 명확하게 하라는 것이다. 특히, 크고 분명한 제스처는 연사가 열정적으로 한다는 것을 보여 주는 것이다.

셋째, 제스처는 언제나 완성시켜야 한다.

한 번 손을 움직여서 제스처를 했으면 반드시 그것을 끝내야 하며, 제스처를 하려다가 주춤거리면 자신감이 없다는 표시가 될 수 있다. 스피치를 할 때는 정열과 박력을 보여 주어야 하며, 이는 자신감이 차 있다는 징표이기도 하다. 이런 자신감과 열정이 더욱 청중을 끌어들일 수 있는 것이다.

넷째, 제스처의 크기와 빈도는 상황에 맞추어야 한다.

정치 연설이나 대고객 프레젠테이션, 또는 대강연 등에서는 크고 역동적이며 정열적으로 하는 것이 좋고, 토론이나 회의 중에 잠깐 발표를 하는 경우에는 정열적인 스피치보다는 차분한 스피치가 더 효율적이다. 이런 경우에는 제스처의 폭도 줄이고 자주 할 필요도 없다.

다섯째, 말과 타이밍이 맞아야 한다.

제스처는 말의 의미를 분명하게 하고 말에 강세를 주는 역할을 한다. 따라서 제스처는 말과 타이밍이 맞아야 한다. 말과 따로 노는 제스처는 말의 뜻이 어색할 뿐만 아니라 효과를 더욱 경감시킨다.

여섯째, 변화를 추구하여야 한다.

박력 있고 열정적인 제스처를 하려는 마음에서, 계속 강렬한 제스처를 지나치게 하면 청중이 면역이 되어 큰 제스처에도 반응을 크게 얻지 못한다. 내용의 흐름에 맞추어 강조할 부분은 크게, 그렇지 않는 부분에서는 작게 함으로써 변화를 추구해야 한다.

제스처는 연설의 지휘봉이요, 교향곡을 지휘하는 오케스트라의 지휘자와 같은 것이다. 그래서 스피치를 할 때는 목소리의 변화에 따라 적절한 제스처가 이루어져야 한다. 제스처는 말을 통하여 전달되는 메시지의 의미를 정확하게 해주며, 특정한 단어나 구, 그리고 절을 강조하는 기능을 하고 청중의 시선을 모으는 역할을 한다.

또 제스처는 말을 포장하는 수단이 아니라 신뢰를 주는 도구이다. 저 연사가 말을 잘하는지 못하는지를 단 한 가지로 파악하라고 하면, 제스처사용법을 보면 알 수 있을 정도로, 제스처는 스피치에서 중요한 핵심 요소이다.

우리나라 사람들은 평상시에는 제스처를 잘 쓴다. 고개를 끄덕이고 손을 쓰면서 재미있게 이야기한다. 그러나 연단에만 서면 꿔다 놓은 보릿자루처럼 몸이 굳고 표정이 굳어저서 연설을 실패하는 경우를 종종 보게 된다.

우리가 감화를 받은 TV 프로그램을 보게 되면, 배우나 강연자가 청중에게 열정으로 다가가는 것을 본다. 그 과정에서 열정이 넘쳐나는 부분에서는 제스처를 사용한다. 이 제스처는 청중의 집중효과와 더불어 박진감과 생동감을 불어 넣어 더욱 잘 청중에게 전달되는 것이다. 단, 제스처에 대하여 지나치게 신경을 쓰다 보면, 어색한 제스처가 나오거나 부자연스러울 수 있다.

제스처는 다른 몸짓 언어와 마찬가지로 자연스러움을 생명으로 한다. 그래서 제스처가 말과 따로 놀거나, 스피치로부터 분리된 별개의 동작처럼 해서는 안된다.

4. 청중 분석이 연설의 효과에 크게 작용한다

청중 연구는 연사 자신의 능력 배양 다음으로 중요한 것이다. 화술은 듣는 사람이 없으면 성립될 수 없기 때문이다. 탁월한 능력을 가진 유능한 연사라 하더라도 들어줄 청중이 없다면 무인도에서 홀로 외치는 소리가 될 것이며, 또 많은 청중이 있음에도 귀를 기울이지 않으면 한낱 공염불(空念佛)에 불과할 것이다.

그래서 연설을 성공적으로 이끌기 위해서는 청중을 연구하고, 청중의 심리를 파악하고, 청중의 반응에 따라 적절히 대처하여야 한다. 아무리 좋은 내용을 갖고 스피치를 해도 청중을 무시하면 역효과가 난다는 것을 알아야 한다. 그래서 청중 분석이 중요하다는 것이며, 주요 내용은 다음과 같다.

첫째, 청중은 수동적인 수용자가 아니다.

청중은 연사의 이야기를 그대로 수용하는 피동적인 존재가 아니라, 자신의 가치관과 지식체계에 의해 판단을 한다. 그래서 청중을 무시한 연설은 역효과가 나타난다.

둘째, 스피치는 청중 중심으로 준비되어야 한다.

스피치의 목적은 스피치 자체를 실행하는 데 있는 것이 아니라, 청중으로부터 의도한 효과를 거두는 데 목적이 있다. 스피치를 실행하는 사람은 연사지만 그 목적을 달성시켜 주느냐, 마느냐는 청중에게 달려 있는 것이다.

따라서 스피치는 청중 중심으로 준비되어야 한다. 즉, 청중의 태도, 지식, 욕구, 그리고 감정을 잘 파악하여 이에 부합되는 스피치를 준비해야 한다. 즉, 스피치의 내용은 연사가 중요한 것을 하지만, 더욱 중요한 것은 청중의 호응도를 파악하여 나아가야 한다는 것이다.

셋째, 성패는 청중이 결정한다.

연사가 이야기하는 것을 어떻게 해석하고, 어떻게 받아들일지를 결정하는 것은 청중의 몫이다. 같은 내용의 연설이라도 청중에 따라 받아들이는 정도는 다 다르다. 그래서 뛰어난 연사는 청중의 욕구, 청중의 성향, 청중의 목적을 미리 파악하여 이에 적절히 대처해야 한다.

예를 들면, 연사가 청중에게 "왜 말귀를 못 알아듣니?"라고 화내는 경우가 종종 있다. 그러나 이런 경우 청중이 못 알아듣는 경우도 있지만, 대부분은 상대방이 부족해서 말을 이해하지 못하는 것이 아니라, 연사가 발음이나 내용이 부족해서 이해하기 힘들게 만든 경우도 많이 있다는 것을 알아야 한다.

혹시 평가에서 연사의 평가가 나쁘게 나왔다고 화내지 마라. 문제는 청중이 나쁘게 평가를 한 것이 아니라, 연사에게 문제가 있다는 사실을 알아야 한다. 그래서 연사는 청중에 대해 사전에 철저히 분석하여 청중이 어떻게 받아들일지를 예상하고 대처해야 한다.

청중의 본질은 3가지로 나누어 볼 수 있다.

"청중은 아기와 같다"라는 말이 있다. 아기는 자신이 원하는 대로 되지 않으면 울음을 터트린다. 이때 우는 원인을 정확히 파악해야 한다. 배가 고파서 우는지, 기저귀가 젖어서 우는지, 추워서 우는지,

엄마가 그리워서 우는지를 정확히 파악해서 잘 대처해야 한다.

즉, 청중의 3가지 본질은 금방 싫증을 낸다거나, 외부 환경에 영향을 크게 받는다거나, 마음이 수시로 변한다는 것이다. 이 본질에 대한 대처법은 〈도표 1〉과 같다.

나아가 연설의 효과를 높이기 위해서는 청중의 속성과 반응, 태도를 파악하여 적절히 대처해야 한다.

도표 1 청중의 3가지 본질과 대처법

1) 금방 싫증낸다.
- 결론부터 이야기한다.
- 간결하게 이야기한다.

2) 외부 환경에 영향을 크게 받는다.
- 잡음이나 사람들의 출입이 적은 장소를 선택한다.
- 상황 변화에 대한 대처 방안을 신속히 한다.

3) 마음이 쉽게 변한다.
- 사전에 분위기를 파악한다.
- 이야기 후 청중의 반응을 살핀다.
- 이야기 도중에도 청중의 분위기를 잘 관찰한다.

1) 청중의 속성을 알아야 한다

첫째는 청중의 태도이다.

태도란 주어진 대상에 대한 그 사람의 감정적인 평가, 즉 그 대상을 좋아하거나 싫어하는 정도를 의미한다. 즉, 연사나 주제, 그리고 스피치 목적에 대한 태도를 잘 파악하여야 한다.

연사에 대한 태도는 청중이 연사를 얼마나 좋게 생각하느냐를 판단하는 것이 중요하다. 연사에 대한 태도는 우호성과 존중심으로 나누어 살펴볼 수 있다. 우호성과 존중심을 갖은 연사는 보다 쉽게 청중에게 파고들어 갈 수 있는 것이다.

또 주제에 대한 태도도 정확하게 파악하여야 한다. 주제에 대한 태도가 청중과 일치하는 경우는 쉽게 접근이 가능하지만, 청중의 태도가 연사의 입장과 다른 경우에는 연사는 조심스럽게 자신의 관점을 피력해야 하며, 논리를 전개할 때에도 충분한 증거를 준비하여 차근차근 입증하여야 한다.

스피치 목적이란 연사가 그 스피치를 통하여 궁극적으로 성취하고자 하는 것이다. 스피치 목적에 대한 태도에는 우호적인 청중과 적의적인 청중이 있다.

우호적인 청중에게는 동의하는 부분을 다시 입증하려고 노력하지 말고, 입증 절차보다는 청중들에게 행동화를 촉구하는 것이 좋다. 다만, 이 과정에서 동의하지 못하는 부분에 대해서만 자세히 증명시켜 주면 된다.

적의적인 청중에게는 청중을 비난하거나 그들의 입장에 강하게 반대해서는 더 큰 갈등만을 유발할 수 있다. 우선, 공통점, 또는 동의하는 부분을 찾아서 거기서부터 출발하는 것이 쉽게 접근하는 방법이다. 그리고 청중의 마음을 일시에 모든 것을 바꾸려 하지 말고, 받아들일 수 있는 부분부터 조금씩 조금씩 늘려 나가는 것이 바람직하다.

둘째는 청중의 지식수준이다.

아무리 좋은 스피치라도 이해하지 못하면 아무 소용이 없다. 교육수준이 낮은 청중에게는 쉬운 말과 짧은 문장, 그리고 단순한 논리를 사용하는 것이 좋다.

교육수준이 높은 청중에게는 전문용어나 복잡한 문장, 그리고 정교한 논리를 사용하는 것이 더 효과적이다. 어휘와 문법, 그리고 논리에 대한 이해력은 대체로 교육수준과 비례한다. 또 청중이 내가 하고자 하는 주제를 어느 정도 아느냐 하는 것도 사전에 파악하여 접근하면 더욱 쉽게 다가갈 수 있다.

대체로 주제를 잘 아는 청중에 대해서는 기초를 설명하는 데 시간을 낭비하지 말고, 기존의 지식 위에 새로운 지식을 제공하는 것이 효과적이다. 주제를 잘 모르는 청중에게는 기초부터 차근차근 설명하며, 많은 정보보다는 자세히 정보를 제공하는 것이 효과적이다.

셋째는 청중의 욕구이다.

청중이 무엇을 필요로 하며, 어떤 것에 흥미를 가지고, 어떠한 동기로 스피치를 들으러 오는가를 파악한 후, 이를 충족시키는 방향으로 스피치를 준비해야만 그들의 마음을 움직일 수 있다. 청중의 욕구를 제대로 이해하지 못한 채 스피치를 하면 청중의 호응을 얻기가 어렵다.

넷째는 청중의 감정 상태이다.

사람은 누구나 희노애락을 가지고 있다. 청중의 감정 상태를 잘 파악하고, 이 감정을 잘 이용하여 스피치를 전개해 나아가야 한다.

예를 들면, 슬픔에 젖어 있는 청중을 상대로 한다면 그들의 슬픔에 동조를 하면서 이야기를 이끌어 가야 한다. 슬픔에 젖어 있는 청중에게 무턱대고 기쁜 이야기를 한다고 그들의 기분이 쉽게 전환되겠는가?

다섯째는 청중의 구성상 특성 파악이다.

청중이란 개개인의 군집이 아니라, 하나의 집단이다. 청중의 동질성 여부와 조직성을 파악하여 그들에게 맞게 연설을 하여야 한다.

청중의 구성이 동질적인 경우에는 그들의 태도와 지식, 그리고 욕구와 감정도 서로 비슷하여 쉽게 접근이 가능하지만, 청중의 집단이 이질적인 집단에게는 그들 각각의 태도와 욕구가 다르므로 스피치의 준비도 까다롭고 어렵다.

2) 청중의 반응과 태도이다

청중이 부정적이거나 이해를 못하는 등의 좋지 않은 반응을 보이면, 발표자는 즉각 대응을 하여야 한다. 청중 중에서 한두 사람이 지루해 하는 반응을 보이면, 다른 사람에게 바로 전염되기 때문에 즉각적인 조치를 취하지 않으면 안되며 대처법은 〈도표 2〉와 같다.

청중의 반응에 잘 대처하는 연사가 훌륭한 연사이다.

도표 2 청중의 반응과 대처법

1. 청중이 부정적인 반응을 보일 때	• 제스처를 더 많이 한다. • 화제를 바꾸거나 눈맞춤을 많이 한다. • 질문 등을 통하여 청중을 적극적으로 참여시킨다.
2. 청중이 지루한 표정을 지을 때	• 유머나 자신의 경험담 등을 이야기한다. • 기지개나 박수치기 등으로 기분 전환을 시도한다.
3. 졸고 있는 경우	• 졸고 있는 바로 옆 사람에게 질문한다. • 전체에게 색다른 질문을 한다.
4. 내용을 이해하지 못하는 경우	• 말하는 속도를 줄인다. • 말을 또박또박 끊어서 한다. • 쉬운 예를 들어 설명을 반복한다.

제 3 장

감성의 스피치를 구사하라

말은 파괴하거나 치유하는 힘을 갖는다.
진실하고 친절한 말은 세상을 변화시킬 수 있다.

―붓다Buddha―

Speech

01 감성 스피치에 빠져라

감성 스피치는 상대방의 마음을 알아주고 함께 공감하며 공유하는 것이다.

사람들이 커피 전문점인 '스타벅스'에서 커피를 마시는 것은 단순히 커피를 먹기 위한 것보다는 분위기나 상류 의식, 또는 향기나 멋 같은 감성을 자극하는 새로운 가치에 돈을 지불하는 것이다. 감성 스피치를 잘하기 위해서는 분위기를 잘 파악하여야 한다.

감성 스피치를 잘하기 위해서는 다음 5가지 사항을 잘 숙지하고 실행하여야 한다.

1. 적극적으로 경청하라

"사람을 움직이는 가장 중요한 무기는 입이 아니라 귀다"라는 말이 있다. 상대방이 전달하고자 하는 말의 내용은 물론 그 내면에 깔려 있는 동기나 정서에 귀를 기울여야 한다.

즉, 상대방이 의미하는 것 자체가 무엇인지 마음을 열고 잘 경청하여야 한다. 경청은 상대방의 내용은 물론 그 사람의 의도, 욕구, 내면의 감정까지도 이해하려는 적극적인 커뮤니케이션이다.

예를 들면, 할아버지가 "나 이제 죽고싶다"라고 하면 이 할아버지가 정말로 죽고 싶은 것이 아니라, 자신의 삶 속에서 여러 가지 불만 요소가 있다는 것을 알아차리고 이 문제를 해결해 주도록 해야 하는 것이다.

2. 공감하고 이해하라

공감하고 이해한다는 것은 발전적인 인간관계의 형성 및 일상적인 문제 해결뿐만 아니라 상대방의 마음으로 다가가는 말하기 기술로서 차원 높은 이해심이다. 상대방의 입장에서 내면적인 감정과 사고를 왜곡하지 말고 받아 들여야 하는 것이다.

즉, 역지사지(易地思之)의 입장을 갖고 대해야 하는 것이다. 이 공감은 자신보다 다른 사람이 처한 상황에 부합하려는 정서적 반응으로서 사람들의 다양성에 대한 포용도 포함되는 것이다.

특히, 여성들과 이야기를 할 때는 작은 것이라도 공감하는 분위기를 조성하고 연설을 하면 더욱 쉽게 접근할 수 있다.

3. 존중하는 마음으로 다가가라

존중한다는 것은 그 사람의 감정, 사고, 행동을 평가하거나 판단하지 않고 있는 그대로 받아들이고 받드는 것이다. 상대방을 귀중한 존재로 여기는 태도를 보여 줄 때, 상대방의 마음을 얻을 수 있다.

특히, 연사는 어떤 청중이든지를 불문하고 존중하지 않으면 연설을 실패로 이끌게 된다. 연사는 겸손한 마음으로 최선을 다하며, 모든 청중을 받드는 존중의 자세를 견지하여야 한다.

4. 순수함을 지녀라

상대방과의 관계에서 자유롭고 솔직한 마음은 순수함에서 비롯

된다. 자신의 진심을 아주 솔직하게 표현해 상대방에게 잘 전달하라. 내가 상대방을 알려면 내가 먼저 다가서야 한다. 그 과정에서 나의 가식과 가면을 벗어 버리고 진지하게 다가갈 때 상대방이 마음의 문을 여는 것이다.

"한국인은 체면에 죽고 산다"라는 말이 있다. 또 "좋은 식당에서 라면 먹고 식당을 나올 때는 이 쑤신다"라는 말처럼 너무 체면을 중시하는 경향이 있다.

이런 지나친 체면 의식은 순수함을 갖는 데 장애물이 된다. 때에 따라서는 있는 그대로 보여 주는 것이 더 정이 가고 더 가까워지는 것이다.

5. 첫 인상이 중요하다

심리학자 다니엘 카너먼Daniel Kahneman은 "성공을 좌우하는 가장 결정적인 조건은 지능이나 학벌, 운이 아니라 매력이다"라고 하였다. 이처럼 매력은 사람들을 자석처럼 끌어당기는 힘이 있다. 이는 만남의 순간에 스파크처럼 튀는 번뜩한 느낌이다.

모 회사의 광고처럼 "한 순간의 선택이 10년의 좌우한다"라는 말도 있다. 물론 첫 순간의 몇 초로 그 사람의 전부를 올바로 평가할 수는 없다. 다만, 왠지 모르게 좋거나, 나쁘다는 것을 처음 만나는 3~5초 동안의 인상이 좌우한다는 것이다.

몸짓 언어 분야의 권위자인 앨버트 메라비언Albert Mehrabian 교수는 첫 인상을 결정하는 것은 시각적 요소(외모, 몸짓 언어)가 55%이고, 청각적 요소(목소리, 억양, 속도 등)가 38%이며, 실제 말하는 내용은

7%에 불과하다고 한다.

이런 분석에 비추어 보면 외모나 몸짓 언어, 목소리, 억양 등이 첫 인상을 크게 좌우하는 요소라는 것이다. 특히, 첫 인상을 좌우하는 요소로서 외모인 옷차림과 자세도 빼놓을 수 없다.

즉, 내가 표현하고자 하는 것이 옷차림부터 나온다는 것이다. 외모가 절대적 가치 기준은 될 수는 없지만, 첫 인상을 좌우하는 큰 역할이라는 것을 알아야 한다. 연사의 옷차림은 청중들과 연설 주제, 장소에 잘 부합하여야 한다. 그렇다고 지나치게 많은 장신구를 달거나, 격식을 갖추지 않는 너무 편한 옷도 청중에게 좋은 반응을 얻지 못한다.

또 아무리 훌륭한 연설 내용이라 하더라도 연사의 자세가 바르지 못하면 연설의 효과가 낮아진다. 모 강연장에서 연사가 아주 열정적으로 내용도 쏙쏙 들어오게 연설을 잘하는데, 자세가 습관인지 삐딱한 자세로 시종일관 이야기를 하는 것이다. 이때 받은 느낌은 "왜 연사가 저런 자세로 이야기할까?"를 생각하게 되고, 그 연사의 좋은 강의가 바르지 못한 자세로 많이 반감되었던 기억이 난다.

바르고 당당한 자세는 청중의 시선을 집중시키고, 프로다운 느낌과 신뢰감을 더해 준다. 특히, 가슴을 딱 펴고 따뜻한 눈빛과 적절한 제스처는 더욱 연사의 품격을 향상시킨다. 우리는 거울을 보면서 자신의 몸이 구부정한지를 살펴보고, 만약 구부정하다면 이를 펴도록 노력을 해서, 꼿꼿한 자세를 가져야 한다.

그 다음에 중요한 것이 밝은 표정이다. 밝은 표정에는 긍정적 마인드가 중요하다. 평소 자신의 마음 상태를 부정적인 요소에서 탈피하여, 기쁨이나, 즐거움, 행복과 같은 긍정적 정서로 채워야 한다.

그리고 "웃는 얼굴에 침 못뱉는다"라는 말처럼 웃음을 지녀야 한다. 활짝 웃는 얼굴은 누구에게나 호감을 준다. 아기의 해맑은 미소는 우리를 더욱 즐겁게 만든다.

중국 속담에 "웃지 않는 사람은 장사를 해서는 안된다"라는 말이 있다. 미소야말로 모든 사람에게 즐거움을 선사하고 매력을 발산하는 속성을 지니고 있다.

02 설득의 원칙과 기법을 숙지하라

1. 설득의 기술은 능력이다

나폴레온 힐Napoleon Hill은 "설득은 당신을 리더로 만들며, 행복하고 지속적인 대인관계를 가능하도록 만드는 마법같은 힘이 있다"라고 하였다.

이처럼 설득은 사람들에게 힘과 영향력을 획득하는 수단이며, 어마어마한 부를 창조하는 수단이다. 그래서 설득은 사업을 번창시키고 성공을 약속하는 기술이다. 즉, 설득은 자신이 원하는 바를 이끌어 내기 위해 태도와 신념, 의견, 그리고 행동을 자발적으로 변화시키거나 개혁하는 과정이다.

아리스토텔레스는 설득을 "학습을 통해 습득할 수 있는 하나의 기술"이라고 하였다.

대중 화술에서의 설득은 "청중의 생각이나 믿음, 그리고 행위 등을 연사가 의도하는 대로 말로서 변화시키는 것이다"라고 정의를 내렸다.

정치, 사회, 교육, 종교의 지도자는 물론 성공적인 경영인 역시 다른 사람들을 효과적인 말로 설득하여 자신의 견해에 동조하도록 하는 스피치 능력이 뛰어나다는 것이다.

설득의 목적은 연사가 청중에게 동기부여나 태도변화 등을 유도하고자 하는 것이다. 연사의 설득 기술에 의해 설득의 목적이 달성되는 것이다.

2. 설득에는 4가지의 기본원칙이 있다

설득의 원칙과 기법만 잘 터득하면 설득의 장애 요인을 극복할 수 있다. 설득의 장애 요인으로는 청중의 선택적 수용이다. 청중은 연사의 모든 내용을 받아들이려고 하지 않고 자신이 원하는 것만 받아들인다.

또 대부분 사람들은 자기 자신과의 이해가 걸려 있지 않는 일에 대해서는 비교적 대범하게 행동하지만, 자신과 이해관계가 있는 일에 대해서는 매우 강하게 집착한다. 자신의 태도와 신념이 명확하면, 남의 이야기를 잘 받아들이려고 하지 않는다. 이런 경우에도 설득이 상당히 어렵다.

또 사람에게는 반항심리가 있어서 상대가 하는 말이 합당하다고 하더라도 자신의 자유를 제한하려고 한다는 판단이 생기면 무작정 반발하는 경우가 있다. 이런 여러 가지의 장애 요인이 있지만, 설득의 원칙과 기법을 잘 이용하면 장애 요인은 잘 극복할 수 있다.

설득의 기본원칙은 4가지로 나누어 볼 수 있다.

첫째는 증거를 활용하는 것이다.

증거는 사실, 구체적인 사례, 통계자료, 그리고 증언 등으로 주장을 입증하는 것이다. 대부분 청중은 자신의 기존 태도가 강하다고 할지라도, 또 연사와 다른 생각을 갖고 있다고 할지라도, 부인할 수 없는 증거를 제시하면 연사의 말에 수긍한다. 실제로 일어난 사실이나 객관적으로 증명되는 사실, 그리고 통계자료를 통하여 얻은 계량적인 자료에는 청중이 대부분 수긍하게 된다.

둘째는 공신력을 이용하라.

공신력은 연사가 인용한 증거자료의 출처가 얼마나 믿을 수 있느냐를 나타내는 것으로 연사의 전문성과 신뢰감, 그리고 정열에 의해 결정된다.

공신력이란 연사의 전문성과 신뢰감, 그리고 정열을 포함하는 것이다. 전문성이란 말하고자 하는 주제에 대하여 지식과 경험이 풍부한 것을 말하며, 신뢰감이란 믿음으로서 진솔하고 정직하며 항상 호의적으로 행동하는 사람을 말하며, 정열이란 그 부분에 오랫동안 관여했으며 열과 성을 다해 노력하는 사람을 말한다.

셋째는 청중의 욕구를 공략하는 것이다.

뛰어난 설득가가 되려면 청중의 욕구를 잘 이용할 줄 알아야 한다. 청중이 무엇을 어떻게 원하고 있는가를 파악하여 이를 적극 공략하게 되면 청중을 쉽게 설득시킬 수 있다.

배고픈 청중에게는 먹을 것을 주어야 문제가 해결되고, 정에 굶주려 있으면 사랑을 주어야 하고, 취업을 원하면 직업을 알선해 주어야 하는 것이다.

넷째는 성급하게 나가지 마라.

남을 설득하고자 할 때 절대로 서두르면 안된다. 지나치게 성급하게 진행하면 상대방의 화를 자초하거나 많은 양보를 하게 되어 오히려 내가 손해를 보는 경우가 많다.

나와 태도가 다른 상대방의 태도를 일시에 모두 바꾸겠다는 생각이나 무슨 일이 있어도 지금 이 자리에서 설득을 시키겠다는 생각은 오히려 상대방에게 더 많은 반감을 부를 수 있고, 나아가 더 많은 양보를 해야 하므로 막상 설득에 성공하였다고 하더라도 '남는 것이' 없는 상황에 빠질 가능성이 높다.

그래서 설득은 천천히 서두르지 말고 한걸음 한걸음 나아가겠다는 생각을 갖고 실행하는 것이 효과적이다.

3. 수사학의 3원칙을 이용하라

아리스토텔레스는 설득에 관한 최초의 문헌인 《수사학rhetoric》에 3가지 설득 수단인 에토스ethos, 파토스phthos, 로고스logos를 제시하였다. 에토스는 연사의 고유한 성품을 말하는 것으로 연사의 인격이라 할 수 있다. 즉, 청중은 연사의 성품을 신뢰함으로써 설득되어지는 것이다.

초등학생이 선생님의 말을 믿는 것은 선생님의 인격이 훌륭하다고 믿기 때문이다. 그 믿음이 강하면 강할수록 설득력은 강해진다. 반대로 연사의 신뢰도가 무너질 때는 청중은 "콩으로 메주를 쑨다"라고 하여도 믿지 않게 된다.

아무튼 청중이 연사를 믿고 의지할 때 그 연사는 신뢰받고 있는 것이다. 신뢰는 연사의 기본조건이다. 그러나 신뢰는 우연히 생겨나는 것이 아니라, 연사가 높은 품성을 갈고 닦는 꾸준한 노력에 의해서 얻어진다.

에토스 법칙으로 설득의 효과를 본 사람은 간디나 공자, 그리고 훌륭한 고승이나 신부 등이 연설에 앞서 그의 모범적인 사생활이나 인격으로, 청중들이 그를 믿게 만드는 것이다.

파토스는 청자의 심리 상태이다. 청자의 심리, 또는 감정 상태는 설득에 영향을 미치게 된다. 인간은 이성적 동물이라고 하지만 감정에 더 많은 지배를 받는다. 따라서 청중을 진정으로 설득하고 싶으면 이론만을 가지고 접근하려고 하지 말고, 그들의 감정에 호소하여야 한다.

감정에 호소하는 연설은 정치가들이 많이 사용하는데, 극히 일부에게 편을 가르게 해서 그들을 적으로 만들고, 증오를 조장하는 것이 많은 대중을 자신이 원하는 방향으로 쉽게 움직이는 데 효과적이라는 것을 그들은 잘 알고 있다. 이러한 파토스를 통하여 청중을 설득하여 수많은 유태인을 살해한 장본인이 바로 히틀러이다.

로고스는 청자에서 명확한 증거를 제공하여 논리를 주장하는 것이다. 아리스토텔레스는 인간은 결정을 내릴 때 합리적인 이치에 근거하여 이성적인 판단을 내리는 동물이라는 것이다. 청중은 연사가 명확한 증거를 제시하고 설득을 할 때, 청중은 연사를 설득력이 있고 신뢰할 수 있는 사람이라고 인식하는 것이다.

아리스토텔레스의 이 3가지 개념은 현대의 설득 개념을 이해하는 데 매우 중요하다. 그러나 가장 효과적인 설득은 이 3가지를 따로따로 적용하는 것이 아니라, 혼합하여 사용하는 것이 효과적이다.

순전히 논리적으로만 주장하면 감정이 메말라 버린 것이고, 그렇다고 감정적으로만 하면 원칙이 올바로 서지 못하고, 이 2가지에 연사의 인격이 더해질 때 청중을 쉽게 설득할 수 있는 것이다.

4. 설득기법을 활용하라

설득의 기본원칙에는 증거를 활용해야 하며, 연사의 공신력을 이용하고, 청중의 욕구를 공략하여야 하며, 서두르지 말아야 한다.

설득의 기법에는 다양한 요소가 있다.

1) 미소 작전이 효과적이다

미소 작전은 상대방에게 "나는 당신을 좋아하고 있다"라는 메시지를 보냄으로써 상대방의 호감을 얻는 것이다. 따라서 설득에 성공하려면 우선 상대방의 호감을 얻도록 노력해야 한다. 상대방의 호감만 얻을 수 있으면 상대방이 좋은 마음으로 접근하기 때문에 쉽게 설득이 가능하다.

웃음은 남을 위해 베푸는 것이 아니라, 자신의 설득 목적을 달성하기 위하여 쌓아가는 공덕이라는 것을 명심하여야 한다. "미소 짓는 사람이 최후로 웃는다"라는 말의 의미를 깊게 새겨 보자.

2) 뿌리는 자가 거둔다

"가는 말이 고우면 오는 말도 곱다"라는 속담처럼 우리 사회는 상호성의 원칙이 존재한다. 즉, 다른 사람에게 내가 잘해 주면 반드시 이에 대한 보답이 온다는 원칙이다. 이 작전은 상대방에게 미리 선심을 베풀어서 상대방이 '빚졌다'라는 느낌을 갖게 한 다음에 때가 왔을 때 그로부터 도움을 요청하는 것이다.

선심 작전은 반드시 상호 간에 호감을 전제로 하는 것은 아니다. 싫어하는 사람이 호의를 베풀어도 이를 갚아야 한다는 의무감에는 변함이 없기 때문에, 상대가 비록 나를 좋아하지 않더라도 그에게 선심을 베풀어두면 그도 언젠가는 갚게 되는 것이다. 이 말에는 "뿌리는 자만이 거둘 수 있다"라는 의미가 담겨 있는 것이다.

3) 감투를 주면 쉽게 얻을 수 있다

대한민국 국민은 특히 감투에 약하다. 평 회원이라면 단돈 1만 원을 내기 싫어하는 사람이라도 감투를 씌워 주면, 5만 원, 10만 원이라도 낸다. 그래서 상대방에게 적절한 감투를 씌워 주고, 다단계 작전으로 처음에는 상대가 받아들이기 힘든 커다란 요구를 하고 상대가 이를 거부할 때, 한발 한발 양보하는 척하며 더 작고 현실적인 요구를 제시하는 것이다. 그러면 상대방은 이를 수락하는 것이다.

그러나 너무 터무니없이 요구가 크면 상대방이 아예 흥미를 잃기 때문에 설득은 실패로 돌아갈 수 있다.

예를 들면, 서울의 모 국회의원은 대부분의 당원을 간부화시킨다고 한다. 이 당원에게 매년 1만 원씩의 회비를 내라고 하면, 그 당원은 "내가 당신 당에 투표해 주는 것도 고맙다고 생각해야지, 왜 돈을 받느냐"라고 불평을 한단다.

그래서 이 국회의원은 당원에게 자신과 같이 찍은 큰 사진을 주고, 무슨 일도 하는지도 모르는 ○○특별위원장이라는 큰 감투를 주고 30만 원을 내라고 하면, "30만 원은 없고 20만 원만 내겠다"라고 하면서 좋아 한단다. 이처럼 그냥 돈을 내라고 하면 싫어하지만, 감투를 주고 많은 금액을 내라고 하면 그 감투 덕분에 많은 돈을 낸다는 것이다.

4) 작은 것부터 점진적으로 확장해 나아간다

이 작전은 양보 작전과 정반대의 접근법을 사용하는 것으로, 처음에는 대수롭지 않은 작은 요구를 하여 이를 수락하게 한 다음에, 점차 요구의 크기를 늘려가는 것이다. 즉, 큰 것을 원한다면 맨 처음부터 크게 요구하면 상대방은 거절을 하기 때문에 작은 것부터 점차로 차근차근 늘려가는 방법이다.

예를 들면, 모 교회에 다니는 암에 걸린 어린이를 도와주는 경우를 생각해 보자. 같은 교회에 다니는 신도에게 암에 걸린 어린이를 위해 처음부터 수십만 원을 내라면, 동정의 마음은 있으나 선뜻 내기는 어려울 것이다. 그래서 이 어린이를 도와주기 위한 바자회를 하는데, 처음에는 "자선 티켓 2,000원짜리 커피 티켓을 사 주세요"라고 하면 부담 없이 구매하는 신도들이 많을 것이다.

이 자선 티켓을 갖고 커피를 마시려 오는 신도들에게 이 암 환자 어린이가 수술을 하는데 여러분이 "5,000원짜리 식사 티켓을 사 주면 이 어린이에게 많은 도움이 됩니다"라고 하면서 점점 큰 것을 요구하면서 신도들을 설득하는 방법이다. 이렇게 하면 '오, 그래' 하면서, 또 식사 티켓을 사 주는 경우가 많다는 것이다. 이렇게 처음에는 작은 것을 요구하다가 점점 크게 요구하는 것이다.

5) 주위에 이끌려 의사결정을 하는 것이다

이 작전은 사람의 모방 심리와 안전운행 심리를 이용하는 작전이다. 즉, 확실한 아이디어가 부족한 사람은 남이 하는 대로 따라 하려는 경향이 강하다. 이것을 이용하여 설득하는 방법이다.

예를 들면, 내가 책을 판매하고 싶은데 고객이 살까 말까 망설일 때, 옆집의 철수 어머니도 사고, 앞집의 영희 어머니도 샀다고 하면 "아! 나도 사도 괜찮겠구나"라는 생각이 들게 하여 구매를 하도록 하는 것이다.

대개 이런 경우는 세일에 많이 적용하는 방법이다.

6) 품격과 인품을 파는 경우이다

사람은 누구나 일관성을 중시한다. 일관성 심리를 설득에 이용하는 방법에는 자발적인 태도 변화를 유도하는 방법과 약속을 하게 하고, 이를 지키도록 압박하는 방법이 있다. 특히, 교육수준이 높고 아는 것이 많은 사람일수록 일관성을 유지하려는 경향이 강하다. 그래서 똑똑한 사람일수록 자신이 한 말에 스스로 책임을 지려 하므로 제품에 넘어간다.

예를 들면, 내가 건강식품 판매를 한다고 가정을 해보자. 이주일 전에 와서 구매를 요구했더니, 사장이 다음에 오면 사 준다고 하였고, 그리고 또 일주일 전에 구매를 요구했더니 다음에 오면 사 준다고 하여 '왔습니다'라고 하며 사용하는 방법이다.

저는 "사장님의 인품과 품격을 믿는데, 계속 미루기만 하십니다"라고 하면, 사장은 자신의 품격이 떨어지는 일을 하지 않기 위해서 사 주는 경우이다.

7) 높은 직급으로 상대를 이끄는 것이다

사람은 권위에 약하다. 어려서부터 부모님의 권위와 선생님의 권위에 복종하도록 훈련받아 온 우리는 권위에 거의 맹목적으로 복종하는 경향이 있다. 즉, 위엄을 차려야 상대를 제압할 수 있다.

계급 사회에서 설득을 하기 위해서는 높은 계급의 사람을 먼저 설득해서 그들이 부하에게 이야기하도록 하면 설득 효과가 더욱 크게 나타나는 경우이다.

예를 들면, 내가 장갑을 파는 데 그냥 군인 한 명 한 명에게 판다면 시간도 많이 걸리고 사는 군인도 많지 않을 수 있다. 이때 그 부대의 부대장에게 말을 하여 부대장이 'OK' 하면, 부대장이 부대원에게 "추운 겨울을 나기 위해 장갑을 하나씩 사면 좋다"라고 한마디 하면 대부분의 병사들이 그 장갑을 사는 경우이다.

8) 상대방의 욕구를 파고들어라

청중의 욕구를 이용하는 설득법이다. 상대의 욕구를 정확히 파악해 상대의 욕구를 집중 공략하는 것이다. 상대의 욕구 파악에는 상대의 취미나 특기 부분을 파악해 그 분야를 집중적으로 공략하는 것이다.

예를 들면, 대통령에 출마한 후보가 자영업자들이 모인 자리에서 내가 대통령에 당선이 된다면, 자영업자의 고수익을 보장하기 위해서 세금 감액이나 지역경제 활성화 방안을 제기하면, 자영업자들로부터 더 많은 지지를 얻는 수 있는 경우이다.

9) 공포 분위기를 확산시키는 것이다

상대방에게 두려움을 확산시키는 방법이다. 즉, 상대방의 마음속에 공포를 일으켜 놓고 공포스러운 상황이 발생하지 않기 위해서는 지금 추천하는 방법을 따라야 한다고 주장하는 방법이다.

대부분의 사람들은 죽음 앞에 초연한 사람은 드물다. 건강을 유지하도록 공포 분위기를 조성해 놓고 약을 파는 경우가 이에 해당한다.

옛날에 버스 공영 주차장에서 승객을 대상으로 약을 파는 경우를 생각해 볼 수 있다. 물건을 파는 사람이 의사는 아닌데, 저 사람이 파는 약을 먹으면 나의 다양한 질병이 나을 것이라는 설명에 질병으로부터 벗어나고자 약을 사는 경우이다.

환자나 시민들에게 병에 대한 공포를 크게 해준 다음에, 이 약을 먹으면 나을 수 있다고 하면서 판매하는 경우이다.

10) 체면 의식을 활용하라

우리나라 사람은 체면 의식이 강하다. 특히, 우리나라 사람들은 생활 전반에 걸쳐 체면을 많이 찾는다. 이를테면, 의식주의 선택이나 승용차 구입, 친구모임에서의 장소 선정이나 자녀의 학교 진학이나 취업, 또는 자녀의 학교 성적이나 선물의 선택 등에서 남의 이목을 끌 가능성이 있는 것이라면 모두 체면과 연관시켜 생각하는 경우가 많다.

체면이 우리 생활 전반에서 차지하는 비중이 높기 때문에 우리는 체면에 관한 한 서로 민감하게 반응한다. 그래서 "한국인은 체면에 살고 죽는다"라는 말까지 나오고 있는 실정이다. 특히, 높은 계급의 사람에게는 체면 의식을 이용해 설득하면 더 효과가 크게 나타난다.

이상의 다양한 설득기법을 잘 활용하면, 더욱 설득이 용이할 수 있다. 다만, 설득을 하기 위해서 이 모든 설득기법을 한꺼번에 다 사용하라는 것은 아니다. 상대와 분위기에 맞추어 적절하게 한두 가지나 서너 가지를 사용하면 되는 것이다.

03 스토리텔링과 감성기법

1. 스토리텔링으로 하라

스토리텔링은 "이야기로 말하다"라는 뜻으로, 보다 내용을 자세히 설명하면 "이야기를 재미있게 하라"라는 의미가 내포되어 있는 것이다. 그냥 사실에 입각한 내용만을 말하면 감동의 강도가 낮다. 같은 말이라도 이야기 형식인 스토리텔링으로 이야기를 하면 더욱 청중의 뇌리에 오래 남는다.

스토리텔링은 스피치를 할 때 자연스럽게 주제를 잘 드러내는 효과가 있을 뿐만 아니라, 진정성과 감성을 자극해 공감을 불러일으킨다.

미래학자 다니엘 핑크Daniel Pink는 "미래 사회의 최고 리더는 스토리를 생산해 내는 사람"이라고 하였고, 하버드 대학의 교수 하워드 가드너Howard Gardner는 "모든 지도자들은 위대한 이야기꾼이다"라고 하였다.

스토리텔링을 4가지로 요약하면, 주제와 배경과 등장인물, 그리고 줄거리이다.

첫째는 주제이다. 이야기의 핵심요소로서 이야기를 통해 작가가 전달하고픈 메시지라고 할 수 있다.

이야기 전체의 내용을 A4 용지 한 장으로 요약했다면, 그것은 줄거리가 된다. 줄거리를 한 문장으로 요약했다면, 그것이 바로 주제인 것이다. 한 줄의 주제를 한 단어로 요약하면, 이것을 핵심 키워드라고 한다.

둘째는 배경이다. 어떤 사건이 일어나는 과정에서 주위의 환경이라고 할 수 있다. 같은 내용이라도 주변 환경을 잘 이야기하면 더욱 크게 감화를 받을 수 있다.

셋째는 등장인물이다. 이야기에는 이야기를 이끌어 나갈 주인공이 필요하다. 스토리텔링에서는 이야기를 하고 있는 자신이 화자이면서 동시에 주인공이 될 수 있다. 가급적이면 주인공을 극대화시킬 때, 더 큰 흥미를 유발할 수 있다.

넷째는 줄거리이다. 줄거리란 이야기의 개요로서, 기승전결이나 서론, 본론, 결론으로 정리가 되어야 한다. 줄거리에서는 그냥 주인공의 활약상만을 보여 주면 재미가 떨어진다. 가급적이면 보다 형용사나 수식어를 만들어 극적인 장면을 연출한 후, 이를 재미있게 풀어 나가면 청중은 더욱 흥미를 느낄 것이다.

그리고 스토리텔링을 구성할 때의 핵심 5가지를 제시하면 다음과 같다.

첫째는 열정이다. 상대를 이해시키고 설득하는 과정에서 열정이 없으면 듣는 사람은 감동을 받기 어렵다. 내가 하는 내용에 대하여 최선을 다하는 열정이 상대방을 감동시킨다.

둘째는 이야기 속에 영웅이 등장하여야 한다. 갈등과 어려움을 해결해 준 사람이 영웅이다. 이 영웅을 청중은 자신에게 비추어 보기도 한다.

셋째는 영웅에 맞서는 악당이 있어야 한다. 밋밋한 이야기는 흥미를 유발하는 데 한계점이 있다. 영웅이 더욱 빛을 발휘하기 위해서는 악당으로 대변되는 어려운 환경이나 사회적 요소의 힘든 장애가 제기되었을 때, 영웅은 더욱 빛을 발휘하게 된다.

넷째는 깨달음이다. 스토리를 통하여 깨달음을 줄 수 있어야 한다. 그것은 상대방이 인생을 보는 시각을 전체적으로 바꿔 놓든, 아니면 작은 부분만 바꿔 놓든 간에 나의 이야기를 통하여 감화를 받을 수 있도록 해야 한다. 이런 깨달음이 상대의 뇌리에 깊은 자극으로 오랫동안 남을수록 효과적이라 할 수 있다.

다섯째는 감동과 변화이다. 어려운 난관을 극복하고 성공을 이루어낸 영웅 스토리는 나 역시 변화해야 한다는 동기부여를 제공하고 목표의식을 불어 넣어야 한다. 나아가 감동을 주면, 듣는 사람은 크게 변화시키는 계기가 될 수도 있다.

그리고 스토리텔링에는 에피소드episode를 많이 사용하는 것이 좋다. 에피소드는 강의 주제와 연관성이 있어야 하며, 청중이 좋아하는 에피소드에는 연사의 전문성과 얽힌 이야기, 어려운 난관 극복 이야기나 성공 이야기, 시즌성 이야기, 특출한 소신이나 철학의 이야기, 유머, 심리 테스트 등이 있다. 이런 에피소드가 더욱 청자의 흥미를 유발시킬 수 있다.

매력 있는 사람은 전문성과 친근감을 갖추어야 한다. 대부분의 사람들은 연사의 전문성과 관련된 이야기에 더욱 몰입을 한다. 그래서 같은 내용이라도 누가 이야기를 했느냐에 따라 듣는 청중의 반응은 매우 다르게 나타나는 것이다. 같은 주제와 내용이라도 전문가가 이야기를 하면 더욱 신뢰감을 갖고 몰입하게 되는 것이다.

그리고 고난을 이겨낸 에피소드에 청중은 더욱 감화를 받는다. 이런 고난 극복 에피소드를 들으면 자신의 어려운 처지도 극복할 수 있다는 자신감을 갖게 되는 것이다. 그래서 청자는 더욱 몰입하는 것이다.

또 중요한 것은 남과 다른 소신이나 철학이다. 모 대학교 정류장에 가면 "아니오, 하는 것도 힘이다"라는 문구로 광고 방송을 하는 것을 시내버스에서 듣는다. 대부분의 사람들은 남들이 하면 아무 생각 없이 같이 쫓아가는 것을 좋아한다. 왜냐하면 특별히 부담이 없기 때문에 그냥 많은 쪽으로 가는 경향이 있다. 그러나 남이 가지 않는 다른 쪽으로 이야기를 하면 다르게 볼 수도 있지만, 자신의 논리를 잘 발휘하면 더욱 크게 부각될 수도 있다.

그렇다고 해서 무조건 반대하라는 것은 아니며, 본인의 소신이 다를 때 남만 쫓아가지 말고 'NO'를 하라는 것이다.

또 공감을 얻는 에피소드로는 시즌성 에피소드가 좋다. 서로 공감을 갖을 수 있는 내용으로는 날씨나, 계절, 절기, 건강, 시사성 있는 이슈, 유머 등은 누구나 다 관심을 갖고 있기 때문에 더욱 청중에게 쉽게 다가갈 수 있다.

2. 말에는 힘이 있다

말의 힘에는 4가지가 있다. 이 4가지 힘은 각인력, 견인력, 성취력, 파괴력으로 나누어 볼 수 있다.

첫째는 각인력이다.

머릿속에 새겨지는 것이다. 어느 과학자는 뇌세포의 98%가 말의 지배를 받는다고 발표하였다. 어떤 사람이 매일 1분씩 다음과 같이 세 번을 외쳤다. "나는 위대한 일을 할 수 있다. 나는 위대한 가능성을 가지고 있다. 나는 아직도 발휘되지 않은 가능성을 간직하고 있다."

이렇게 매일 되풀이해서 같은 말을 하다 보니, 그는 가슴에서 솟아오르는 자신감과 열정을 갖게 되었다. 그래서 그는 위대한 일을 한 사람이 되었다고 한다. 이처럼 자신의 하는 말에 의해서, 자신의 인생이 결정되는 것이다.

둘째는 견인력이다.

잡아끄는 힘을 견인력이라 한다. 말은 행동을 유발하는 힘을 가진다. 말을 하면 뇌에 각인되고, 뇌는 척추를 지배하고, 척추는 행동을 지배하기 때문에 내가 말하는 것이 뇌에 전달되어 행동을 이끌게 되는 것이다. "할 수 있다"라고 말하면 할 수 있게 되고, "할 수 없다"라고 말하면 할 수 없게 된다. 그래서 항상 긍정적이고 적극적인 말을 해야 한다.

셋째는 파괴력이다.

파괴력은 무엇인가를 망가트리는 것이다. 우리는 삶에서 자신도 모르게 부정적인 말을 자주 사용하고, 아무 생각 없이 부정어를 많이 쓰는 사람이 있다. 이런 부류의 사람들은 인생을 되는대로 그럭

저럭 적당히 살면서 '힘들다', '미치겠다', '그만두어야겠다', '못 살겠다'라고 하면서 자신의 인생을 스스로 파괴하는 것이다.

사람의 운명은 정해져 있는 것이 아니라, 무슨 말을 자주 듣고 자랐으며, 무슨 말을 자주 하며 살아가느냐에 따라 자신의 운명이 결정된다는 것이다.

넷째는 성취력이다.

무엇인가 이루는 것이 성취력이다. 어느 청년이 유명한 경영학자 노먼 빈센트 필Norman Vincent Peale 박사를 찾아 왔다.

"박사님, 어떻게 하면 세일즈를 잘할 수 있을까요?"라고 물어서, 필 박사는 조그마한 카드 한 장을 내어 주며 자기가 하는 말을 받아 쓰도록 하였다. "나는 훌륭한 세일즈맨이다. 나는 세일즈 전문가다. 나는 전문가로서의 모든 준비가 되어 있다. 나는 프로다. 나는 즉시 행동한다."

필 박사는 이 카드를 갖고 다니면서 주문을 외우듯이 되풀이해서 읽으라고 하였다. 청년을 곧 실행을 하였고, 얼마 가지 않아 기적이 일어났다. 자신에 대한 긍정적인 말이 그 청년을 유능한 세일즈맨으로 바꿔 놓은 것이다. 옛 속담에 "말이 씨가 된다"라는 말도 이 뜻을 내포하고 있는 것이다.

플로랑스 스코벨 쉰Florance Scobel Schin은 "삶은 부메랑이다. 우리들의 생각, 말, 행동은 언젠가 틀림없이 되돌아온다. 그리고 정확하게 우리 자신을 그대로 명중시킨다. 말에는 창조의 힘이 숨어 있다"라고 한 말을 명심하길 바란다.

3. 마음을 공략하는 기술을 발휘하라

첫째는 귀가 솔깃한 말을 하라.

백화점이나 홈쇼핑 판매자들의 이런 문구는 소비자의 심리를 자극한다.

한정세일! 선착순 ○명! 오늘만 특가!

이런 판매 구호에는 사람들의 구매 욕구를 묘하게 자극하는 심리적 요소가 깔려 있다. 소비자들은 이런 내용의 문구가 상투적인 것이라 생각을 하면서도 이런 공략에 넘어 간다. 누군가를 설득한다는 것은 그 사람의 마음의 문에 맞는 열쇠를 갖아야 된다.

유명한 사회심리학자 로버트 치알디니Robert B. Cialdini의 《설득의 심리학》에서 사람의 마음을 사로잡는 법칙에는 일관성의 법칙, 증거의 법칙, 상호성의 법칙, 호감의 법칙, 권위의 법칙, 희귀성의 법칙이 있다고 하였다. 이 6가지의 법칙을 이용하여 상대 마음의 빈틈을 찾아 설득하여야 한다.

가장 유능한 설득가는 상대의 마음을 꿰뚫어서 거기에 적합한 설득을 하는 것이다.

둘째는 청중의 분위기를 잘 파악하라.

40대 이후의 중년의 사람들은 초등학교 시절에 운동장에서 일주일에 한 번씩 조회를 하였다. 이때 햇볕이 강하게 내리쬐는데 교장선생님은 무슨 하실 말씀이 많으신지 오랫동안(?) 훈화 말씀을 한 기억이 난다. 이때 대부분의 학생들은 훈화의 내용보다는 빨리 말씀이 끝나길 바란다.

그 이유는 햇볕이 내리쬐는 운동장은 학생들에게 햇볕의 뜨거움이란 고통을 주기 때문이다. 이런 분위기, 즉 상황도 파악하지 못하고 훈화를 오래 하면 그 효과가 얼마나 있겠는가? 연사는 청중의 분위기인 환경과 청중의 심리를 파악하여 이야기를 효과적으로 해야만 더 좋은 결과를 얻을 수 있다.

분위기를 파악하지 못하는 연설이 비단 교장 선생님뿐이겠는가? 회사의 사장이나 회사의 상사, 선생님, 목사 등 다양한 분야에서 나타나고 있다는 사실을 알아야 한다.

상황과 분위기에 맞게 적절하게 하는 것이 중요하다. 그동안 쌓인 스트레스를 풀기 위한 회식자리에서 업무와 연관된 일장 연설을 늘어놓는다면 좋아할 사람은 아무도 없을 것이다. 그가 하는 말이 아무리 논리적이고 감동적이라 하더라도 사람들의 관심 밖으로 밀려나게 된다.

고급 레스토랑에서 촛불을 밝히고 맛있는 음식을 먹으면서 청혼을 한다면 성사될 가능성이 높지만, 음악소리가 요란하고 번잡한 장소에서 청혼을 한다면 성사될 확률이 낮다.

스피치의 목적은 다른 사람을 설득하는 것이다. 이때 상황과 분위기를 읽지 못하는 스피치는 목적을 달성하는 데 어려움이 있다는 사실을 알아야 한다.

셋째는 진정성 있는 말을 하라.

인도의 마하트마 간디Mahatma Gandhi에게 한 중년의 여인이 찾아왔다. "아들이 사탕을 너무 좋아해서 많이 먹으면 이가 썩기 때문에 사탕을 좀 먹지 말도록 해주세요"라고 부탁을 한 것이다. 이때 간디는 몹시 괴로운 표정을 짓더니 "한 달 후에 데리고 오세요, 그때 말해주지요"라고 말했다.

여인은 의아했지만 그의 말대로 한 달 후에 다시 찾아왔다.

간디는 사랑스런 눈빛으로 이렇게 이야기했다. "얘야, 사탕을 더 이상 먹지 말어라, 사탕은 먹을 때는 달콤하지만, 사탕 때문에 이가 다 썩은 후에는 맛있는 음식을 먹지 못하게 된단다"라는 간디의 말에 아이는 동의를 하고 고개를 끄덕이며 나갔다.

다시 여인이 간디에게 물었다. "왜 한 달 전에 그 말씀을 하지 않고, 다시 오라고 하였습니까?" 그랬더니 간디는 "사실은 나도 사탕을 좋아해서 그때는 나도 사탕을 먹고 있었습니다. 그런데 아이에게 사탕을 먹지 말라는 이야기를 할 수 있습니까?"라는 대답을 했다고 한다.

즉, 진정성이 실리지 않는 말은 공허하다는 것을 간디가 직접 실천한 것이다. 간디의 진정성 있는 대화를 보고, 이 나라의 많은 분야에서 언행일치(言行一致)를 하지 않는 사람들은 다시 한번 자신을 되돌아보아야 한다고 생각한다. 특히, 많은 정치인들이 국민들로부터 불신을 받는 이유를 곰곰이 생각해 보아야 할 것이다.

4. 파워 스토리텔링을 구사하라

스토리텔링의 기초는 콘셉트concept를 잡는 일이다. 콘셉트란 어떤 제품이나 작품, 공연, 행사 등에서 나타내고자 하는 주된 생각이다. 즉, 자신이 전하려는 핵심 콘셉트를 중심으로 살을 붙여가는 과정을 스토리텔링이라 할 수 있다.

설득력을 높이기 위한 스토리텔링에는 다음 몇 가지의 중요한 요소가 있다.

첫째는 시작에 승부를 걸어라.

요즈음은 오디션 열풍이 불고 있다. 오디션에서 가장 중요한 것은 실력을 바탕으로 초반 30초 안에 자신의 남다른 개성과 열정을 보여 주어야 한다. 아무리 주옥같은 내용이라도 청중이 들어주지 않으면 효과는 반감된다.

오디션과 마찬가지로 스피치도 첫 말문을 시작한지 30초 안에 분위기를 휘어잡지 못하면 청중들은 줄 끊어진 풍선처럼 훨훨 날아갈 것이다. 그리고 한 번 떠난 풍선은 다시 잡을 수 없다. 그러면 어떻게 하는 것이 청중을 잡을 수 있는 길인가를 알아야 한다.

사람들은 수없이 들었던 천편일률적인 인사말이나 머리말은 식상함을 느끼고, 이 말은 들으나 마나 라고 생각한다. 사람들의 관심을 끄는 가장 효과적인 방법은 사람들의 예상을 깨트리는 것이다.

청중들이 전혀 예상하지 못한 독창적인 첫마디를 꺼낼 때 청중은 연사에게 빨려 들어간다. 그렇다고 지나치게 재미나 흥미만을 추구하다가 본론과 전혀 연관성이 없으면 안된다. 첫말과 더불어 연사의 표정, 시선, 미소, 목소리, 제스처 등의 첫 인상이 연설의 성패를 좌우하는 요소이다.

둘째는 중요 내용은 구체적으로 그림을 그리듯이 하라.

유능한 연사는 사람들의 머릿속에서 영상이 떠오르도록 만드는 사람이다. 이를 위해서는 동영상을 보여준다거나 사진이나 현물 등을 통하여 청중들에게 생생하게 느끼도록 하는 것이다.

파워포인트를 할 때 지나치게 내용을 다 집어넣으면 연사는 파워포인트의 내용을 읽는 정도밖에 되지 않는다. 책 읽는 것에 청중이 감동을 받지는 않는다. 설득의 묘미는 활기 있는 손짓과 제스처, 그리고 음성에 있다는 것을 명심하여야 한다.

셋째는 대화를 나눌 때 연인과 연애하듯이 하라.

살아 있는 발표를 위해서는 사람들과 끊임없이 감정을 교류하고, 그들의 일거수일투족에 잘 반응하여야 한다. 연애할 때 상대방의 반응을 보아가며 밀고 당기듯이, 대화도 밀고 당기고 해서 청중의 관심을 끌고, 매료시키고, 귀를 기울이도록 해야 하는 것이다.

아무리 청산유수 같은 이야기를 한다 해도 한 사람만 주야장천(晝夜長川) 떠드는 일방통행에는 지루할 수밖에 없다. 강의나 연설 중에 청중에게 질문하고, 웃기는 것이 쌍방향 통행이다.

연애를 잘하기 위해서는 일정한 긴장감을 유지해야 하듯이, 스토리에도 극적인 내용과 일반적인 내용 등이 서로 조화를 맞추어 나아가야 한다. 지나치게 이론 위주의 이야기나 딱딱한 내용은 청중을 따분하게 만드는 요인이 된다.

또 스토리 전개시에는 빠르고 느리게 템포를 잘 조절해야 한다. 말의 속도에 따라 청중의 반응은 엄청난 차이가 나타난다는 것을 알아야 한다.

스피치의 대가 브라이언 트레이시Brian Tracy는 "말하는 속도를 늦추고, 잠깐 쉴 땐 미소를 지어라"라고 하였다. 이 말의 뜻은 말을 천천히 하면, 내용이 더 명확하고 더 편안해져 청중이 잘 들을 수 있고, 미소는 듣는 사람에게 따뜻함과 호의와 포용의 느낌을 주어 청중들이 열린 마음으로 편안히 잘 받아들인다는 것이다.

넷째는 남성과 여성의 특성을 잘 고려하라.

대체적으로 여성은 이성적이기보다는 감성적이다. 즉, 감정의 지배를 많이 받는 편이다. 그래서 여성에게는 칭찬이 효과적이고, 칭찬은 평이한 칭찬보다는 구체적으로 하는 것이 더욱 효과적이다.

외모가 뛰어난 여성에게 '예쁘다'라는 표현은 크게 감화를 받지 않는다. '예쁘다'라는 말을 "당신은 내 이상형입니다", "나이보다 매우 젊어 보이시네요", "당신은 매우 섹시하네요"라고 표현하면서, 이야기를 하면 더욱 설득력이 높아진다.

특히, 여성에게 옷이나 액세서리, 헤어 스타일에 대한 칭찬은 센스가 있어 보이는 효과를 얻게 된다. 남성은 사냥꾼 뇌 모드와 함께 자신의 유전자를 퍼트리고자 하는 신체적 기능을 갖고 있기에 여성들보다 동물적이다.

예를 들면, 여성은 사랑을 갈구하지만, 남성은 섹스를 갈구한다. 여성은 사랑하는 사람과 감정교류를 중요시하지만, 남성은 신체접촉을 더 중요시한다.

남성의 뇌 모드를 알았다면 그들의 마음을 움직일 줄 알아야 한다. 남성들을 움직이는 말은 그들의 능력과 자존심을 세워주는 말이다. 그들을 인정하고 믿어줄 때 남성의 설득은 보다 효과적이다.

예를 들면, "능력이 대단하시네요", "이 부분에 대단한 전문가이시네요" 등의 이야기가 더욱 효과적이다.

다섯째는 자기 자신을 믿는 데서 시작된다.

오스트리아의 심리학자 알프레드 아들러Alfred Adler는 "인간은 자신의 입장을 선택함으로써 변화할 수 있다"라고 하였다.

우리의 삶에서 새로운 일을 꿈꾸기에 늦은 나이는 없다고 한다. 내 인생의 주인공은 바로 나다. 인도의 시성 타고르R. Tagore는 70세부터 그림을 그리기 시작해서 인도 근대 회화의 선구자가 되었으며, 소설가 박완서는 40세에 소설을 쓰기 시작하여 한국 문단의 거목이 되었다.

재능이나 환경은 다를 수 있어도, 마음을 어떻게 먹느냐에 따라 다른 삶이 펼쳐질 수 있다. 다른 사람을 설득하고 싶다면 우선 자기 효능감을 높여야 한다. 자신감과 믿음을 가져야 다른 사람도 잘 설득할 수 있다는 것을 결코 잊지 마라.

04 상대의 마음을 꿰뚫어라

상대의 마음을 꿰뚫기 위해서는 다음 5가지를 알아야 한다.

1. 그 사람의 이름을 불러라

사람은 본능적으로 자신의 이름에 놀라운 애착을 가지고 있다. 그렇지만 남의 이름은 잘 기억하지 못한다. 그 이유는 여러 가지일 수가 있다. 상대방에 관심이 없어서, 기억력이 나빠서, 내가 너무 바빠서 등의 여러 이유가 있을 수 있다. 그러나 남의 이름을 잘 기억하는 사람이 성공할 확률이 높다.

예를 들면, 강철왕 앤드류 카네기Andrew Carnegie는 이름을 소중히 여기던 사람 중의 한 사람이다. 그 회사는 서로 경쟁하는 회사와 많은 마찰을 일으키게 되었다. 이에 카네기는 서로 경쟁하지 말고 회사 합병을 하자고 제안하였다.

상대 회사의 대표가 “그러면 회사의 이름은 어떻게 지을 겁니까?”라고 물을 때, 여러 조건을 자신에게 유리하게 하고, “물론 당신의 이름을 딴 회사를 만듭시다”라고 하였다.

상대 회사의 대표는 얼굴에 화색이 돌았고, 자신의 이름으로 회사의 이름을 짓는다는 것에 큰 명예라고 생각하며, 다른 조건은 크게 생각하지 않고, 바로 ‘OK’를 한 것이다.

이처럼 상대의 이름을 불러주고 존중해 준다는 것은 커다란 위력을 발휘한다. 여러분도 중 · 고등학교 졸업 후, 십수 년이 지난 후에 잘 알지도 못하는 동창이 내 이름을 불러 주었을 때, 큰 감동을 갖는 원리와 같은 것이다.

2. 칭찬을 하라

칭찬은 사람을 고무시킨다. 사무엘 버크젠Samuel Burkezen은 “상대의 장점을 찾아서 경의를 표하거나 칭찬을 하면, 대개 상대는 화자가 생각하는 대로 움직여 준다”라고 하였다. 사람은 누군가 자신의 능력을 믿고 있다는 것을 알면 좀 더 노력한다는 것이다.

프랑스의 나폴레옹Napoleon은 자신이 만든 훈장을 천오백 개나 수여하고, 18명의 대장에게 ‘대원수’의 칭호를 주었으며, 자신의 군대를 ‘대육군’이라고 명명하였다. 이에 많은 사람들이 전쟁을 장난처럼 치른다고 비난하자, 그는 코웃음을 치며 “인간은 완구의 지배를 받는다”라고 하였다.

미국의 쿨리지C. Coolidge 대통령은 비서가 잘못 타이핑을 쳐 왔을 때에도 먼저 칭찬을 한 후에 잘못을 지적하면, 그 여비서는 기분이

나쁘지 않고 자신의 잘못된 부분을 고친다고 한다.

예를 들면, "옷이 너무 잘 어울려요, 당신은 참 예뻐요?"라고 먼저 칭찬을 한 후에 "예쁜 옷을 보느라고 타이핑을 잘못 쳤군요"라고 하면, 여비서는 기분좋게 다시 문서를 작성한다고 한다.

이처럼 칭찬이 담긴 한마디는 자동차의 윤활유와 같은 역할을 하는 것이다. 즉, 사람과 사람과의 소통을 원활하게 해준다. 하루를 즐겁게 시작하기 위해서는 아침 식사를 열심히 준비하는 당신의 아내에게 유난히 아름다워 보인다든가, 앞치마의 색상이 너무 예쁘다는 칭찬을 해보라. 아내의 표정이 달라질 것이며, 아침 반찬이 풍요하게 나올 것이다.

3. 친절하게 말하라

미국의 우드로 윌슨T. Woodrow Wilson 대통령은 "화가 났을 때 맹렬히 상대를 공격하여 코너로 몰아 붙이면 기분이야 좋을지 몰라도, 실제로는 아무것도 얻지 못한다"라고 하였다. 왜냐하면 상대는 이미 돌이킬 수 없는 적이 되었기 때문이다.

상대방이 반항과 증오심으로 가득 차 있을 때에는 아무리 합리적이고 명확한 견해를 내세워도 설득하기 어렵다. 그래서 지나치게 아이들을 나무라거나 지나친 바가지를 긁으면 오히려 역효과가 나타날 수 있다.

우리의 삶이 권투시합이 아닌 바에야, 그처럼 일격에 상대방을 쓰러뜨리려고 해서는 결코 완전한 승리를 쟁취할 수 없다. 부드럽게 상대를 감싸 안는 태도로, 냉장고에서 갓 꺼낸 아이스크림이 녹아

흐르듯이 다정하게 설득하라.

링컨A. Lincoln은 "1갤런의 쓴 국물보다는 한 방울의 벌꿀을 사용하는 것이 더 많은 파리를 잡을 수 있다"라고 하였다. 이 말의 의미는 상대를 자신의 의견에 따르게 하려면 우선 자신이 상대의 편이라는 것을 깨닫게 해주어야 한다. 이것이야말로 상대의 마음을 포착하는 한 방울의 벌꿀이며, 상대의 이성에 호소하는 최선의 방법이다.

4. 예스논법을 사용하라

"부드러움이 강한 것을 꺾는다"라는 속담이 있다. 이는 구렁이가 멧돼지를 휘감듯 부드럽게 우회하며 대화의 주도권을 잡는 방법이다. 예스논법은 처음에 어떤 질문이라도 상대방으로부터 '노'가 아닌 '예스'가 나올 수 있도록 말을 하는 것이다.

이것은 반드시 의견이 일치하는 화제로써 자신과 상대의 목적이 같다는 동반의식을 고조시킨 다음, 서로의 상이점에 대하여 절충하는 방법이다. 타협이나 교섭, 또는 판매에 있어서 일단 상대가 '노'라고 말한 뒤에는 그것을 '예스'로 바꾸기는 매우 어렵다. 설령, 상대가 자신의 '노'가 틀렸다고 하더라도 쉽게 자신의 입장을 바꾸려고 하지 않는다. 이럴 때에는 상대에게 명분이나 이득을 주어야 하는데, 이것은 보다 큰 양보를 의미한다.

예스논법은 이런 곤란한 상황을 애초부터 제거하여 앞으로 나아가는 적극적인 화술기법이다. 예스논법은 무조건 상대에게 반론만 제시하는 것이 아니라, 반론을 한다고 하더라도 상대방의 좋은 점(긍정적인 점)을 치하하고, 이런 부분에서는 바람직하지 않다고 이야기하는 것이다. 이런 예스논법은 상대방의 감정을 상하게 하지 않고 자연스럽게 이야기하는 방법 중의 하나이다.

5. 분위기를 연출하라

현대는 연출의 시대요, 세상은 나의 무대요, 인생은 연극이다. 어떻게 자신을 표현할 것인가가 생존 경쟁의 한 수단이 되고 있다. 현대에 들어와서 연출은 TV나 예술의 영역을 벗어나 정치, 외교, 스포츠를 비롯하여 사회활동이나 인간관계의 영역까지 크게 확대되었다. 우리가 드라마나 거리 이벤트에 마음의 동요를 일으키는 것은 알게 모르게 연출의 힘에 지배되기 때문이다.

세일즈나 인간관계에서도 이런 연출은 대단한 힘을 발휘한다. 분위기 좋은 카페나 석양이 어울어진 해변에서 사랑을 고백하거나, 온갖 첨단 제품을 전시해놓고 구매자를 설득하여 성공을 거두는 경우를 우리는 많이 보게 된다. 하지만, 성공적인 연출의 과정은 쉽지만은 않다. 때와 장소에 어울리는 상황도 만들어야 하고, 고객의 성격이나 취미에 대한 정보도 알아야 한다.

우리의 스피치도 마찬가지이다. 상대와 목적에 맞는 분위기를 연출하는 것이야말로 좋은 효과를 얻는 중요한 무기이다.

제 4 장

내용에 충실하라

말 한마디가 세계를 지배한다.

-쿠크-

Speech

01 콘텐츠에 성패가 달려 있다

콘텐츠가 스피치의 성패를 가름한다. 아무리 스피치 능력이 뛰어나도 내용이 충실하지 않으면 팥 없는 찐빵이요, 알맹이 없는 껍데기에 불과하다. 스피치에는 깊은 삶의 경험이나, 지식, 그리고 지혜가 담겨져 있어야 한다. 아무리 달변이라도 콘텐츠가 들을 만한 가치가 없다면 그 스피치는 실패한 스피치이다.

스피치에는 자신만의 독특한 콘텐츠가 있어야 한다. 즉, 누구나 다 하는 이야기가 아니라, 남들이 하지 못하는 자신만의 독특한 경험과 삶의 지혜가 이야기 속에 녹아 있을 때, 청중은 감화를 받고 환호하게 되는 것이다. 즉, 나만이 할 수 있는 나만의 독특한 콘텐츠를 갖추어야 비로소 탁월한 스피커로 인정받을 수 있는 것이다.

아무리 말을 잘한다고 해도 누구나 할 수 있고, 평이하고 진부한 이야기는 10분도 못가서 지루함을 느끼게 된다. 즉, 청중을 감화시키려면 나만의 독특한 콘텐츠를 갖고 이야기를 해야 한다. 남들이 하지 못하는 독특한 경험과 그 속에서 얻은 삶의 지혜가 있어야 한다. 이것이 바로 나만의 독특한 콘텐츠이다.

할 말이 없으면 연단에 나가서는 안된다. 듣는 사람들이 요구하는 상황이 무엇인지를 정확히 파악하여 연단에 서야 되는 것이다. 대개 스피치를 어느 정도 한다고 하는 사람이 연단에 서서 실패하는 경우를 종종 보게 된다. 이런 분들은 대개 자신이 평소에 할 말이 많은데 "마이크를 잡으면 알아서 말이 나오겠지"라는 착각을 갖고 연단에 오르는 분은 대부분 연설에 실패를 하게 된다.

그리고 스피치 원고는 본인이 직접 쓰는 것이 효과적이다. 남이 아무리 좋은 내용의 원고를 써 주어도 내가 감동받고 감화받지 않으면 효과가 떨어진다. 남이 써 준 원고를 그냥 읽으면 신념도 없고 철학도 없는 원고가 되기 쉽다. 즉, 목표 지점이 없는 항해와 같다. 목표 지점이 없는 항해를 생각해 보아라. 이 배가 어디로 어떻게 가게 될 것인지를 상상해 보면, 뻔한 결과가 예상될 것이다.

스피치의 명연설가로 이름을 떨쳤던 김대중 대통령은 평생 스피치 원고를 직접 쓰고 다듬었다고 한다. 그는 학력은 고졸이지만 독서를 많이 해서 대학 교수들과 토론을 해도 결코 뒤떨어지지 않았다고 한다. 이렇게 뛰어난 실력을 배양하기에는 독서도 많이 하였지만, 독서나 사색 중에 좋은 내용의 글이 있으면 항상 기록하였다고 한다. 독자들도 글을 잘 쓰고 좋은 내용의 발표를 하기 위해서는 항상 독서하고 메모하는 습관을 가져야 한다.

연설이나 강의의 질은 철저한 준비에 비례한다는 사실을 잊어서는 안된다. 그리고 강의 중에 절대로 흥분해서는 안된다. 강의 중 흥분을 하게 되면 원고를 잊게 되고 말이 빨라지고 나중에는 정신이 왔다갔다 해서 자신이 말을 했음에도 자신이 한 말을 잘 기억하지 못하는 경우가 있다. 이런 경우는 연설의 실패이다. 내가 한 말을 나도 잘 모르는데 남이 어떻게 이해할 수 있겠는가?

콘텐츠를 높이기 위해서는 다음 5가지를 잘 활용하여야 한다.

1. 명언으로 스피치에 깊이를 더하라

스피치를 말할 때, 명언을 넣어 말하면 말의 품격이 높아진다. 유명한 철학자 괴테Gothe는 배움의 중요성에 대해서 "가장 유능한 사람은 배움에 힘쓰는 사람이다"라고 하였다. 괴테의 말처럼 배움과 유능함은 불가분의 관계인 것이다.

또 나폴레옹은 리더십에 대해서 "리더는 희망을 파는 상인이다"라고 하였다. 이처럼 리더는 조직원들에게 꿈과 비전을 제시하여야 한다는 것이다. 이처럼 명언을 넣어 말하면 청중들을 쉽게 이해시킬 수 있다. 명언을 사용하게 될 때 정확히 전달하여야 하므로 명언은 정확하게 문장을 암기하여야 한다.

그리고 그 말을 한 사람이나 출처를 대면 더 정확하고 말의 품격이 올라간다. 그러나 그 내용에 맞는 명언을 넣어 말한다는 것이 쉽지는 않다. 우선, 명언을 이야기할 때 말의 내용에 부합되는 명언을 사용하여야 한다.

잘못 사용한 예를 들면, 성공의 중요성에 대해서 이야기를 하는 과정에서 "성공하기 위해서는 성실해야 하고, 창조적 사고력을 갖고 올바른 가치관이 정립되어야 한다"라는 이야기를 하다가 "명언을 넣는 것이 좋다"라는 생각을 갖고, 생뚱맞게 성공과는 전혀 관계가 없는 미국의 대웅변가인 페트릭 헨리Patrick Henry의 "자유 아니면 죽음을 달라"라는 명언을 하면 더 이상한 연설이 되는 것이다. 그러므로 명언은 전후 내용과 맞는 것을 넣어야 하는 것이다.

또 명언을 말할 때는 그 부분에 대해서 연사가 먼저 감명을 받아야 한다. 나는 성공하기 위해 노력하지도 않았는데, 성공에 관한 명언을 하게 되면 뭔가 겉도는 느낌을 받을 수 있다. 언행일치(言行一致)라는 말이 있듯이, 내가 말하고자 하는 내용에 대해 스스로 그런 자세를 취하고 행동을 해야 그 말이 정말로 살아 있는 진실한 말이 되는 것이다.

명언은 유명한 사람이 한 말만 명언은 아니다. 한 분야에서 전문성을 쌓고 오랫동안 연구를 한 분들은 누구의 명언을 인용하는 것이 아니라, 자신들의 명언을 말하는 경우도 많다. 유명한 사람의 명언을 인용해 말하는 것은 내 격을 높이고 스피치에 깊이를 더할 수 있다. 또한 누군가의 명언 외에 자신만의 명언을 찾아서 말할 수도 있다.

스스로 명언을 만들기 위해서는 그 분야에 깊은 관심과 열정을 갖고 명언을 만들어야 한다. 이런 자신만의 명언을 스피치에 이용하는 것도 스피치의 품격을 높이는 것이다.

그렇다고 명언을 주연으로는 세우지 말자. 가끔 명언을 주인공으로 내세워 말하는 사람이 있다. 명언은 어디까지나 주요 내용을 빛나게 해주는 조연의 역할임을 잊지 말자. 즉, 명언을 말하기 위한 스피치가 아니라, 내가 하는 메시지에 덧붙여야 하는 것이다.

명언을 잘 활용하기 위해서는 메모하는 습관을 가져야 한다. 요즈음에는 스마트폰에 메모 기능이 있어 펜 없이도 메모를 할 수 있다. 메모하는 습관은 연설의 내용을 더욱 품격있게 높여 줄 것이다.

2. 마음에서 우러나오는 진심의 말을 하라

공자(孔子)가 위험한 일을 당했을 때 가장 사랑하는 제자 안연(顔淵)이 사라졌다가 한참 후에 나타났다. 공자는 안연이 무슨 일이 있을까 안절부절하다가 제자 안연을 보고는 안도의 숨을 쉬며 말했다.

"나는 네가 죽은 줄 알았다."

그러자 안연이 말하기를,

"스승님이 계시는데, 어찌 제가 감히 죽겠습니까?"

이 내용에서 공자는 사랑하는 제자 안연을 애타게 기다렸고, 제자 안연이 나타나는 순간에 반가운 마음에서 "나는 네가 죽은 줄 알았다"라고 탄식처럼 이야기했지만, 그 마음에는 "너는 결코 나를 버리고 먼저 죽으면 안돼"라는 생각이 있었을 것이다.

이에 안연은 스승의 마음을 정확히 읽고 "스승을 두고 제가 어찌 먼저 죽을 수 있겠습니까?"라고 대답했다.

진정으로 말의 달인이 되고 싶다면 안연처럼 대화를 하여야 한다. 상대의 말과 함께 상대의 심중에 담긴 말의 의미까지 제대로 읽고서, 자신의 마음속의 말을 표현할 수 있어야 한다. 그럴 때 상대는 진심으로 감동을 하게 되고, 그 대화는 단순한 대화가 아니라, 진심으로 소통하는 대화가 되는 것이다.

진심이 담겨 있지 않는 말은 아무리 화려해도 공허할 뿐이다. 말에는 진정성이 있어야 한다. 그래야 듣는 사람의 마음을 움직일 수 있다. 말은 나의 생각을 전달하는 것도 중요하지만, 상대의 생각을 읽을 수 있어야 한다.

상대방에게 관심을 기울이고 상대에게 집중할 때 그 사람의 마음을 움직일 수 있다. 상대에게 관심을 기울이기 위해서는 상대방의 입장에서 생각하고 행동하는 역지사지(易地思之)의 자세를 갖아야 한다. 오직 나에게만 집중하고 내 생각만 말하면 원활한 의사소통이 잘 안된다. 말을 잘한다는 것은 화려한 말솜씨가 아니라 진심이 담긴 말이며, 상대방이 가장 듣고 싶은 말이라는 것을 염두에 두고 해야 한다.

3. 말은 간결하게 하라

제환공(齊桓公)이 재상 관중(管仲)에 물었다.

"부에도 한계가 있나요?"

관중이 대답했다. "물의 한계는 우물의 물이 다 말라 없어진 경우를 말하고, 부는 스스로 만족했을 때가 한계입니다. 그럼에도 사람들이 스스로 만족하지 못해 패망하고 맙니다. 따라서 부에는 한계가 없다고 볼 수 있습니다."

위에서와 같이 관중은 환공에게 '부'에 대한 의문을 명쾌하게 설명하고 있다. 구구절절 길게 이야기한 것도 아니고 어려운 학설을 제시한 것도 아니지만, '부'에 대한 인간의 탐욕을 명확하게 제시하였다.

서양의 대화법에 'KISS 화법'이 있다. 이를 풀어 보면 "Keep It Short and Simple"이라고 한다. 짧고 간단하게 자신의 생각을 전달하라는 것이다. 그렇지만 이 KISS 화법을 잘 구사하지 못하는 사람에게는 "Keep It Short, Stupid(짧게 해, 이 멍청아!)"라는 용어로 쓰이기도 한다.

지루하게 연설하는 레이건Ronald Reagon 대통령에게 부인 낸시Nancy Reagon 여사가 'KISS'라는 단어가 적힌 쪽지를 건네주었다고 한다. 기자들이 그 뜻을 묻자 낸시 연사는 "Keep It Short, Stupid"라는 뜻이라고 대답했다고 한다.

KISS 화법을 잘 구사한 인물은 영국의 수상 윈스턴 처칠Winston Churchill과 스티브 잡스Steve Jobs를 꼽을 수 있다. 처칠이 명문 대학인 옥스퍼드 대학에서 졸업식 축사를 하게 되었다. 그는 청중을 향해 말을 했다.

"'Don't give up!', 'Never give up', 'Never give up'(포기하지 마라, 절대 포기하지 마라, 절대 포기하지 마라)"라는 세 마디 말을 하고는 처칠은 연단을 내려 왔다. 청중은 우뢰와 같은 박수로 환호했다. 이 연설은 세계에서 가장 짧은 연설이지만 명연설로 유명하다.

스티브 잡스도 미국의 스탠퍼드 대학에서 했던 졸업 축하 연설 중에 "Stay hungry, Stay foolish(항상 갈망하라, 바보처럼 우직하게 나아가라)"라는 말 한마디로 자신의 긴 연설을 강력하게 마무리를 하여 사람들의 마음을 움직였다.

사람들 앞에서 말할 때 항상 짧고 강력하게만 이야기하는 것은 아니다. 하지만, 어느 순간 짧고 강력한 한마디로 승부수를 띄워서 사람의 마음을 움직여야 할 때가 있다. 그것을 가능하게 하는 것은 풍부한 지식과 순발력이다. 진정 스피치의 달인은 어려운 말로 자신의 지식을 자랑하는 사람이 아니라, 쉽고 간결한 말로 간략하게 풀어서 청중의 심금을 울리는 것이다.

설명이 길고 중언부언(重言復言)하는 사람은 제대로 그 일을 잘 파악하지 못하는 경우가 많다. 자신감이 없기 때문에 구구절절 설명하며 말이 길어지는 것이다. 사람을 설득하거나 어떤 상품을 판매하여야 할 때에 자신이 있고 확실하게 그 사항을 잘 파악하고 있는 사람은 말이 짧고 간결하다. 즉, 핵심을 제대로 짚을 줄 알기 때문이다.

GE사의 잭 웰치Jack Welch 회장은 "자신 있는 사람만이 심플해질 수 있다"라고 하였다. 중언부언이 아닌 단순함이 힘이요, 역량이다.

4. 인용하여 말의 품격을 높여라

케네디는 어느 대통령보다 인용문을 많이 사용하였다. 인용문에는 조지 워싱턴이나 에이브러햄 링컨 같은 대통령이나, 엘리어트나 테니슨과 같은 시인, 기번이나 아놀드 토인비와 같은 역사가나, 벤자민 프랭클린이나 에머슨과 같은 정치가 등 유명한 사람의 말을 인용하는 것이다.

인용에는 5가지의 원칙이 있다.

첫째, 인용에는 누구나 알고 있는 유명한 사람의 말을 인용하라. 청중이 잘 알지 못하는 사람의 말을 인용하면 효과가 크게 나타나지 않는다. 내가 잘 모르는 유명 연예인은 그 사람이 아무리 유명해도 나에게는 크게 느끼지 못하는 경우이다. 인용문도 같은 원리이다.

둘째, 간결한 인용문을 사용하라. 미국의 한 시의원이 고등학생들에게 특강을 하는데 그는 농구 선수로 유명한 마이클 조던Michael Jordan이 한 말을 인용하였다. 조던은 청소년들에게는 영웅적인 존재였다. 그러나 많은 학생들이 산만해지기 시작하였다. 그 이유는 조던이 유명인이지만 조던의 인용문을 전부 지루하게 오랫동안 하였기 때문이다. 청중이 지루함을 느끼면 그 가치는 떨어지기 마련이다.

셋째, 역설적 의미의 인용문은 극적 효과를 창출한다. 즉, 상식을 뛰어 넘는 의외의 말이 주는 효과는 대단히 크다. 예를 들면, 대부분의 사람이 반대를 할 때, 찬성한 사람의 말을 인용하여 찬성으로 이끄는 것이다. 청중들은 의외성, 새로움, 호기심 등에 더 큰 관심을 갖는다.

넷째, 적절한 인용문을 수집하라. 인용문을 위해서는 사전에 철저한 준비가 필요하다. 아무리 좋은 내용의 인용문이 있다고 하더라도 내가 현재 스피치 현장에서 사용하지 못하면 무용지물이다. 그래서 대개 유명한 연설가는 메모를 많이 한다. 좋은 문구를 얻기 위해서는 시간과 장소를 가리지 않고 메모하는 습관을 가지고 있어야 한다.

다섯째, 인용문을 잘 분류하여 보관하여야 한다. 아무리 좋은 인용문이라고 하더라도 말하고 있는 주제와 맞지 않으면 오히려 역효과가 나올 수 있다. 특히, 인용 문구는 유명인의 말 중에서 명쾌하고 기억하기 쉬운 말이나 깊이 공감할 수 있는 문장이 좋다.

5. 에피소드를 잘 활용하라

오바마 대통령의 스피치가 사람의 심금을 울리는 것은 그 속에 에피소드가 있기 때문이다. 탁월한 강사일수록 에피소드episode를 잘 활용한다. 뛰어난 강사는 에피소드를 철저히 준비하지만 방금 생각난 듯 친구의 이야기를 하고 경험담을 이야기한다. 이 에피소드를 청중은 열심히 경청한다. 에피소드는 내가 하고자 하는 말의 내용을 확신시켜 주는 중요한 무기이다.

에피소드에도 등급이 있다. 아무리 멋진 내용이라도 청중이 다 아는 내용이라면 에피소드의 가치는 떨어진다. 책의 내용을 발췌하여 정리한 것은 하급이고, 남의 경험을 이야기하는 것이 중급이라면, 내가 직접 경험하고 느낀 것을 이야기하는 것이 최상의 에피소드이다.

그러면 "어떻게 에피소드를 잘 만들 수 있을까?" 하고 많은 고민을 하게 된다. 에피소드를 준비할 때 가장 먼저 해야 하는 것은 관찰력과 메모이다. 관찰력을 기르면 에피소드가 보이기 시작한다. 아무 의미 없는 사물이라도 자세히 보면, 그 속에서 어떤 특징을 발견할 수 있고, 나아가 동물이나 사람 등의 경험이나 행태 등에서도 에피소드를 찾을 수 있다.

그리고 좋은 에피소드도 바로 메모하지 않으면 잊어버리게 된다. 그래서 훌륭한 문필가나 과학자 등 사물을 잘 관찰하는 사람은 어떤 독특한 특징을 그 자리에서 메모하는 것이다. 아무리 사람의 두뇌가 뛰어나도 기억은 메모를 능가할 수 없다고 한다.

그리고 상대방과 대화시 좋은 에피소드 감이 있으면 주저하지 말고 메모장을 꺼내 적는 습관을 가져야 한다. 상대방의 좋은 말은 내가 적는다고 상대방이 싫어하지는 않는다. 상대방은 오히려 좋아한다. 왜냐하면 내 말이 "상대방이 메모할 만큼 중요한 가치로 인정되는구나" 하면서 더 자세히 설명을 한다.

토크쇼의 황제 유재석 씨와 강호동 씨는 철저히 준비하면서 마치 방금 생각난 것처럼 재미있게 에피소드를 들려준다. 그런 내용의 에피소드는 즉석에서 나올 수 있는 것이 아니다. 평소 철저히 준비해 두었다가 상황에 맞게 활용한다고 한다. 이런 에피소드는 특정 직업인만 할 수 있는 것은 아니다. 보통 사람들도 프로답게 준비하면 얼마든지 자신의 필요에 의해서 활용할 수 있는 것이다.

청중을 웃기고 울리는 촉매제 역할을 하는 에피소드를 잘 메모하고 활용해 보자. 스피치의 질이 달라지고, 청중의 듣는 태도가 다르게 변모한다. 또 에피소드는 찾는 것도 중요하지만 이에 맞추어 잘 활용하여야 한다.

에피소드 활용방법은 다소 다를 수도 있지만, 대개 논리적 주장을 편 다음에 에피소드의 이야기를 자연스럽게 삽입하면 청중은 “그래 맞아”, 또는 “나도 그렇게 해야겠다”라는 확신을 심어 주게 된다. 그래서 그 내용을 보다 철저히 이해하게 되고, 잘 잊혀지지도 않게 되는 것이다.

02 내용의 짜임새가 멋들어져야 한다

1. 서론이 좋아야 한다

“시작이 반이다”라는 말이 있다. 시작이 좋으면 그 일이 성공할 가능성이 높고, 시작이 나쁘면 실패할 가능성이 높다는 말이다. 대부분의 연사들은 발표불안증 속에서 스피치를 시작하기 때문에 서론이 잘못 풀려 나가면 더욱 심한 불안증에 시달려 연설을 실패하게 된다.

그러나 서론이 잘 진행되면 불안증이 바로 사라져버리기 때문에 스피치에서 제 능력을 충분히 발휘할 수 있다. 따라서 서론은 매우 중요하다. 왜냐하면 청중의 흥미와 관심을 유발하며, 분위기를 무르익게 하고, 스피치 주제를 도입하며, 공신력을 다져주고, 본론의 내용을 예고하는 기능을 수행하기 때문이다.

서론의 조건에는 다음의 4가지 내용이 있다.

첫째는 청중의 관심과 흥미를 유발시킬 수 있어야 한다.

서론에서 가장 중요한 기능은 청중의 관심과 흥미를 유발하는 것이다. 아무리 좋은 내용이라 하더라도 청중의 관심을 끌지 못하면 실패로 끝나게 된다. 청중의 관심을 유발하기 위해서는 청중의 관심 분야나 청중의 욕구를 사전에 파악하여 대처하거나 적절한 유머기법을 사용하여야 한다.

또 주제와 핵심 명제를 소개한 후에 이것을 청중과 결부시켜 관심을 유발하도록 하는 것이다. 즉, 연설의 주제가 청중에게 매우 중요한 가치가 있다는 것을 청중에게 확실히 알려야 한다.

둘째는 좋은 분위기를 조성하여야 한다.

스피치의 성패는 의도한 목적을 달성할 수 있느냐 없느냐에 달려있다. 이 목적을 달성할 수 있느냐 없느냐는 듣는 청중의 분위기에 크게 좌우된다.

연설을 실패하고 연사는 대부분 청중의 분위기가 좋지 않아서 좋은 성과를 내지 못했다고 하며 청중을 비난한다. 그러나 스피치의 분위기는 청중의 자세나 태도도 일정 부분은 연관되지만 대부분은 연사에 의해 조성되는 것이다. 스피치 분위기를 청중들에게 맡기지 말고 적절한 기법을 사용하여 연사가 원하는 분위기를 조성해야 한다. 분위기 조성은 시작과 함께 이루어져야 하며, 한 번 놓친 물고기는 다시 잡기 어렵다는 것을 알아야 한다.

셋째는 연사의 공신력이 있어야 한다.

아무리 논리정연하고 청중의 감정 상태에 부합하는 스피치라고 하더라도, 연사의 공신력을 인정하지 않으면 청중이 쉽게 호응하지 않는다. 공신력의 3대 요소는 신뢰성과 전문성, 그리고 정열이다.

신뢰성은 그 연사가 어느 정도 진실한가를 파악하는 것이며, 전문성은 연사가 그 분야에 얼마나 많은 지식을 갖고 있느냐 하는 것을 파악하는 것이며, 정열은 자신이 이 분야에 얼마나 열정적으로 몰입했으며 나아가 얼마나 오랫동안 근무했느냐를 따지는 것이다. 우리는 같은 내용이라도 전문가의 이야기에 더 많은 호감과 신뢰를 보이는 것은 이런 공신력을 갖고 있기 때문이다.

넷째는 스피치의 내용을 적절히 예고해야 한다.

서론에서는 주제에 대한 청중의 관심을 유도(효용성 등)하고, 분위기를 조성한 다음에 주제에 대한 자신의 지식과 선의를 강조해야 한다. 그리고 스피치의 주된 내용을 요약하여 소개함으로써 자신이 하고자 하는 이야기를 예고하여야 한다.

청중이 연설의 방향을 알고 듣는 것과 모르고 듣는 것에는 큰 차이가 있다. 그래서 유능한 연사는 자신의 주어진 시간에 맞추어 연설 목차를 제시하는 것이다.

2. 다양한 서론기법이 흥미를 유발한다

서론의 기법은 매우 다양하며, 또한 매우 중요하다. 청중이 스피치에 흥미를 갖게 하느냐, 그렇지 않느냐 하는 것은 서론에 의해 크게 좌우된다. 이 과정에서 어떤 기법을 선택하느냐 하는 것은 연사의 스피치 상황과 목적, 그리고 청중의 특성에 따라 달라질 수 있다. 다음의 다양한 서론기법을 보고 자신의 스피치에 가장 적절한 방법을 사용하는 것이 좋다.

1) 관심끌기기법이다

청중의 참여 동기가 약하고 주위가 산만한 경우에 관심끌기기법이 효과를 볼 수 있다. 깜짝 쇼는 청중이 예상하지 못했던 엉뚱한 이야기를 끄집어내서 그들을 깜짝 놀라게 한 다음에 주위를 집중시키는 방법이다. 신상품 개발이나 새로운 업종 소개시에 예상하지 못하는 높은 목표를 설정하고, 이를 잘 활용하면 가능하다고 하는 것이다.

예를 들면, 체인점을 개설하는 과정에서 "이 업종을 운영하는 데 개설 비용이 약 2억 원이 들고, 월 평균 5천만 원 매출에 순이익이 5백만 원은 점포마다 평균적으로 법니다"라고 하면, 운영비 2억 원을 내고 할까 말까를 망설이게 된다.

이런 경우에 가장 잘 운영한 한 지점을 광고 타깃target으로 한 경우이다.

"이 업종을 한 A지점은 체인점을 개설하는 데 약 2억 원이 들었지만, 이 체인점에서 월 매출이 1억 원이나 되고, 월 순이익이 1,500만 원 이상이 되었습니다"라고 하는 것이다. 이런 높은 순이익으로 체인점 개설 고객은 더욱 늘어날 것이다.

긴장 유발은 깜짝 쇼와 매우 유사한 기법이다. 이는 청중들이 깜짝 놀라면서 긴장하게 될 이야기를 끄집어냄으로써 주의를 집중시키고 이를 주제와 연결시켜 주는 방법이다.

예를 들면, "어제 저녁 한 남자가 어느 한 남자를 죽도록 패는데 구경꾼들은 좋아하면서 어느 누구도 말리지 않았습니다. 이래도 되는 것입니까?"라고 긴장을 유발시킨 후에 이것은 동네 싸움이 아니라 우리 가슴을 뭉클하게 했던 "세계선수권대회 프로권투 시합이지요"라고 하면서 더욱 흥미를 유발토록 하는 것이다.

시각 자료 소개는 스피치 주제와 연관이 있는 시각적 자료를 보여 주면서 스피치를 시작하는 기법이다. 이것으로는 실물, 모형, 사진, 그림, 지도 등으로 청중의 시선을 집중시키고, 주제에 대한 관심을 유발시키는 데 매우 효과적이다.

2) 인용기법이다

서두에 다른 사람이 남긴 말이나 유명한 사람에 얽힌 일화, 속담, 고사성어, 유머 등을 인용하면서 스피치를 시작하는 기법이다. 다만, 인용에 의한 기법을 하기 위해서는 주제에 맞는 적절한 자료를 찾는 데 많은 시간을 투자하여야 한다는 단점이 있다.

즉, 청중의 관심을 끌면서도 자연스럽게 주제를 도입할 수 있는 적절한 인용거리를 찾는다는 것이 쉽지는 않다. 그러나 인용기법은 스피치의 품격을 높여 주는 좋은 방법이다.

인용기법에서 청중의 호응을 잘 얻기 위해서는 '개그콘서트' 등에 나온 유머스러운 이야기를 인용하는 것도 즐거우면서 청중에게 쉽게 접근하는 방법이다. 다만, 유머를 할 때는 그 유머의 재미가 충분히 전달될 수 있도록 감정을 넣어서 해야 한다. 그렇지 않고 무미건조한 유머는 차라리 하지 않느니만 못한 경우도 많다.

3) 주변상황기법이다

서두기법 중에서 가장 적은 노력으로 청중의 호응을 유도할 수 있는 기법이 주변상황기법이다. 이는 현시국의 중요한 이슈나 사건, 스피치 당일에 일어난 일, 날씨, 시간, 계절 등 행사의 성격이나 진척과정 등이 이런 코멘트의 대상이 될 수 있다. 이 기법은 많은 준비를 하지 않고 즉흥적으로 할 수 있지만, 청중에게 큰 호응을 얻기에는 한계가 있다.

4) 청중동원기법이다

청중에게 직접적, 또는 간접적 참여를 유도함으로써 청중과 함께 서두를 풀어 나가는 기법이다. 이 기법에는 질문하는 기법과 통일된 반응을 요구하는 기법으로 나누어 볼 수 있다.

수사 의문문이란 실제로는 질문이 아니며, 자신의 주장을 질문의 형식으로 표현하는 방법이다. 예를 들면, "이 세상에 돈을 중히 여기지 않는 사람이 있습니까?"라고 말을 하여, 이 세상에는 돈을 매우 중요하게 여긴다는 의미로 사용하는 것이다.

단정적 질문은 청중의 관심사나 지식, 또는 심리 상태에 대해 어떤 결론을 내리고 이것을 질문 형태로 말하는 것이다.

어머님들은 "자녀 교육 문제에 대해 관심이 많다"라는 말 대신에 "자녀 교육에 관심이 많으시죠?"라는 질문 형식으로 자신의 주장을 표현하는 것이다. 이 질문은 청중에게 '예', 또는 '아니오'라는 대답을 유도하여 스피치에 참여하도록 만드는 것이다.

혹시 청중이 대답을 하지 않으면 연사가 스스로 대답을 제시하고 "여러분이 직접 말은 하지 않지만 이런 답을 내리실 것입니다"라고 연사가 스스로 답을 제시하고 진행하는 것이다. 이런 단정적 질문은 청중의 대답을 떠나 다시 한번 생각할 수 있는 분위기를 조성하는 입장에서 좋은 청중동원기법이다. 퀴즈식 질문은 연사가 정답을 알고 있는 상태에서 질문을 하여 청중이 적극적으로 참여하도록 하는 것이다.

5) 신변잡담기법이다

신변잡담기법은 자신의 경험, 즉 자신이 보고 겪었던 일을 이야기식으로 풀어 나가면서 서서히 스피치 주제를 도입하는 기법이다. 이 기법은 자신의 경험이기 때문에 서론을 쉽게 풀어 나가는 장점이 있다.

3. 서론시에 꼭 알아야 할 사항이다

다음 3가지 사항은 서론에서 필수 사항이다.

첫째는 서론은 짧을수록 좋다. 서론은 청중의 흥미와 관심을 유발하고, 분위기를 조성하며, 주제를 제시한 후 스피치의 주요 내용을 예고하는 데 목적이 있다. 목적을 달성하는 데 시간을 많이 할애하면, 청중은 지루함을 느끼게 된다. 가급적이면 서론은 빠르게 진행하는 것이 청중의 지루함을 덜 수 있다.

둘째는 서두감이 있으면 챙겨 두어라. 핵심 명제나 세부 내용을 개발하기 위해 자료를 조사하다가 서두감으로 좋은 자료가 있으면 따로 챙겨 두는 것이 좋다. 머리는 아무리 좋아도 기억하는 데는 한계점이 있다.

셋째는 중요 내용은 자자구구(字字句句) 준비해 두어라. 주요 골자만 자세히 준비하고 현장에서 살을 붙여 가면서 실행하는 스피치가 효과는 있으나, 처음 스피치 순간에는 발표불안이 높기 때문에 개요만 보고 말하기가 어려울 수도 있다. 그래서 처음에는 문장 하나하나 빠짐없이 준비하는 것이 불안감도 낮추고 시간도 맞출 수 있는 장점이 있다.

4. 이런 서론은 청중을 지루하게 만든다

스피치의 성공 여부는 막이 오르는 순간에 결정된다. 스피치 성공의 열쇠는 연사가 아닌 청중이 쥐고 있다. 연사가 아무리 유능하고 내용이 좋아도 청중이 듣지 않으면 원맨쇼가 될 뿐이다. 청중을 지루하게 하는 말은 다음 4가지로 나누어 볼 수 있다.

첫째는 속사포처럼 쏟아내는 일방적인 말이다.

대개 속사포처럼 말을 하는 경우에는 시간에 비해 해야 할 말이 많거나, 남 앞에 서기만 해도 긴장이 된다거나 심리적 여유가 없을 때 속사포처럼 말을 하게 된다. 이런 상태에서 빠르게 하는 말은 자살행위나 마찬가지이다.

그러면 이런 상태를 극복하기 위해서는 먼저 심호흡을 해서 마음을 진정시키고, 말 중간중간이나 한 문단이 끝난 후 바로 말하지 않고 2~3초 간 쉬었다가 하여야 한다.

둘째는 기어들어가는 목소리이다.

이런 경우는 말주변이 없거나 소극적이고 목소리가 작거나 청중 가운데 자신보다 연설 주제에 대해 잘 알고 있는 전문가나 기술자가 있는 경우에 나타난다. 이럴 때 나타나는 현상은 많이 횡설수설하게 된다. 횡설수설하게 되면 아무리 내용이 좋아도, 청중은 뜻을 알아듣기 어렵고 귀를 기울이려고 하지도 않는다.

이런 경우에 대처하는 방법으로는 기죽지 말고 자신이 과거에 잘했던 것을 상기하고 큰 목소리로 한마디씩 또박또박 말을 하는 것이 좋다.

셋째는 상투적인 말로 시작한다.

누구나 다 아는 내용이나 진부한 이야기는 청중의 흥미를 끌지 못한다. 누구나 다 아는 것은 더 이상 가치 있는 정보가 아니다. 평범한 방법으로 청중의 흥미를 유발할 수 없다.

첫머리부터 곧장 핵심을 건드리면 청중은 호기심을 느끼며 귀를 기울이게 된다. 먼저, 핵심을 언급한 뒤 문제의 원인을 지적하고 준비한 해결 방안을 제시하라. 그리고 청중이 필요로 하는 것을 질문으로 던진 후 해결 방안을 제시하라. 질문은 청중의 관심을 단번에 끌어올리는 데 효과적이며, 흥미를 유발하는 촉진제이다. 즉, 질문식으로 청중의 관심을 끌어올려라.

넷째는 구차한 변명이다.

"제가 아는 것이 부족해서 라든가, 자료를 충분히 구비하지 못했다"라는 등의 변명은 청중을 외면하게 만든다. 스피치에서 변명은 통하지 않는다. 자신 있는 부분을 전면에 내세워 이야기를 시작하여라. 연사는 본인이 하고 싶은 것을 이야기하는 것이 아니라, 청중이 듣고 싶어 하는 이야기에 초점을 맞추어야 한다.

5. 본론은 논리적으로 전개되어야 한다

본론은 스피치의 핵심이기 때문에 사례나 사실, 연사의 핵심 말, 실화, 사상, 일화 등의 다양한 주제가 논리적으로 전개되어야 한다. 논리적으로 전개하기 위해서는, 주제를 명확히 하고, 주제와 관계있는 극적인 사건이나 주목할 만한 이야기를 자세히 기술하며, 다음으로는 주제와 연사 자신을 연계시켜 이야기를 이끌어 가야 한다.

주제 전개의 과정은 명시된 주제나 주장을 여러 각도로 취급하여 청자의 반응을 보다 강하게 하는 것이 목적이며, 주요 내용은 다음과 같다.

첫째는 설명이나 예시를 하여 청중이 쉽게 이해하도록 한다.

둘째는 논리적으로 이끌기 위해 사실이나 통계자료 등을 활용한다.

셋째는 내가 말하는 주제에 관한 권위자나 전문가의 학설이나 의견을 도입한다.

넷째는 평이한 내용보다는 특수하고 구체적인 사례를 도입하여 다양성과 연관시킨다.

다섯째는 논리 정연하게 한다. 이 말의 뜻은 주장을 하면 주장에 맞는 이유나 원인을 명확히 제시하여 누가 들어도 "과연 그렇구나" 라고 생각할 수 있도록 한다.

이처럼 본론 전개는 구체적인 사례를 청중이 이해하기 쉽도록 논리적으로 전개해 나아가는 것이다.

6. 결론이 좋아야 모든 것이 좋다

결론은 스피치 본론의 실행이 끝난 후 핵심 아이디어를 재강조하고, 연사가 궁극적으로 내세우고자 하는 주장을 제시하는 부분이다. 결론에는 스피치가 끝나감을 신호하는 종료 신호와 핵심 명제나 주요 아이디어를 재차 강조하는 요점 재강조, 그리고 스피치를 완전히 끝맺는 결언으로 구성된다. 이 3가지를 설명하고자 한다.

첫째는 종료 신호로서 이것은 결론의 서두에 해당된다. 즉, 본론의 논의가 끝나면 약간 템포를 늦추거나 한 호흡을 쉰 다음 "이제 논의는 끝났습니다", 또는 "결론을 내릴 단계가 되었습니다" 등의 말을 표현하여 본론이 끝나고 결론이 시작되었음을 알려 주는 것이다.

그래야만 청중들이 연사의 결론을 받아 들일 준비를 하고, 또 머지않아 스피치가 끝날 것이라는 예상을 하고 듣게 되는 것이다.

둘째는 요점 재강조로서 이것은 결론의 본체에 해당되는 부분으로 본론의 핵심 내용을 요약 정리하거나, 스피치의 핵심 명제를 재차 강조하는 것이다. 요점 재강조는 본론에서 한 내용 중 요점만을 다시 한번 제시하는 것이다. 요점에 부연 설명을 하면 결론이 아니라, 다시 본론으로 들어가는 것이다.

결론은 청중을 이해시키기 위해서 존재하는 것이 아니라, 지금까지 한 내용을 응집시켜 주는 것이다. 그래서 부연 설명이나 보조적인 내용은 배제하고 꼭 하고 싶은 핵심 내용만 제시함으로써 청중이 쉽게 이해하도록 하는 것이다.

셋째로는 스피치의 결언으로서 결론 중의 결론에 해당되는 부분이다. 이 시기에는 서론, 본론, 결론에서 한 내용을 취합하여 핵심 한두 마디의 멋드러진 표현을 통해 지금까지 논의했던 모든 것들의 의미를 갖도록 해주는 것이다. 그래서 훌륭한 연사는 자신의 연설 내용이 청중의 뇌리에 오랫동안 잘 남을 수 있도록 멋진 결언을 준비하여 이야기하여야 한다.

결언 준비시 유의 사항은 다음과 같다. 스피치의 결언은 결론 중의 결론이다. 결언은 지금까지 이야기한 내용의 핵심적인 내용을 한두 마디의 멋진 표현을 통하여 청중의 뇌리에 오랫동안 남도록 하는 것이다. 그렇게 하기 위해서는 다음 3가지를 유념하여야 한다.

첫째는 짧고 강렬하게 끝내라. 멋있고 강렬한 이미지를 남기려면 결언 자체가 짧아야 한다. 아무리 좋은 내용이라도 질질 끌면 역효과가 나타난다.

둘째는 자료 조사시에 결론감을 찾아 보관한다. 결언도 서론 준비와 마찬가지로 결언으로 사용하면 좋겠다고 생각되는 자료가 있으면 미리 챙겨 두는 것이 좋다. 본론이나 서론의 중요한 내용을 위한 자료 조사가 끝난 후 다시 결언 내용을 찾는다면 이중으로 시간을 낭비하는 것이다.

셋째는 자세히 준비하라. 결언도 서두처럼 가능한 한 자세하게 준비하라. 대략의 내용만 준비하고 나중에 정리할 때 정확한 표현이 안 떠올라 어려움을 겪을 수 있다. 특히, 스피치에서 중요한 결언은 자세히 적어서 정확히 암기하여야 한다.

그래서 연설의 가장 마지막에 연사가 하고자 하는 가장 중심적인 단어 2~3마디로 결론을 내리는 것이다. 이 결언이 청중의 뇌리에 오랫동안 남아 있는 스피치를 훌륭한 스피치라고 한다.

제 5 장

풍부한 상식을 구비하라

말은 마음의 초상이다.

-J. 레이-

Speech

01 탁월한 화술이 성공을 부른다

성공을 부르는 화술에는 다음의 4가지 요소가 있다.

1. 가슴에 묻지 마라

윌프렛 팡크Wilfred Fanck 씨(유어라이프 논설위원장)는 성공한 수천 명의 사람들을 조사하였다. 그들의 공통분모는 '대화를 능란하게 하는 사람'이라는 사실을 얻게 되었다. 또 중요한 사실은 수입과 화술은 불가분의 관계라는 것이다. 그래서 여러분들도 수입을 늘리고 싶다면, 우선적으로 대화의 기술을 익혀야 할 것이다.

자신의 행복은 자신의 생각과 의욕이나 실망을 상대방에게 표현하는 능력에 크게 좌우된다고 한다. 특히, 불행을 많이 느끼는 사람은 불행의 원인을 잘 표현하지 못하고 가슴속에 그대로 묻어 두는 것이 더 큰 불행을 낳는다고 정신병리학자는 이야기한다.

특히, 괴로운 내용을 가슴에 묻어 두면, 그것이 마음의 병이 되고 더 큰 불행으로 나타날 수 있다고 한다. 슬픈 사항이나 괴로운 사항을 가슴에 묻어 두지 말고 표현하여 마음의 상처를 치유해야 한다. 이것이 성공을 부르는 화술이다.

2. 먼저 대화를 이끌어라

세상에는 잘 알지 못하는 사람과 대화를 어떻게 시작할지 몰라서 곤란을 겪는 사람이 많다. 재미있는 다양한 소재는 많이 갖고 있으면서도 이야기를 시작하는 방법을 몰라 곤란을 느끼는 사람이 우리 주위에 많다.

우선, 초면의 사람에게 이야기를 걸기 위해서는 아주 대답하기 쉽고 부담을 갖지 않는 잡담 수준의 이야기부터 시작하는 것이 좋다.

TV의 명사회자를 보라. 그들은 중요 내용의 대화를 시작하기 전에 잡담 수준의 편안한 이야기로 대화를 시작한다. 잡담 수준의 대화가 자신에게나 상대방에게 긴장감을 푸는 데 매우 유익하다는 사실을 그들은 잘 알고 있다. 그래서 맨 처음 어려운 질문이 아니라, 누구나 대답할 수 있는 쉽고 편안한 질문부터 시작한다.

"고향은 어디신가요?"

"이곳에 처음 오셨나요?"

"여행을 즐기시나 봐요?"

이상과 같은 질문에는 별다른 의미가 들어가지 않고 상대방이 부담 없이 쉽게 이야기할 수 있다. 이런 대화를 하는 동안 대화는 점차 정상 궤도에 진입하게 되고, 더 나아가 상대방의 진지한 이야기도 이끌어낼 수 있는 것이다.

즉, 잘 알지 못하는 사람과의 처음 대화는 모닥불을 피우는 것과 같다. 누구나 모닥불을 피울 때는 처음부터 맹렬한 기세로 타오르기를 기대하지 않는다. 단지, 한 개비의 성냥으로 불을 붙이면 되는 것이다.

비행기나 버스, 기차 안에서 낯선 사람과 대화를 할 때에는 이런 방법으로 이용하는 것이 좋다. 처음부터 어려운 질문을 하는 것이 아니라, 편하고 쉬운 대답을 할 수 있는 질문을 하는 것이 좋다. 즉,

가벼운 마음으로 자연스럽게 질문하면 된다.

"어디까지 가십니까?"

"도착하는 지역의 날씨는 매우 덥겠네요?"

"음식은 괜찮으세요?"

이런 류의 대화는 대답하기 쉬운 내용의 질문이다. 얼마나 간단하고 자연스러운가? 대화는 이렇게 시작하면 되는 것이다. 대부분의 사람들이 이런 대화를 잘하지 못하는 이유는 지나친 자존심과 중요한 화제만을 열심히 찾고 있기 때문이다. 내가 먼저 평이한 내용의 질문을 하는 습관을 길러라. 이것이 대화를 잘하는 방법이다.

3. 편안한 마음으로 말하게 하라

훌륭한 좌담가는 재치 있는 이야기를 많이 하거나 깊이 있는 내용을 해야만 되는 것은 아니다. 상대방의 마음을 편안히 해주고 자연스럽게 이야기를 하면 되는 것이다. 즉, 편안한 마음으로 이야기할 수 있는 사람이 대화에 능한 사람이다.

또 대화를 나눌 때에는 상대방에게 흥미를 끌 수 있는 질문을 하라. 왜, 어디서, 무엇을, 어떻게 등의 질문을 함으로써 상대방 위주의 대화를 이끌어 가라.

"나는 용인에 땅이 500평이 있습니다"라고 상대방이 말했다면, 나는 "수원에 1,000평이나 있는데요"라고 대답하면 상대방에게 찬물을 끼얹는 것이나 마찬가지이다.

이런 경우에는 위와 같이 말하는 것이 아니라, "용인은 어느 도에 있습니까?", "매우 아름다운 곳이지요?"라고 물으면서 상대방의 다음 말을 유도하여야 하는 것이다. 이렇게 말하면 당신은 훌륭한 좌담가가 될 수 있다. 대부분의 사람은 자기 자신에게 가장 많은 관심을 갖고 있고, 자신에게 칭찬을 해주는 사람에게 더 많은 호감을 보이게 된다.

인간은 본질적으로 이기적인 동물이다. 자신과 연관된 내용에 흥미를 느끼게 된다. 즉, 자기 자신과 자신의 가족, 자기 고향, 자기 생각이나 자기 사상과 같은 것에 더 많은 흥미를 느끼는 것이다. 그래서 훌륭한 좌담가는 화제를 상대방에 맞추어 진행하는 것이 현명한 방법이라는 것을 아는 사람이다.

대화시 항상 이런 질문을 자신에게 해보고 대화하는 것이 좋다. "내가 정말로 바라고 있는 것이 무엇인가?"라는 질문을 스스로에게 던져야 한다. 그래서 진정으로 상대방과 유대관계를 잘 맺고 싶다면 상대방과 연관된 주제로 질문도 하고, 내용도 이끌어야 한다.

즉, 대화 내용의 포인트가 무엇인가를 생각해서 상대방이 원하고 흥미 있는 주제로 대화를 이끌어 나아가는 것이 상대방과 좋은 대화를 나누는 것이다.

4. 스피치를 편하게 시작하라

"스피치의 첫머리에 무슨 말을 하면 좋을까?"라고 고민하는 경우가 많다. 다음 3가지로 생각해 볼 수 있다.

첫째는 자신의 마음을 있는 그대로 표현한다.

스피치에 자신이 없다고 사죄나 변명부터 시작하면 그 효과는 반감된다.

사죄나 변명의 내용

- 아—, 제가 갑자기 스피치를 하게 되어서 무슨 말을 어떻게 해야 할지 모르겠습니다만…….
- 에—, 저는 말주변이 없어서…….
- 감기가 걸려서 목소리가 잘 안나옵니다만…….

그래서 자신의 단점을 먼저 이야기하는 것은 연설의 역효과만을 자아낼 수 있다. 이렇게 표현하는 것이 더욱 청중의 흥미를 유발할 수 있다. "오늘 저에게 이런 기회를 주셔서 감사드립니다"라고 시작하는 것이다.

둘째는 최근에 있었던 일을 말한다.

본 강의를 위해서 로비에 들어섰더니 "안내 데스크 직원이 활짝 웃으며 맞이하더군요?"라든가 "여기 오는데 코스모스가 너무 활짝 피어 더욱 가을을 느끼게 되었습니다"라는 등의 최근에 일어난 일을 화제로 삼아 이야기를 시작하는 것이다.

셋째는 앞에서 말했던 사람을 화제로 삼는다.

"좀 전에 박선생님께서도 말씀을 하셨지만, 저도 그 부분에 동의합니다"라든가 "앞에서 말씀하신 선생님이 좋은 말씀을 하셨습니다", 또는 "다 동의하지만 이 부분에 대해서는 저와 의견이 좀 다릅니다"라고 시작하는 것이다.

이처럼 처음에 시작할 때는 부드럽게 자신의 마음이나, 최근에 있었던 상황이나, 날씨, 그리고 앞에서 말씀하신 분의 이야기를 다시 한번 거론하면서 자연스럽게 시작하는 것이다.

02 소통 기술이 대화의 품격을 높인다

1. 공감과 호감으로 청중을 끌어라

대화에서 중요한 것은 상대방과의 공감이다. 공감이란 타인의 주장이나 의견에 같은 생각을 갖고 있다는 감정 표시이다. 다른 사람을 설득하여 변화시키기 위해서는 공감대를 이끌어 낼 수 있어야 한다. 연사는 사전에 청중의 특성(업종, 고향, 학교, 취미 등)을 조사하여 청중과 같다는 공통점을 말하면 더욱 친근감을 느낀다. 이것도 저것도 없는 경우에는 하늘 아래 같이 살고 있다는 것도 공통점으로 나타낼 수 있다.

그리고 청중의 기호를 파악하라. 그들의 관점에서 생각하고 그들의 관점에서 스피치를 한다는 것을 잊어서는 안된다. 사람은 연사가 하는 모든 이야기를 다 받아들일 것 같지만, 사실은 자기가 원하는 것만 받아들인다. 그래서 공감대를 만들어 공략하면 상대방은 자신이 잘 알거나 혹은 관심이 있는 것에 더 열심히 귀를 기울이게 된다. 그렇게 마음을 열어 놓으면 상대방은 스피치 내용에 거부감 없이 잘 받아들일 것이다. 이것이 소통을 높이는 스피치의 기술이다.

아무리 좋은 내용이라 하더라도 청중의 공감대를 얻지 못하면 스피치는 실패하게 된다. 청중과 적극적으로 공감대를 형성하기 위해서는 쌍방향 커뮤니케이션을 하는 것이 더욱 효과적이다. 스피치는 넓은 의미에서는 설득이라고 할 수 있다.

나폴레온 힐Napoleon Hill은 "설득은 당신을 리더로 만들며, 행복하고 지속적인 대인관계를 가능하도록 만드는 마법과 같은 힘이 있다"라고 하였다. 설득은 상대방의 입장에서 상대방이 즐겨 사용하는 언어의 수준에서 이야기하는 것이 중요하다. 그렇지 않으면 상대방은 마음을 열지 않고 들으려고도 하지 않는다.

또 좋은 매력을 지녀야 한다. 좋은 매력에는 목소리든지, 의상 스타일이든지, 아니면 용모 등에 매력이 있으면 더욱 쉽게 접근할 수 있다. 매력은 왠지 모르게 빠져드는 것이다. 매력은 호감을 갖게 되는 중요한 요소이다. 자신만의 매력과 공통점을 찾아 공감대를 형성하라. 청중의 기호를 파악하여 상호피드백을 만드는 것이 스피치를 잘 이끄는 첫 관문이 된다.

2. 요청형 화법을 구사하라

요즈음은 소통의 역할이 매우 중요하다. 지위가 높은 분이나 낮은 분이나 원활한 관계를 유지하기 위해서는 소통이 중요하다. 소통의 의미는 "사물이 막힘이 없이 잘 통한다"라는 뜻으로 '트다'와 '열다', 그리고 '연결하다'라는 의미가 내포되어 있다. 소통은 한마디로 막힌 것을 터서 물처럼 만드는 것이라고 할 수 있다.

내가 상대방과 마음의 장벽이 있는데 내가 쉽게 상대방에게 갈 수 없고, 상대방도 쉽게 나에게 올 수가 없다. 그래서 중국의 철학자 장자(莊子)는 소통에 대해서 '비움(虛)'과 '잊음(忘)'을 강조하였다.

비움은 소통에 있어서 나를 비워야 상대방의 많은 내용과 정보를 채울 수 있다는 의미이다. 대개 소통이 안되는 분은 자신의 고집이나 주장이 지나치게 강해서 상대방의 의견을 들으려고 하지 않는

데 있다. 그리고 잊음을 강조한 이유는 상대방에 대해 좋은 기억은 간직하되, 나쁜 기억은 잊으라는 의미이다. 상대방과의 나쁜 기억이 머리에 남아 있다면 나쁜 선입견 때문에 상대방과의 좋은 관계의 끈이 이어질 수 없게 되는 것이다.

또 소통을 잘하기 위해서는 상사라 하더라도 명령으로 말하지 않고 질문형으로 하여야 한다. 질문형 언어는 상대방에게 선택의 기회를 줌과 동시에 자신의 결정이 중요하다는 의미가 내포되어 있는 것이다. 호감과 공감을 얻기 위해서는 명령으로 하지 말고 요청과 제안으로 하여야 한다.

이번 주에 "모든 부서원이 사무실 대청소를 할 것이다"라는 명령문보다는 "대청소를 모든 부서원이 이번 주에 할까요?" 아니면 "다음 주에 할까요?"라고 요청을 하면 상대방의 선택권과 의견의 중요성을 받아들인다는 의미가 내포되어 있는 것이다. 이에 부서원이 청소를 해도 강압이라는 의미보다는 내 의견에 의해서 청소를 한다라는 의미가 내포되어 있는 것이다.

이처럼 제안하는 형식을 취하면서 선택하게 만드는 설득 언어는 사람들의 잘못을 쉽게 잡아 줄 수 있고, 상대방의 자존심을 높여 주게 된다. 그래서 상대방을 반대자보다는 협력자로 만들 수 있는 것이다. 즉, 명령조의 화법보다는 요청이나 제안의 화법을 구사하면 더욱 상대방과 좋은 공감대를 얻을 수 있다.

3. 강렬한 욕구를 가져라

소통을 잘하는 연사는 청중에게 확신과 감정을 전달하고자 하는 강력한 욕구를 가진다. 이 무대야말로 "나의 삶의 전부요, 향연의 장이다"라는 마음을 갖고, "내가 좋아하는 일을 할 수 있으니, 최선을 다해야지"라고 하며 스스로 다짐을 하여야 한다.

최고의 연사는 스스로 명강사라고 하지 않는다. 최고의 배우가 스스로 최고의 배우라고 하지 않는 것과 같다. 스스로 마음을 비우고 청중을 위해 최선을 다하고, 사람의 가슴을 울릴 수 있는 열정이 최고의 명강사이다.

4. 성공적인 대화 기술을 익혀라

대화 상대나 주제, 목적, 상황과 관계없이 대화에 적용되는 핵심 기술이 있다. 이 핵심 기술을 설명하고자 한다.

첫째는 유쾌하게 대화를 시작하라.

누군가를 잘 모르거나 처음 만나는 경우라도 유쾌하게 시작한 대화는 서먹한 분위기를 없앨 수 있는 좋은 분위기를 조성한다. 즉, 부담을 느끼지 않으며 쉽게 접근할 수 있는 말을 걸어라.

예를 들면, "요즘 겨울 날씨답지 않게 푹하네요"라든가 차를 마시는 경우라면 "차 맛이 좋습니다" 등으로 접근하는 것이다. 즉, 공과 사를 떠나서 상대방에게 먼저 배려하는 말을 건네는 것이다.

둘째는 경청이다.

경청은 말을 잘하는 지름길이며, 상대방을 배려하는 것이다. 그러나 우리나라 사람들은 남의 이야기를 잘 들으려고 하지 않는다. 귀와 마음을 열어 놓는 것은 대화 상대에게 해줄 수 있는 가장 좋은 선물인 것이다.

셋째는 비언어적 요소를 중시하라.

미국의 심리학자 앨버트 메러비언Albert Mehrabian은 "우리는 비언어적 요소를 통해 대부분의 의사를 표현한다"라고 하였다. 즉, 사람의 인상을 결정하는 90%는 그 사람의 자세나 외양, 표정, 몸짓에 의해 결정된다고 한다. 그래서 자세나 태도, 또는 의상이 대화나 이미지 형성에 매우 중요한 것이다.

넷째는 확실하게 표현하라.

너무 말이 빠르거나 발음이 부정확하면 상대방은 알아들을 수가 없다. 정확한 의사의 표현은 확실한 발음에서부터 나온다는 것을 알아야 한다. 지나친 사투리나 빠른 음성, 그리고 부정확한 발음은 상대방이 이해하는 데 부담감을 준다.

다섯째는 스토리로 말하라.

그 사람의 말 속에 그 사람을 평가하고 판단하는 요소가 있다. 그래서 그의 말투를 들어 보면 그의 삶 모든 것을 이해할 수 있다고 한다. 논리적이지 못하고 왔다 갔다 하면서 이야기를 하면 이해하기가 상당히 어렵다. 같은 말이라도 이야기 형식으로 재미있게 하여야 더욱 귀에 쏘옥 들어온다는 것을 잊지 말자.

5. 침묵으로 말하라

침묵의 특성에는 다음의 3가지가 있다.

첫째로 침묵은 카리스마를 창조한다.

나폴레옹은 침묵의 효과를 잘 알고 있다. 나폴레옹은 키도 작고 억센 이탈리아 사투리가 뒤섞인 프랑스어를 쓴다. 그러나 그의 고민을 이해해 줄 사람은 거의 없다. 나폴레옹은 전투에 출정하기에 앞서 병사들을 모아 놓고 처음 수십 초 동안은 아무 말도 하지 않고 그냥 앞만 본다. 이 침묵은 짧은 순간이지만, 병사들은 나폴레옹이 거인처럼 크게 느껴진다고 하였다.

나폴레옹은 세계 역사상 가장 강력한 지도력을 갖춘 인물 중 한 사람이다. 그는 카리스마를 창조하는 비법을 잘 알고 있었는데, 그 열쇠가 바로 침묵이다.

둘째로 침묵은 신뢰감을 높인다.

독자들도 직장생활에서 회의를 할 때나 부하 직원에게 말을 할 때, 또는 상품을 고객에게 판매할 때 잠시 동안 침묵을 지키는 방법을 선택해 보기 바란다. 이때 당신은 상대방에게 신중한 느낌과 함께 더 많은 신뢰를 받을 수 있다.

신상품 발표회나 대담의 중간에 질문을 받으면 바로 답하지 말고 잠시 침묵하라. 즉, 바로 대답을 하는 것이 아니라, 잠시 질문을 숙지한 후에 논리적으로 정리를 해서 답변을 하라. 질문 즉시 답변하는 것은 질문을 끝까지 듣지 않고 대답한다는 인상을 심어 준다.

그래서 사려 깊은 답변은 질문을 끝까지 듣고, 질문하는 사람의 공감대를 형성하는 것이며, 당신은 형식적인 답변을 늘어놓는 사람이 아니라, 신중한 사람이라는 느낌을 갖게 한다. 교통사고에 대비하여 안전벨트를 착용하듯, 대답하기 전에 잠시 침묵하라. 그리고 질문한 사람의 눈을 똑바로 쳐다 보고 답변하라.

탁월한 웅변가인 히틀러Adolf Hitler도 전략적 침묵의 대가였다. 당시의 영상자료를 보면 베를린 광장에 집결한 수만의 군중을 앞에 두고 아무 말없이 콧수염과 이마를 매만지며 원고를 검토하는 장면이 나온다. 그렇게 몇 분이 지나면 사람들은 히틀러의 행동 하나하나에 신경을 곤두세운다. 이 순간에 히틀러는 속삭이듯 말을 시작한다. 처음에 속삭이듯 하는 것은 청중을 더욱 집중하도록 만들기 위한 수단이다.

셋째로 침묵은 바로 말하는 것보다 더 높은 효과가 있다.

작은 키의 엘리자베스Elizabeth 2세 영국 여왕이 1991년 미국을 방문했을 때의 일이다. 여왕이 백악관 정원에서 기념 연설을 하려고 하였으나, 연단은 부시George W. Bush 대통령의 키에 맞춰져 있었다. 누군가 재빠르게 여왕의 키에 맞는 임시 발판을 마련하였다. 연단에 선 여왕의 입은 쉽게 움직이지 않았다. 시간이 흘러 여왕이 "왜 말을 하지 않을까?" 하고 사람들의 궁금증이 한껏 고조되었을 때 여왕은 말을 꺼냈다.

언론에서는 이렇게 극찬하였다. 여왕의 인사말은 너무 평범하였다. 다만, 전략적인 침묵을 활용해 사람들의 이목을 집중시킴으로써 여왕의 연설은 실제 내용보다 더 강한 파워를 갖게 되었다.

연단에 올라와서 바로 말하지 말고 우선 미소 띤 밝은 표정으로 청중을 둘러 봐라. 이렇게 약간 뜸을 들인 후에 한 첫마디의 위력은 배가될 것이다. 그리고 당당하게 상대방의 눈을 응시하고 분위기를 압도하라. 청중은 당신의 말에 귀를 기울일 것이다.

이처럼 잠시 동안의 침묵은 카리스마를 창조하고, 신뢰감을 높이고 더 큰 스피치 효과를 창출한다.

제 6 장

대화의 기법을 터득하자

다정하고 조용한 말은 힘이 있다.

-에머슨-

Speech

01 올바른 대화 자세가 사람을 움직인다

대화시의 자세가 사람을 움직인다. 대화시의 자세는 3가지로 나누어 생각해 볼 수 있다.

1. 자신감 있게 말을 하자

자신 있는 태도와 말투로 상대방을 강하게 끌어 들여야 한다. 특히, 상대방을 설득시켜야 할 때나 순간순간 위기의 상황에도 자신 있게 대처하는 것이 중요하다.

상대방의 호감을 얻기 위해서는 진실하고 강한 자신감에 불타고 있다는 것을 보여 주어야 한다. 신념과 자신감에 차 있는 사람의 눈빛과 언어는 상대를 압도할 뿐만 아니라, 사람의 마음을 사로잡는 힘을 갖고 있다. 또한 자신감 있고 의지가 굳은 사람의 말은 훨씬 더 신뢰감을 준다.

전쟁의 영웅 나폴레옹은 엘바섬을 탈출하여 옛 동지를 규합하는 과정에서 자신감 있게 연설을 하였다.

"우리는 분명히 프랑스의 옛 영광을 다시 찾을 것이다. 나를 믿고, 나를 따르라."

그는 자신감 있는 태도와 말로서 부하들을 호령하였고, 부하들은 나폴레옹의 자신감 있는 눈빛과 말 속에서 승리의 확신을 얻어 주저 없이 그를 따랐고 나폴레옹은 재기에 성공하였다.

사람은 자신감을 갖게 되면, 스스로 자신이 다른 사람들에게 중요한 존재라는 것을 느끼게 되는데, 이는 자만과 다른 심리적 우월감을 갖는 것이다.

"나는 꼭 필요한 사람이다", 또는 "나는 할 수 있다"라는 자신감을 갖고 말할 때 상대방은 나를 신뢰하고 적극적으로 협조하게 될 것이다. 자신감은 하고자 하는 강한 충동적인 의지가 자신 내부에 부착된 상태를 의미한다. 성공의 시작은 자신감에서부터 출발한다는 것을 알아야 한다.

2. 교양 있게 말하자

사람은 일상생활에서 어떤 말을 사용하느냐에 따라 그 사람의 교양과 품격이 나타난다고 한다. 겉으로 보기에는 미인이요, 훌륭한 사람처럼 생각되었던 여성이 이야기 속에서 지성과 교양이 없으면 바로 환멸을 느끼게 된다. 남성도 외적으로는 최고급 시계와 최고급 외제 승용차를 타고 다닐지라도 이야기 속에서 교양이 없고 무식하면 바로 환멸을 느끼게 된다.

인간의 매력이란 대화시의 매력이라고 할 수 있다. 대화 중에 그 사람의 진정한 모습이 나타난다. 이야기를 하면 할수록 매력이 더해지는 사람이야말로 더욱 존중하고 가까워지고 싶다. 교양 없는 말투, 상식에 어긋난 이야기, 남의 흠집이나 꼬투리만을 잡으려고 하는 사람은 교양이 없는 사람이다.

교양 있는 사람은 '실례합니다', '죄송합니다', '미안합니다' 등의 말을 자주 사용한다. 항상 우아한 표현을 선택하고, 교양 있는 대화를 하려고 노력함으로써 당신은 세련된 사람이 될 수 있다. 반대로 언제나 품격 없는 말이나 야비한 말만을 사용하는 사람은 품격 없는 사람이 될 수밖에 없다.

그래서 사람이 야비하기 때문에 야비한 표현밖에 사용하는지는 모르지만, 야비한 표현에 길들여지면 사람 그 자체도 야비하게 된다. 사람이란 일상생활에서 사용하는 언어에 의해서 그 사람의 인격이 만들어진다고 한다.

3. 호감을 갖도록 노력하자

웃는 얼굴과 밝은 모습으로 이야기하는 태도는 모차르트의 음악처럼 상대에게 우아함과 호감을 주게 된다. 사람에게는 이성적인 면도 있지만, 극히 불합리한 면도 있다. 특히, 우리들의 행동은 이성적인 면도 있지만, 어느 한편으로는 감정에 지배되는 감정적인 경우도 많다.

같은 이야기라도 평소 좋은 관계를 유지하지 않으면, 그 사람의 말이라면 무조건 싫다고 하면서 부정적인 면을 보이는 사람도, 평소 좋은 관계를 유지하면 "아, 그래, 자네 말이 옳아"라고 긍정적으로 돌아서는 것을 보게 된다.

전자는 평소에 말하는 사람에게 좋은 감정을 갖고 있지 않은 경우이고, 후자는 말하는 사람에게 좋은 호감을 갖고 있는 경우이다. 그래서 긍정적으로 이야기를 잘 듣게 하려면 이치를 따지는 것보다 듣는 사람의 호감을 먼저 얻어야 한다는 것을 알아야 한다. 또 이야기를 할 때 이성도 중요하지만 감정에 호소해야 한다는 것을 잊지 말아야 한다. 따라서 웃는 얼굴로 밝게 이야기하는 것이 상대의 마음을 얻는 열쇠이다.

웃는 얼굴은 상대방에 대해 "나는 당신에게 호감을 갖고 있습니다"라는 의사 표시임을 알아야 한다. 웃는 얼굴과 밝은 모습으로 이야기하는 태도는 상대방에게 호감을 주는 무기라는 것을 잊어서는 안된다.

대화시 주의할 사항

1. 말하기 전에 약 3~4초 간 생각을 정리한다.
2. 목소리의 크기는 상황과 분위기에 맞게 조절하며 말한다.
3. 간결하고 명확한 문장을 사용한다.
4. 유머를 적절히 사용한다.
5. 상대방의 감정을 파악하고 이야기한다.
6. 상대방의 이야기를 많이 듣는다.
7. 상대방의 이야기에 동의하는 추임새를 붙인다.
   (오! 그래, 대단하군, 정말 멋지네 등등)
8. 논리적으로 말하지만 때에 따라서는 감정을 이입한다.

02 대화의 원칙에 의해 사람이 움직인다

사람을 움직이는 대화의 원칙에는 다음의 5가지 요소가 있다.

1. 상대의 이름을 기억한다

강철왕 카네기는 조직을 이끌고 사람을 다스리는 데 천부적인 능력이 있다. 그 능력은 다름 아닌 상대방의 이름을 기억하는 것이다.

이름을 기억하는 것은 그 사람에 대한 관심의 강도를 나타내는 것이다. 우리들은 관심 있는 사람의 이름은 잊지 않고 기억하며, 관심이 적은 사람의 이름은 곧 잊어버린다. 따라서 이름을 잊어버렸다는 것은 그 사람에 대한 관심이 적다는 것을 의미한다.

그러나 이름을 외운다는 것은 어렵다. 다른 사람의 이름을 보석처럼 가치가 있는 것이라고 인정하면, 그것을 위하여 더 많은 노력을 하여야 한다. 자꾸 쓰고 머릿속으로 기억하는 연습이 중요하다.

2. 상대에게 관심을 갖는다

어느 누구에나 좋은 장점은 있다. 그러나 좋은 장점을 발견하기 위해서는 상대에게 관심을 가져야 알 수 있다. 즉, 마음으로부터 상대에게 진지한 관심을 가질 때 비로소 상대의 장점을 알게 되고, 그 장점을 기분 좋게 받아들이는 것이다. 다른 사람에게 관심을 갖지 않는 사람은 다른 사람으로부터 관심을 받지 못하게 되고, 인간관계가 원만히 잘 이루어지지 않는다.

듣는 사람에게 많은 관심을 보이는 이야기는 그것만으로도 이야기를 잘하고 못하고를 떠나서 듣는 사람의 마음을 사로잡을 수 있다. 아무리 좋은 말을 해도 듣는 사람에게 무관심한 이야기는 듣는 사람도 그 이야기에 무관심하게 된다.

상대에게 관심을 보이는 방법에는 여러 가지가 있겠으나, 우리들의 말 하나하나가 상대에 대하여 관심에 차 있다면 상대의 마음을 사로잡을 수가 있다. 연사는 상대의 어디에 관심을 두어야 할지 진지하고 성실하게 생각해 볼 필요가 있다. 성공을 결정하는 열쇠는 상대로부터 호감을 사는 일인데, 그 첫 단계는 상대에게 어떤 방법으로 따뜻한 관심을 보이느냐에 달려 있다.

3. 상대의 말을 잘 경청한다

상대를 설득할 수 있는 최선의 방법은 그의 주장에 귀를 기울이는 것이다. 아무리 물건을 잘 판매하는 명세일즈맨이라도 자기 물건을 판매하기 위해 상품 설명만 하다 보면 고객을 놓치기 마련이다.

세계 제일의 갑부인 빌 게이츠Bill Gates는 "내가 고객의 업무 환경을 좀 더 편안하게 만들어 줄 수 있는 방법은 없을까?"라고 고민하며 고객들의 불편 사항을 체크했다고 한다. 빌 게이츠는 고객의 목소리에 귀를 기울여 듣지 않고는 보다 나은 서비스를 개발할 수 없다고 하였다.

일본의 유명한 세일즈맨은 "고객께서 말을 많이 하면, 이미 그 세일즈의 절반은 성공한 것"이라고 하였다. 상대가 70%의 말을 하고, 내가 30% 정도로 말을 해서 대화를 한다면 그 세일즈는 반드시 성공한다고 하였다.

다른 사람의 이야기를 들어주는 경청의 태도는 자신이 다른 사람에게 보일 수 있는 최고의 찬사 가운데 한 가지이다. 그래서 이런 말이 있다. "말하는 것은 지식의 영역이고, 듣는 것은 지혜의 영역"이라고 한다. 남의 말을 듣는 데 있어서 가장 나쁜 태도는 상대방이 말하는 도중에 말을 불쑥 가로채는 것이다.

말에도 머리와 꼬리가 있으니 다른 사람이 이야기할 때 끼어들지 말아야 한다. 현명하고 사려 깊다는 인상을 주려면 다른 사람의 말이 끝날 때까지 말하지 않는 것이다.

선진국의 상위 기업 관리자는 자신이 일하는 시간의 60~70%를 회의, 전화, 토론 등 커뮤니케이션 활동에 쓰고 있다는 것을 명심하여야 한다.

4. 상대의 가치를 인정한다

자신의 가치를 인정받는 것은 누구에게나 참으로 기쁜 일이다. 우리가 사람들로부터 칭찬을 받았을 때, 그 칭찬을 한 사람에게 호감을 느끼는 것은 자신의 가치를 인정해 준다는 기쁨의 답례인 것이다. 인간은 누구나 주위 사람들로부터 인정받기를 원한다. 자기의 진정한 가치를 알아주기를 원한다.

어떤 사람이든 장점이 있다. 만약에 상대방에게 단점을 지적하려면 먼저 좋은 점을 지적하고, 그 다음에 단점을 지적하는 것이 좋다. 즉, "당신은 이런 점이 좋습니다. 그러나 이런 단점을 고치면 더욱 좋을 것 같습니다"라고 이야기를 하면 단점을 고치려는 생각이 저절로 들게 될 것이다.

그러므로 유능한 리더는 상대의 단점을 단점으로 지적하지 않고 상대의 장점으로 인정하고, 그 장점을 더욱 발전시킬 수 있도록 노력을 하게 한다. 그 결과 상대는 은연중에 능력을 충분히 발휘할 수 있게 되는 것이다. 상대의 가치를 인정하는 것은 인간관계 중에서 가장 중요한 요소이다. 상대에게 호의를 얻으려면 상대의 가치를 인정하라.

5. 미소로 접근한다

링컨은 "인간이란, 자신이 행복해지려는 결심의 강도에 따라 그만큼 행복해질 수가 있다"라고 하며, 미소를 잃지 않는 사람은 언제, 어느 곳에서도 환영을 받는다고 하였다. 노래를 흥얼거리거나, 환성을 지르거나 기쁜 생각이 머리에 가득하면 즐거움이 넘치게 되고 웃음이 저절로 나온다.

동양 속담에 "웃는 얼굴에 침 못 뱉는다"라는 말이 있듯이 웃는 얼굴에는 화를 낼 수가 없다.

미소 속에는 다음과 같은 의미가 담겨 있다.

"나는 당신을 좋아합니다", "나는 그대를 만나서 기쁩니다", "지금, 당신이 말하는 내용은 무척 재미가 있습니다"라는 의미가 내포되어 있다고 한다. 그래서 미소는 어떤 사람이든 내 편으로 만드는 마력을 지닌 무기라고 한다.

그러면 "유쾌하지 못할 때에 웃음이 나올 수 있을까?" 하는 의문이 생길 것이다. 그러나 미소를 띠고 싶지 않아도 미소를 지으려고 노력한다면 어느새 미소의 감정이 강해져서 자연히 미소가 떠오르게 되는 것이다.

심리학자 윌리엄 제임스William James는 "행위는 한편으로는 감정을 따라 가는 것 같지만, 실제는 행위와 감정이 똑같이 일어난다"라고 하였다. 따라서 행위를 조절하는 것에 따라서 우리들은 간접적으로 감정을 조절하게 된다. 이 심리학자의 말에 의하면 우리들이 쾌활함을 잃었을 때 다시 쾌활한 기분을 갖고 싶으면, 우선 쾌활한 태도를 갖고 행동하고 이야기하면 되는 것이다.

사람은 마음 하나로 행복해지기도 하고 불행해지기도 한다. 행복이란 외부의 상황에 따르는 것보다 자신들의 마음 상태에 원인이 더 큰 것이다. 말하는 언어가 매우 아름답고 음조가 고울지라도, 미소가 없는 이야기는 차디찬 느낌을 준다.

인간의 행위는 언어보다도 확실히 그 사람의 본심을 말해 주는 것이다. 훈훈함을 감싸 주는 언어와 따뜻한 언어에는 항상 미소가 동반한다.

웃음이 건강에 미치는 좋은 점

1. 각종 항체를 분비시켜 더욱 튼튼한 면역체를 갖게 한다.
2. 웃을 때는 심장 박동수가 두 배로 증가하고, 폐 속에 남아 있는 나쁜 공기를 신선한 산소로 빠르게 바꿔 주어 유산소 효과가 있다.
3. 웃음은 근육, 신경, 신장, 뇌, 소화기관, 장이 총체적으로 움직이는 운동 요법이다.
4. 웃음은 스트레스와 긴장, 우울증을 해소한다.

대화 능력 향상을 위한 방법

1. 알기 쉬운 말을 사용하고 있는가?
2. 분위기에 맞는 적절한 화제를 사용하고 있는가?
3. 요점을 간단하게 이야기하고 있는가?
4. 진실하고 구체적인 이야기를 하고 있는가?
5. 상대의 입장을 이해하면서 이야기하고 있는가?
6. 이야기의 목적이 분명한가?

03 효율적인 대화의 요령을 읽혀라

효율적인 대화의 요령에는 다음의 5가지가 있다.

1. 내용이 있는 대화를 하라

대화에서는 무엇보다도 말하고자 하는 내용이 있어야 한다. 즉, 대화를 잘하는 사람은 언제나 샘물처럼 솟아나는 다양한 화제를 갖고 있다. 다양한 화제를 얻기 위해서는 많은 노력을 해야 한다. 대화의 화제를 많이 모으려면 하찮게 여겨지는 이야기라도 주의 깊게 듣고, 중요한 부분을 메모해 두는 습관을 가져야 한다. 또 TV나 인터넷, 신문 등에서도 좋은 내용이 있으면 스크랩을 하거나 기록하여 화제의 재료를 만들어야 한다.

특히, 대화의 내용으로는 사람들의 관심을 끌 수 있는 내용이어야 한다. 사람들의 마음을 끌 수 있는 내용은 다음과 같다.

첫째는 그 사람이 아니면 들을 수 없는 특이한 체험 등 독창적인 것과 새로운 것이 좋다.

둘째는 사람들은 자기중심적이므로, 청자에게 필요한 것일수록 설득력이 강하다.

셋째는 친근감을 느낄 수 있는 주변의 이야기에는 누구나 귀를 기울인다.

넷째는 사람들의 마음을 기쁘게 하고, 인간적인 공감대가 형성될 수 있는 유머스러운 것이나 재미난 것에 더욱 관심을 가진다.

다섯째는 상대에게 이익이 되는 내용을 주제로 삼는다. 예를 들면, 상대방이 주식에 돈을 투자했다면 주식과 연관된 이야기를 하고, 상대가 몸이 많이 허약하면 건강에 관한 주제로 이야기하면, 상대는 더욱 잘 경청하게 된다.

이런 내용을 이야기할 때는 구체적으로 하는 것이 효과적이다.

2. 적절한 예화를 사용하라

예화를 드는 것은 어떤 것을 이해시키거나, 느끼게 하거나, 혹은 어떤 문제에 관한 의욕을 불러일으키는 데 있어서 매우 효과적인 방법이다. 이런 극적인 효과가 있어도 예화는 어디까지나 그 자체가 주체이거나 목적이 아니라, 대화의 주제를 이해시키거나, 설명하거나, 의욕을 불러 일으키게 하는 목적을 위한 수단이라는 것을 잊어서는 안된다.

예화는 주제에 적절한 것을 뽑아야 하며, 많은 사람들이 함께 느낄 수 있는 폭넓은 이야기가 좋고, 듣는 사람이 친근감을 느낄 수 있어야 하며, 듣는 사람의 가슴을 울리는 감동적인 것이 좋다. 그리고 예화의 효과를 높이기 위해서는 목소리의 강약이나 억양, 제스처 등에도 신경을 써서 하면 더욱 흥미를 유발할 수 있다.

3. 이야기의 목적을 잊지 마라

우리는 여행을 할 때, 확실한 목적지를 잡지 않으면 많은 고생을 한 경험이 있을 것이다. 만약 발닿는 대로 간다고 하더라도 그때그때 행동의 목적이 있고 순서가 있게 마련이다. 이런 것처럼 이야기에도 목적이 있다. 목적을 달성하기 위하여 이야기를 하며, 그 목적에는 효과가 있어야 한다.

혹자는 아무 목적 없이 이야기하는 경우도 있다. 즉, 막연한 기분으로 이야기를 하면, 마치 초점이 맞지 않는 사진처럼 확실하지 못한 이야기가 되어 버린다.

특히, 많은 사람들 앞에서 지나친 긴장을 하거나 흥분하면, 목적에서 벗어난 이야기를 하게 된다. 이런 사람은 아무리 내용을 많이 준비했어도, 스피치에서 갈피를 잡지 못하고 횡설수설하고 만다. 즉, 머릿속이 텅 비어 버리고 이야기 내용이 사라져서 자신도 무슨 내용을 어떻게 했는지를 모른다. 이렇게 이야기를 하면 연설은 100% 실패한 것이다.

4. 귀를 기울이게 하라

아무리 뛰어난 논객이라 하더라도 누군가가 들어 주지 않으면 공염불에 불과하다. 이야기를 듣는다는 것은 어쩌면 고된 일인지도 모른다. 눈의 노동, 두뇌의 노동이 따라오기 때문이다. 따라서 말하는 사람이 조금만 주의을 게을리하면 청중은 이야기에서 멀어진다.

듣기는 상대에게 화제의 주도권을 내어주는 것이지만, 성실한 자세로 잘 듣는다면, 말하는 사람은 좋은 인상을 갖고 보게 된다. 또한 진지한 자세로 상대의 말을 잘 듣다 보면 화자 생각의 전후 배경이나, 심정 등을 잘 헤아릴 수 있다.

그러면 상대방이 화자의 말에 귀를 기울이게 할 수 있는 요령은 다음과 같다.

첫째는 이야기에 변화를 주어야 한다.

똑같은 스타일로 계속하게 되면 청중은 흥미를 잃게 된다. 사람들은 움직이고 변화하는 것에 흥미를 느끼는 것이다. 변화에는 음의 고저나 강약 등이 있고, 추상적인 것을 구체적으로 하고, 같은 내용이라도 스토리텔링으로 하면 더욱 효과적이다.

둘째는 듣는 사람에게 관심을 보여야 한다.

청중을 이야기 속으로 끌어들이려면 그들에게 친근감을 느끼게 하고, 흥미를 갖게 하여야 한다. 듣는 사람의 요구나 취미 등을 파악하여 그들의 욕구에 맞추어야 한다.

셋째는 제스처를 적절히 사용한다.

입으로만 말하는 것이 아니라, 말하는 사람의 마음을 표정으로 나타내고, 태도로 나타내는 연기가 되어야 한다. 그렇게 하기 위해서는 적절하게 제스처를 사용하여야 한다.

넷째는 감동적인 이야기를 하여야 한다.

현대를 설득의 시대요, 감동의 시대라고 한다. 듣는 사람이 감동할 수 있도록 내용이나 표정 등에서 차별화를 추구해야 한다.

5. 내 말을 잘 받아 들이도록 하라

인간은 자기 능력이 크고 작음에 대해 자신의 자존심과 위신을 생각한다. 따라서 타인에게 경멸을 당하는 것처럼 참기 어려운 고통은 없다. 아무리 옳은 말이라 하더라도 상대가 받아들이지 않는다면 말할 의미가 없다. 그러면 상대가 귀를 기울이고 받아들일 수 있도록 하기 위해서는 다음과 같은 방식으로 이야기를 해야 한다.

남을 아끼는 배려의 한마디부터 시작한다.

예를 들면, 늦은 밤까지 공부하느라고 애쓰는 자녀에게 "애쓴다, 열심히 공부하는 네 모습을 보니까 내 마음이 든든하다. 건강도 생각해서 쉬는 시간을 갖고 해라."

밤 늦게까지 철야 업무를 하는 직원에게 사장이 "○○과장, 이렇게 늦도록 일을 하네, ○○과장이야말로 우리 회사의 인재야."

이런 따뜻한 말 한마디를 해준다면 아마 자녀는 부모에게 인정받았다는 뿌듯함에 더 열심히 공부할 것이고, 부하 직원은 상사에게 인정받았다는 마음으로 더욱 열심히 일을 할 것이다.

부정적인 이야기를 할 때에는 무조건 "당신은 이렇게 해서는 안 돼"라고 하면, 반감이 더욱 커질 수 있다. 이런 경우에도 "나는 이렇게 생각하고 있습니다만……"이라는 식으로 일단 받아들일 수 있도록 하라. 또는 상대의 의견에 반대인 경우에도 "나는 이렇게 생각하는데 당신은 어떻게 생각하는가?"라고 하며 상대가 의견을 말하게 하라.

상대에게 의견을 말하게 하면 오히려 솔직하게 자기의 잘못을 인정한다. 이런 말일수록 자기가 한 말에 대한 책임을 지게 되는 것이다.

다른 사람을 비판할 때는 신중을 기해야 한다. 우리가 어렸을 적에 선생님에게 혼난 경험이 있을 것이다. 그때 선생님에게 매를 맞는 것보다 더 고통스러웠던 것은 혼나는 장면이 친구에게 목격되었다는 사실이다. 매를 맞는 고통에 비할 바가 아닌 공개적인 꾸중으로 가슴에 멍이 든다. 상대의 귀에 거슬리는 말일수록 가슴에 못이 박히지 않도록 주의해야 한다.

그러면 비판을 효과적으로 하는 요령은 다음과 같다.

① 남이 없는 곳에서 조용히 비판한다.

② 처음에는 그 사람의 장점을 먼저 칭찬해 주고 자극을 주지 않도록 배려한다. 모든 사람에게는 반드시 한 가지 이상의 칭찬할 점이 있다는 사실을 믿어야 한다.

③ 상대에게 마음의 상처가 나지 않도록 접근해야 한다. 가급적이면 꾸지람을 한다는 느낌이 들지 않도록 용어를 잘 선택해야 한다.

④ 건설적으로 비판한다. 무조건 비판이 아닌 올바른 방안을 제시해 준다.

⑤ 비판한 다음 다시 한번 상대를 칭찬해 주고 등이라도 한 번 가볍게 두드려 준다.

방해가 되는 듣는 태도

1. 손발을 흔들거나 물건을 만지작거리며 안절부절 못하는 태도
2. 화자를 보지 않고 딴 곳만 보는 태도
3. 시계를 자주 들여다보는 태도
4. 상대를 의심하듯 질문하는 태도
5. 자기 이야기를 하려고 상대의 말을 중간에 끊으려 하는 태도
6. 주위 사람과 잡담을 하는 태도

04 듣기 싫은 말과 대화의 기술

대화란 항상 좋은 분위기에서만 펼쳐지지 않는다. 부정적인 사고를 가진 사람이 나타나 분위기를 썰렁하게 만들기도 하고, 어떤 사람은 주제와 상관없는 개인적인 비난, 인신공격, 조롱 등을 하여 대화의 분위기를 망치기도 한다.

이런 상황에서는 화가 머리끝까지 올라와 어찌할 줄을 모르는 경우가 있다. 자리를 박차고 나가자니 그 파국의 책임을 내가 질 것 같고, 자리에 앉아 있으려니 답답해 어쩔 줄 모르는 경우이다.

대화의 분위기를 망치는 요소를 몇 가지로 나누어 보았다.

첫째, 반대를 위한 반대만 한다.

우리 주변에는 논박할 필요가 없는 내용에도 무작정 반대 의견을

내세우는 사람이 있다. 그들은 상대의 말 속에는 '하지만'이란 단어가 자주 등장하며, 반대를 해야 자신의 능력을 나타내는 방법이라고 생각하는 경우이다. 이처럼 반대를 위한 반대만을 일삼는다면 상대방과의 친밀감이 파괴되고, 방해꾼이라는 인식을 얻기 쉽다.

둘째, 잘난 척을 많이 한다.

자신이 조금 잘한 부분이 있으면 이를 계속 자랑함으로써, 자신의 실적이 반감되는 경우가 있다. 진짜로 인품이 있는 사람은 결코 자랑하지 않으며 겸손하게 함으로써 더욱 그 빛을 발휘한다. 잘난 척을 많이 하는 사람은 상대방의 마음을 얻을 수 없다는 것을 알아야 한다.

셋째, 말꼬리를 자른다.

당신이 상대방에게 아주 나쁜 인상을 주고 싶다면 그가 말하는 도중에 무작정 끼어들면 된다. 이것도 한두 번이 아니고 수차례 반복하면 할수록 이미지는 더욱 나빠진다. 이렇게 끼어드는 것은 상대의 발언을 깡그리 무시하고 자신의 주장만을 내세우는 일이기 때문이다. 진정으로 상대방을 존중한다면 그의 말이 끝난 후 한 박자 쉰 다음에 자신의 말을 하면 된다.

넷째, 지나치게 불평이나 험담을 많이 한다.

타인에 대한 불평이나 험담은 처음에는 재미있겠지만 그 말이 늘어질수록 상대방은 지겨워한다. 왜냐하면 상대방은 그 대상과 자신을 점점 동일시하기 때문이다. 본인이 없는 자리에서 나쁜 말을 하는 사람은 다른 자리에 가면 나를 헐뜯을 가능성이 높다. 대화의 분위기를 망치는 사람은 대화에서 반대만을 위한 반대나, 지나치게 자신이 잘난 척을 하고, 남이 이야기할 때 말꼬리를 자르고, 지나치게 남의 불평이나 비난을 많이 하는 사람이다.

그러면 효과적인 대화의 기술에는 다음의 5가지 기술이 필요하다.

1. 자의식의 껍질을 벗어라

청중 앞에서 자연스러운 태도를 취한다는 것은 쉬운 일이 아니다. 그렇다고 너무 주위를 의식하면 표정이 굳고 자연스럽게 되지 않는다. 대부분 연사는 자신의 진면목보다는 가면을 쓰고 청중에게 접근한다. 그렇기 때문에 더욱더 움추려 들게 된다. 그래서 연사는 대중 앞에서 자신의 껍질을 벗어 버리는 것을 노력해야 한다.

즉, 있는 그대로 나 자신을 밝히면 보다 당당하게 자신을 표현할 수 있다. 이렇게 자신의 껍질을 벗어 버리는 것은 새장에 갇혀 있던 새가 자유로이 하늘을 나는 것과 같은 경우이다.

2. 타인을 흉내내지 마라

자기 자신을 표현하는 데 있어서 대담하고, 독특하고, 개성 있고, 상상력이 풍부한 화술로 자신의 특기를 주저 없이 발휘하는 연사는 청중을 감탄하게 한다.

어느 두 사람이 똑같이 같은 비행기를 10시간 타고 바로 옆자리에서 똑같은 경험을 했다. 이 두 사람은 거의 똑같은 이야기를 했다. 그러나 이 두 사람의 이야기는 같은 내용으로 들리지 않았다. 그 이유는 이야기에는 단순한 말 이외에 중요한 무엇인가가 있기 때문이다. 즉, 어떤 이야기를 하는가보다는 오히려 어떻게 이야기를 하는

가가 문제인 것이다.

영국 격언에 “만사는 이야기하는 내용보다는 이야기하는 방식에 달려 있다”라는 말이 있다. 그래서 뛰어난 연사는 자신과 타인을 구별할 수 있는 독특한 개성을 모색하고, 어떻게 해서라도 그것을 키워 나간다.

학교나 사회는 이런 개성을 평등하게 하려고 할지 모른다. 그러나 결코 자신만의 개성의 색깔을 잃어서는 안된다. 개성이야말로 자신을 중요한 존재로 만드는 유일한 근거가 된다.

이런 것이 화술에서도 적용된다. 연사로서의 남과 다른 개성은 무엇보다도 귀중한 재산이다. 그 개성을 버리지 말고 소중히 하고 그것을 신장시켜라. 당신만의 개성이 이야기에 힘과 진실성을 번뜩이게 하는 불꽃이 된다.

3. 청중과 대화하라

예를 들면, 유명한 여류 소설가가 자신이 선택한 주제가 아니라, 회사에서 선택한 주제를 가지고 호텔에 온 많은 숙박객에게 이야기를 해주라고 하였다. 물론 그 작가의 마음에도 전혀 들지 않았다.

그래서 그 여류 소설가는 그 화제를 가치 있는 이야기로 꾸밀 의사가 전혀 없었다. 그래서 그녀는 이야기할 때 대강 메모를 만들어 청중 앞에 나가서는 메모만 보고 이야기하고 청중을 똑바로 보려고 하지도 않았다.

시선은 멍청하게 먼 곳으로 돌리면서 말소리에는 기백이 없고, 마치 시공을 초월한 허공에 말을 날려 보내고 있는 것 같았다. 이것은 청중 앞에서 이야기를 하지만 연설이 아니라, 독백이나 다름이 없었다. 물론 이 연설은 실패로 끝났다. 청중은 열정적인 연사와 시선을 마주하며 청중과 교감하기를 원한다.

4. 온 마음을 쏟아 연설하라

성실성과 열의와 진실성은 연설에 많은 도움이 된다. 사람이 강렬한 감정에 지배되어 있을 때는 그 사람의 참된 자아가 표현에 나타나게 마련이다. 감정의 불꽃이 온갖 장벽을 불태워 버린 것이다. 즉, 열정이 청중을 감동시킨다는 사실을 잘 알아야 한다.

5. 유연한 목소리를 내도록 하라

청중에게 어떤 생각을 전달할 때 우리는 음성이나 신체의 여러 가지 요소를 다양하게 이용할 수 있다. 그러나 사람들은 나이를 먹으면 젊은 시절의 순발력과 자연스러움을 상실하기 때문에 발성이나 태도가 틀에 박힌 것처럼 되기 쉽다.

목소리나 말투나 태도가 축 늘어지고 부주의하게 되기 쉽다. 그래서 유능한 연사는 어휘력이나 비유와 화법, 그리고 표현의 강도와 다양성에서 자신을 개선하려는 노력을 게을리해서는 안된다.

특히, 나이를 먹어감에 따라 타성에 젖는 경우가 많다. 이를 극복하지 못하면 청중들로부터 외면을 받을 수 있다. 나이가 들수록, 또는 많이 강의를 할수록 자신을 갈고닦는 연습을 게을리해서는 안된다.

05 창조대화법으로 하라

창조대화법을 잘하는 요소로는 다음 7가지로 나누어 볼 수 있다.

1. 긍정 에너지를 발산하라

스티브 잡스Steve Jobs처럼 긍정적인 사람이 나누는 대화는 상대방에게 긍정적인 에너지를 전달한다.

긍정적인 삶의 태도로 대화를 하라. 이 대화 속에는 에너지가 넘치고 자신감이 차 있다. 특히, 자신감을 갖고 말하기 위해서는 상대방의 정면을 바라보고 당당하게 말하여야 한다. 야구에서 타자가 슬럼프에 빠져 있을 때 반드시 자세가 흐트러져 있다. 올바른 자세로 자신감을 갖자.

말할 때는 약간 천천히, 그리고 또박또박하게 말하라. 이런 말은 상대로 하여금 집중할 수 있도록 하는 것이고, 짧은 순간이지만 말을 다시 새기는 효과를 주는 것이다.

2. 센스 있게 말하라

간디Mahatma Gandhi는 "나에게 유머를 즐길 수 있는 센스가 없었다면, 아마 자살을 하고 말았을 것이다"라고 말했다. 유머는 삶의 활력소이자, 센스가 넘치는 말이다. 유머는 오랜 가뭄에 단비 같은 역할을 하는 것이다. 센스 있는 말은 말의 품격을 높여주고, 마음이 풍요

롭고 남을 헤아리는 깊은 마음이 내포되어 있는 교양 있는 말이다.

훌륭한 대화자는 말을 할 때, 듣는 사람의 심경을 고려하여 말하고, 부드러운 마음으로 이야기하며, 풍부한 교양에 바탕을 두고 알기 쉬운 표현을 사용한다.

3. 좋은 이미지가 호감을 부른다

좋은 이미지를 얻는 가장 좋은 방법은 인사이다. 인사는 상대에게 마음을 열어주는 구체적인 행동의 표현이며, 환영 · 감사 · 반가움 · 배려 · 기쁨의 의미가 내포되어 있다.

인사란 고객에 대한 서비스의 표현이며, 상사에 대한 존경심과 부하 직원에 대한 자애심의 발로이고, 나아가 자신의 인격을 표현하는 행동이다. 인사하는 그 모습에서 그 사람의 자신감, 능력, 인품이 나타난다.

좋은 이미지란 늘 청중에게 웃는 얼굴과 밝은 태도와 인사가 어우러져야 한다. 인사는 형식도 잘 갖추어져야 하지만 표정이 실리지 않는 인사는 그저 한 형식일 뿐이다. 인사는 존경과 반가움의 표시지만, 마음까지 다가가야 진정한 인사의 완성이 되는 것이다.

형식상 인사나 표정이 밝지 않은 인사는 차라리 하지 않느니만 못하다. 인사는 반가움의 표정이므로 반드시 밝은 웃음과 더불어 하는 것이 좋은 이미지를 연출하는 첩경이다.

4. 진지하게 경청하라

듣는다는 것은 마음을 여는 것이다. 잘 듣는다는 것은 열심히 경청하는 것이요, 잘 모르는 것은 질문하면서 듣는 것이요, 분명하지 못한 것은 확인하면서 듣는 것이요, 상대는 무엇을 이야기하는 것인가를 생각하면서 듣는 것이다. 그래서 진지하게 잘 경청하여야 한다. 그리고 말을 할 때는 목소리에 진심이 담겨 있고, 인생이 담겨 있어야 한다.

청중이 연사를 판단하는 데 목소리가 38%이고, 표정이 35%이며, 태도가 20%이고, 내용은 단지 7%밖에 되지 않는다는 것에 유의할 필요가 있다.

5. 신념은 세상을 바꾼다

프레젠테이션의 귀재요, IT계의 샛별인 스티브 잡스는 경영의 귀재로서 펩시콜라에서 좋은 조건으로 근무하는 존 스컬리John Scully 사장을 영입하는 과정에서 스티브 잡스의 신념과 열정은 타의 추종을 불허하였다.

"당신은 정말 중요한 일을 할 수 있는데도 설탕물이나 팔며 남은 인생을 허비할 것인가?"라는 명언을 함으로써 존 스컬리 사장을 끌어 왔다고 한다. 그래서 잡스가 남긴 이 말 한마디는 미국의 비즈니스 세계에 신화처럼 전해오는 일화이기도 하다.

나폴레옹은 "나의 사전에 불가능은 없다"라는 명언을 남긴 훌륭한 장군이다. 그는 비록 키는 작지만, 눈빛에서 승리의 확신을 읽을 수 있으며, 강렬한 신념의 눈빛은 상대를 강하게 압도한다. 이처럼 강한 신념의 소유자는 무에서 유를 창조하는 길을 만든다.

6. 상대에 대해 미리 준비하라

상대방의 많은 정보의 입수 여부에 따라 대화의 성패가 좌우된다. 전 세계 헤비급 복싱 챔피언 무하마드 알리Muhammad Ali는 "경기의 승부는 눈에 보이지 않는 데서 결정된다. 조명 아래 내가 춤추기 전, 이미 링 밖에서, 체육관에서, 그리고 로드 연습장에서 결정되는 것이다"라고 하였다.

이처럼 상대를 이기기 위해서는 상대의 특성을 철저히 파악하고 꾸준히 준비하고 연습해야만, 좋은 결과를 얻을 수 있는 것이다.

대화시에는 상대의 잘하는 부분을 적극 장려하라. 나아가 용기를 북돋워 주어라. 그리고 상대의 복장이나 헤어스타일, 장신구, 패션 등의 작은 변화에도 큰 관심을 갖고 칭찬을 해주는 것이 창조대화법이다.

7. 상대의 관심사에 주목하라

말을 잘하는 사람은 내가 좋아하는 주제를 말하지 않고, 상대가 좋아하는 주제를 갖고 이야기를 한다.

나는 축구를 매우 좋아하고, 상대는 야구를 매우 좋아한다고 하자. 그러면 상대가 좋아하는 야구에 대해 이야기를 해야지, 상대방도 흥미를 갖고 적극적으로 동참을 한다. 내가 아무리 말을 잘해도 상대방이 좋아하지 않는 축구에 관해 이야기하면 효과적인 대화가 될 수 없는 것이다.

이처럼 대화를 잘하기 위해서는 상대방이 좋아하는 분야나 공동의 관심사에 대해 이야기해야 한다.

06 감동을 주는 이야기를 하라

진실과 성의를 가지고 이야기하면, 그 목소리에는 어느 누구도 흉내낼 수 없는 진한 감동이 주어지는 것이다. 남의 마음을 사로잡기 전에 우선 자신의 마음을 사로잡아야 한다.

연설자가 보내 주는 성실과 진실, 그리고 열정은 많은 청중을 감동의 도가니로 몰아넣는 무기인 것이다. 감동을 주는 이야기에는 5가지의 요소가 있다.

1. 신뢰받을 만한 인격을 수련하라

알렉산더 울 코드는 "진실과 성의를 가지고 이야기를 하면, 그 목소리에는 어느 누구도 흉내낼 수 없는 진실성이 깃들어 있다"라고 하였다. 사람의 마음을 사로잡아야 할 목적이 있는 경우에는 우선 자신이 그것을 진심으로 인정하여야 한다.

나아가 연사는 평소 자신의 성품을 갈고 닦아 높은 인격을 유지해야 한다. 높은 인격에는 냉철한 판단력, 따뜻한 가슴, 신뢰를 줄 수 있는 언행이 따라야 한다.

2. 분위기를 조성하라

노스웨스턴 대학의 전 학장 월터 딜 스콧Walter Dill Scott은 "마음속으로 들어오는 모든 관념, 개념, 결론은 그것에 반대되는 생각들이 방해되지 않는 한 진실한 것으로 받아들여진다"라고 하였다. 이 말의 뜻은 청중이 항상 당신의 이야기에 '예스'를 던질 수 있는 심리적 상태를 만들어야 한다는 것이다.

그렇게 하기 위해서는 우선 청중의 욕구와 이 자리에 왜 왔는가 하는 이유를 명확히 알고 접근하여야 한다. 그리고 모든 이야기의 전제와 내용을 전개하는 과정에서 청중이 결론을 내릴 수 있도록 분위기를 유도하는 것도 감동적인 이야기를 이끌어 내는 것이다.

즉, 답을 찾는 동안 청중이 분명히 알 수 있게끔 사실을 제시하여, 연사의 결론을 마치 청중 자신이 내린 결론인 것 같은 생각이 들게끔 유도하는 것이다. 한 번 청중이 내린 결론은 스스로 잘 바꾸려고 하지 않는 습성이 모든 사람에게 있다는 것을 알아야 한다.

3. 열정적으로 하라

연사가 청중에게 자신의 생각과 감정이 전달되게끔 열의를 가지고 이야기할 때에는 청중의 마음속에서 그와 반대되는 생각이 일어나는 비율이 훨씬 줄어든다.

열의는 확고한 신념을 갖고 전달하는 것이다. 그래서 열의는 부정적이고 반대 의견을 뿌리쳐 버린다. 만일 연사가 청중의 마음을 사로잡으려면 그들의 사고나 사상에 호소하기보다도 감정을 유도하는 편이 훨씬 효과가 있다는 것을 명심하기 바란다.

청중에게 감명을 주려면 우선 자기 자신을 감동시켜야 한다. 청중에게 전달되는 것은 연사의 눈동자를 통해서 방사되고, 연사의 태도를 통하여 표현되는 혼이 되어야 한다.

연사가 이야기할 때는 언제나 청중의 마음을 사로잡아야 한다는 사명감을 갖고 임해야 한다. 만일 연사가 적당히 시간 때우기로 한다는 생각을 갖고 말한다면, 청중도 연사가 하는 만큼만 귀를 기울인다는 사실을 알아야 한다.

4. 청중에게 경의와 애정을 심어 줘라

노먼 빈센트 필Norman Vincent Peale 박사는 "사람이란 본능적으로 사랑받고 또한 존경받고 싶어 하기 마련이다"라고 하였다. 사람은 누구나 자신의 가치와 위엄을 겸비한 훌륭한 인물이라는 것을 마음의 구석에 갖고 있기 마련이다. 그래서 그것을 건드리게 되면 그 사람을 잃는 것이다.

그래서 연사는 청중을 사랑하고 존경하면서 청중의 마음을 북돋아 주는 연설을 하게 되면, 청중도 또한 연사를 사랑하고 존경하게 되는 것이다. 특히, 청중은 엄격한 심판관이라는 사실을 알아야 한다. 비록 말은 하지 않아도 자신이 들은 연사의 강의 내용이나 태도를 정확히 평가한다는 사실을 잊어서는 안된다.

5. 친구에게 말하듯이 부드럽게 시작하라

약 30~40년 전에는 이야기할 때 힘 있고 웅변식 연설을 하면 잘 한다는 소리를 들었다. 그러나 요즈음은 웅변식이나 큰 소리로 이야기하면 청중들은 시끄럽다고 모두 도망간다.

그러면 어떻게 이야기를 하여야 하는가? 편하고 부드러운 방법으로 전개해 나아가야 한다. 즉, 연인이나 다정한 친구에게 이야기하듯이 부드럽고 다정다감하게 하여야 한다.

제 7 장

유머러스하게 하라

웃음은 가장 값싸고 가장 효과 있는 만병통치약이다.

-러셀-

Speech

01 유머는 웃음을 자아내는 행복의 시작이다

동양에서는 "웃으면 복이 온다"라는 말이 있듯이 서양에서는 "웃음은 약이다"라는 말이 있다.

21세기를 지구촌의 시대요, 글로벌 시대라고 한다. 이 글로벌 시대의 만국 공통어 중의 하나가 웃음이다. 웃음이 없으니 여유가 없고, 여유가 없으니 웃음이 없는 삶이란 얼마나 무기력하고 권태로운 삶인가? 그래서 유머는 성공의 시작이고, 웃음은 행복의 시작이라고 한다.

유머는 인생을 감미롭게 하는 청량제이자, 사업을 번성시키는 반석이다. 요즈음같이 각박한 세상에 웃음을 잃어버린 사람에게 유머는 인생 성공의 마스터 키이자, 심신 건강의 보약이라고 한다.

유머는 대화의 주도권을 잡게 해주고, 논쟁을 예방하며 나아가 상대방에게 불신과 모멸을 잠재우고 포근하게 감싸주는 역할을 하는 것이다. 특히, 설득이 잘 안되어 불만이 가득할 때나 분노가 솟구칠 때, 또는 대화가 단절되어 갈 때 한마디의 상큼한 유머는 웃음을 자아내는 동시에 불만을 일시에 해소하는 역할을 한다.

유머의 사전적 정의는 마음을 즐겁게 하거나 웃음을 일으키는 의사소통, 익살, 농담, 해학이라고 한다. 즉, 누군가를 즐겁게 하고 웃음을 일으키는 기분 좋은 대화를 유머라고 한다. 유머는 인생을 즐겁게 만드는 기폭제이다. 유머는 웃음이 넘치는 샘물이며, 웃음꽃이 피어나는 들판이다. 또한 유머는 웃음이라는 땅에 아름답게 지어진 집이며, 웃음으로 만드는 아주 맛있는 요리이다.

뉴스를 보면 우리들을 어둡고 우울하게 만드는 소식들이 난무한다. 그래서 현대를 각박한 사회라고 한다. 이런 어려운 시대에 진정으로 필요한 것이 유머이다. 유머는 사람들을 즐겁게 한다. 유머는 고도의 지성과 감성이 균형적으로 발달된 성숙한 인격에서 우러나오는 가장 인간적인 삶의 방식이다.

그레빌Greville은 인간만이 웃을 수 있는 능력을 부여받은 유일한 동물이라고 한다. 유머가 없는 삶은 무미건조하고 유머가 없는 생활은 비생산적이다. 유머는 타성에 젖어 별 의미 없이 하루하루를 견디어 가는 현대인의 삶에 긴장감과 신선함을 주는 청량제 같은 역할을 한다.

또 현대는 개성을 중요시한다. 다른 사람과 구별이 되는 것이 없다면 눈에 띄지도 않는다. 유머도 나만의 독창적인 것이 필요하다. 남의 것이라 하더라도 나에게 들어오면 나의 것으로 만들어야 한다.

개그맨 배칠수 씨는 다른 개그맨이 시도하지 않았던 난해한 인물들을 자신만의 노하우로 성대모사를 한다. 일반적으로 코메디언이나 개그맨들이 외모나 신체적인 특징들을 더 중점적으로 표현한 것에 반해, 배칠수 씨는 표현하는 인물들의 말투와 억양, 심지어는 사투리까지 완벽하게 표현하는 독창적인 유머를 보여 주고 있다. 개그맨 배칠수 씨처럼 다른 사람의 것도 독창적인 나의 것으로 만들려는 열정과 노력 속에서 새로운 것이 태어나는 것이다.

1. 유머 있는 정치인이 승리한다

요즈음 시대를 불통의 시대라고 한다. 서로 대화의 벽이 막혀 있다. 불통의 벽을 넘는 것 중의 하나가 유머 기술이라고 한다. 유머는 타인과의 거리를 좁히고 꽁꽁 닫힌 마음의 빗장을 여는 만능 열쇠이다. 특히, 정치 토론이나 선거에서 상대방이 비난하는 것을 유머를 받아 넘겨 스스로의 이미지를 높이는 경우도 많이 있다.

유머가 뛰어난 정치가 중의 한 사람은 미국의 제16대 대통령 에이브러햄 링컨Abraham Lincoln이다. 그는 재치와 유머가 넘치는 촌철살인의 연설로 청중의 마음을 사로잡고 경쟁자를 궁지로 몰아넣고 선거를 승리로 이끌었다.

예를 들면, 링컨 대통령을 두 얼굴을 가진 이중인격자라고 상대 후보가 몰아 부쳤다. 이때 링컨은 상대 후보의 악랄한 인신 공격에도 전혀 당황하지 않고, 여전히 웃음을 지은 채 차분한 목소리로 응수했다.

"방금 상대 후보께서 저를 두고 두 얼굴을 가진 이중인격자라고 하셨습니다만, 여러분께서 잘 생각해 보십시오. 만일 제가 또 하나의 얼굴을 가졌다면, 하필이면 오늘같이 중요한 날 제가 왜 이 못생긴 얼굴을 가지고 나왔겠습니까?"

이런 링컨의 답변에 청중은 대환호성을 질렀고, 그날의 승기는 시종 유머러스하게 토론을 이끈 링컨에게 기울었다. 유머는 이처럼 상대의 비열한 공격을 세련되게 방어하는 든든한 방패이자, 상대의 허(虛)를 찌르고 주도권을 가져오는 강력한 무기가 될 수 있다.

영국의 수상 윈스턴 처칠Winston Churchill도 위트와 유머 넘치는 언변으로 대중을 사로잡았다. 정치적 라이벌의 한 여성의원이 처칠과 대화중에 너무 화가 나서 날카롭게 쏘아 붙였다.

"만일 당신이 내 남편이라면, 당신 커피에 독약을 넣겠어요!"

이에 처칠은 웃으면서 대답하였다.

"내가 만일 당신 남편이라면 그 커피를 기꺼이 마셔 버리겠소!"

이에 상대 여성은 아무 말도 못했다는 일화가 있다.

특히, 리더의 유머 감각은 조직에 활기를 불어넣고, 분위기를 반전시킬 수 있으며, 막힌 소통을 열 수 있는 것이다. 그래서 요즈음 리더는 유머기법을 배우는 데 열중한다고 한다.

2. 유머화법이 성공의 필수 요소이다

진정한 유머는 웃음을 통하여 다른 사람들에게 즐겁고 따뜻한 마음을 심어 주는 기술이다. 다른 사람에게 즐거운 웃음을 전할 수 있다면 그것이 곧 성공한 유머이다.

유머화법은 유머의 성공과 실패를 가늠하는 중요한 기술이다. 누구에게나 편하게 다가갈 수 있는 화법이야말로 성공하는 유머의 필수 요소이다.

친밀함을 높일 수 있는 유머화법은 다음과 같다.

첫째는 자기풍자기법이다.

사람들은 다른 사람보다 높아지기를 원한다. 즉, 자기풍자기법은 말하는 사람이 자신의 단점과 부족함으로 생긴 실수나 실패에 대한 이야기, 또는 특이한 별명 등을 활용하면 듣는 사람들은 상대적으로 높여 주는 느낌을 주면서 친근한 웃음을 유도하는 것이다.

둘째는 순간대응 유머화법이다.

유머에서 중요한 것 중 하나가 생활 속에서 즉흥적으로 재미있게 나와야 한다. 이때 순간적으로 재치를 구사할 수 있어야 한다. 그렇게 하기 위해서는 사전에 꾸준한 연습이 필요하다. 같은 이야기를 해도 더 재미있게, 더 웃기게 표현하는 사람이 있다. 이런 사람들은 사전에 많은 연습을 한 결과라는 사실을 알아야 한다.

셋째는 기이한 표정과 말투법이다.

말할 때의 표정, 제스처, 말투를 잘 활용하는 것이다. 같은 내용이라 하더라도 듣는 사람을 편하게 하는 말투와 웃음, 내용 등도 중요하다. 또 유머에는 열정과 마음이 진솔하게 전해지는 것이 더욱 웃음을 자아낸다.

성공하는 유머의 요소들

1. 상대방을 사랑하는 마음이 있어야 한다.
2. 생각을 부드럽게 해야 한다.
3. 여유 있는 마음을 가져야 한다.
4. 서비스 정신이 철저해야 한다.
5. 저절로 흐뭇해지는 마음을 가져야 한다.
6. 밝은 미소가 있어야 한다.
7. 함께하는 마음을 가져야 한다.

02 실제 유머 사례

1. 넌센스 퀴즈

1. 현대 여성이 지킨 절개는?
2. 눈뜨고 볼 수 없는 여자는?
3. 거짓말도 자꾸하면 는다고 하는데 뭐가 는다는 것입니까?
4. 세상에서 가장 긴 강은?
5. 예쁜 여자가 화장하는 것을 경제 용어로?
6. 오줌을 빨리 싸는 사람을 어떻게 부를까?
7. 아무리 정성을 들여도 칭찬받지 못하는 것은?
8. 하느님이 거꾸로 서면 무엇이 되는가?
9. 장님도 볼 수 있는 것은?
10. 커피잔의 손잡이는 어디에 붙었을까?
11. 의사와 폐품업자가 가장 좋아하는 사람은?
12. 어느 과학자가 고춧가루를 정성스럽게 조사하고 있더니, 어떤 것이 나왔다. 무엇일까?

정답≫

1. 제왕절개	2. 꿈속의 여자	3. 속는 사람이	4. 만수무강
5. 낭비	6. 잽싸게	7. 나쁜 짓	8. 개(dog)
9. 맛보기	10. 바깥쪽에 있다	11. 병든 사람	12. 재채기

2. 재미난 유머

1) 돈, 여자, 결혼

슬픈 한 청년이 무엇이든지 1가지의 소원을 빌면 다 이루어지게 하는 산신령을 찾아갔다.

청년이 산신령에게 말했다.

나는 욕심이 많아서 "1가지가 아니고, 3가지의 소원을 다 들어 주세요"라고 말했다.

그러자 산신령이 "모든 사람의 소원은 1가지씩만 들어 준다"라고 하였다.

이렇게 이야기를 했는데도 청년은 3가지인 '돈', '여자', '결혼'을 요청했다. 그래서 할 수 없이 산신령은 청년에게 이렇게 소원을 들어 주었다.

"돈 여자와 결혼을 하여라"라고 하였다.

2) 개미의 수영복

어느 수영장에서 개미가 풀장 안에서 수영을 하고 있는 코끼리를 째려보며 소리를 질렀다.

"야, 코끼리!"

그러나 코끼리는 들은 척도 하지 않고 계속 수영을 했고, 개미는 더 큰 소리로 떠들었다.

"임마, 코끼리! 너 이리 와."

코끼리는 어이가 없었지만 어찌하나 보려고 풀장 밖으로 나왔다.

그러자 개미는 코끼리의 위아래를 흘끔 쳐다보더니 말했다.

"됐어, 들어가 봐."

코끼리는 화를 꾹 참으며 개미에게 물었다.

"근데, 왜 나를 나오라고 했어?"

개미는 별일 아니라는 듯이 대답했다.

"아! 누가 내 수영복을 훔쳐갔잖아. 나는 또 네가 내 수영복 입은 줄 알고……."

3) 부부 싸움

어느 부부가 싸움을 했다. 부부는 다투고 나서 서로 말을 하지 않으려고 했다. 그런데 남편이 내일 회사에 일찍 나갈 일이 있어서 종이에 이렇게 써서 주었다.

"여보, 나 내일 6시에 깨워 주세요."

남편이 아침에 잠에서 깨어 보니 7시가 넘었다. 화가 잔뜩 나서 아내를 노려보는데 아내가 손짓하는 곳을 바라보았다. 그 메모지에는 이렇게 적혀 있었다.

"여보! 6시에요. 일어나세요!"

4) 웃게 만든 놈이 더 나빠!

무시무시한 영어 선생님 시간이었다. 영어 선생님의 바지 지퍼가 열려 빨간 팬티가 보였다. 이것을 본 순간 학생들은 도저히 웃음을 참을 수가 없어서 까르르 웃었다.

이 상황에 접한 영어 선생님 왈!

"웃는 놈도 나쁘지만, 웃게 만든 놈이 더 나빠!"라고 하며 소리를 질렀다.

03 유머에는 강력한 위력이 있다

아침의 유머 한마디가 하루를 행복하게 한다. 그래서 '개시'가 중요하다는 말을 한다. 첫 손님이 중요하고, 출근길에 제일 먼저 마주치는 사람이 누구냐가 중요하다.

왜냐하면 그 상대에 따라 기분이 좌우되기 때문이다. 또 아침의 첫 기분이 하루의 시간을 온종일 지배하게 될 수도 있다. 그래서 하루를 시작하는 아침이 행복하면, 그 기분이 저녁, 아니 밤까지 갈 수 있는 것이다.

"웃는 얼굴에 침뱉지 말라"라는 말처럼, 웃는 얼굴로 하루를 시작하라. 당신의 얼굴이 밝으면 당신의 주변이 밝아진다. 아침에 눈을 떴을 때, 사랑하는 부인이나 자식에게, 출근했을 때는 가까이에 있는 동료에게 밝은 웃음을 짓자. 나뿐만 아니라 주위가 밝아지는 것을 느끼게 될 것이다.

웃음은 만병통치약이라는 말이 있다. 노먼 카즌즈Norman Cozens는 그의 저서 《질병의 분석》에서 웃음의 효과를 연구한 내용을 보면, 10분 동안 마음껏 웃는 것은 마취와 똑같은 효과가 있으며, 그 덕분에 적어도 두 시간 동안 통증을 느끼지 않고 잠들 수 있다고 하였다.

이처럼 건강에 좋은 웃음이 사라지지 않게 하기 위해서는 우리는 유머를 생활화하여야 한다. 유머가 주는 웃음의 효과는 다음과 같다.

몸과 마음이 건강해진다. 웃음은 급격한 호흡운동으로 짧은 경련 같은 운동이 반복될 때 흉부가 공기로 팽창되어 혈액 순환이 빨라진다. 이 때문에 폐장이 강해지고 몸 전체의 기능이 활발하게 된다.

또 대인관계를 원만하게 해줄 뿐만 아니라 친밀감을 높여 준다. 유머는 삶을 부드럽게 할 뿐만 아니라, 사람과 사람 사이의 간격을 좁히는 강력한 수단이다.

성공하는 사람들은 유머를 잘 사용한다. 간디는 타고난 유머 감각으로 비폭력 평화시위를 성공적으로 이끈 인물이다. 루스벨트 대통령도 사람들을 늘 온화하게 대하고 순간순간마다 재치 있는 유머를 잘 사용하는 대통령으로 유명하다. 이처럼 유머를 최상의 전략으로 삼고 늘 긍정적인 자세로 열심히 인생을 일궈낸 사람은 아름다운 모습으로 영원히 기억될 것이다.

1. 웃음과 위력은 지대하다

웃음은 우리에게 매우 기쁜 일이다. 웃음은 대가를 원하지 않는다. 웃음은 돈을 요구하지 않으며, 누구에게나 무료이며, 피로를 덜어주고 안락함을 주며, 슬픔을 없애주고 누구에게나 기쁨을 준다. 기분이 나쁘거나 고민이 있는 사람에게도 위안이 되어 준다.

웃음은 우리들의 마음에서 우러나오는 가장 자연스러운 몸짓이다. 웃음은 절망을 희망으로 만들어 주고 스트레스를 날려 보내는 명약이다. 웃음은 타인을 가장 잘 이끌 수 있는 강력한 무기이다.

그렇다면 어떻게 웃어야 할까?

힘차게 웃어라, 그러면 활기찬 하루가 시작된다. 세수할 때도 거울을 보고 미소를 지어라, 그러면 거울 속의 사람도 나에게 미소를 보낸다. 모르는 사람에게 미소를 보여라, 그러면 마음이 열리고 기쁨이 넘친다.

만나는 사람마다 웃으며 대화하라, 그러면 인기인이 된다. 집에 들어올 때 웃어라, 그러면 행복한 가정이 꽃피게 된다. 웃으면서 물건을 팔아라, 그러면 고객은 물건 하나 살 것을 두 개 사게 된다. 회의할 때 먼저 웃고 시작하라, 그러면 아이디어가 샘솟고, 화기애애한 분위기가 연출된다.

04 건배사가 분위기를 좌우한다

다양한 모임이나 연말과 연초에는 술좌석을 갖는 경우가 많이 있다. 이런 자리에서 으레 나오는 이야기가 건배사 한 말씀하라고 한다. 남이 다 한마디씩 하는데 나만 안할 수도 없고, 또 하자니 할 이야기가 없어서 당황한 경우를 느낀 분도 많이 있을 것이다.

특히, 건배사는 짧기 때문에 임팩트가 있어야 한다. 그렇기 때문에 미리 준비만 잘하면 짧은 시간에 좋은 이미지를 얻을 수도 있다. 그러나 건배사를 잘못하면 리더나 높은 위치에 있는 사람이 건배사 하나도 제대로 하지 못한다고 핀잔을 받을 수도 있다.

그렇다고 너무 오래된 건배사만 하면 매력을 느끼지 못할 수도 있다. 그런데 건배사가 수시로 있는 것도 아니고, 자주 할 것 같지만 막상 할 기회가 별로 없는 것이 건배사이다. 건배사는 너무 길어도 안되고, 참신하게 여러 사람들에게 각인시키기 위해서는 'TCC 법칙'이 좋다.

T[thank you]는 고마움을 표시하는 것이다. 예를 들면, "이렇게 좋은 자리에서 제게 건배 제의를 주셔서 대단히 감사합니다"라고 인사하는 것이다. 그런데 건배 제의를 받은 사람이 "아무것도 생각이 나지 않지만 하겠습니다, 또는 이렇게 어려운 것을 왜 시켰어요"라고 하면 아무리 좋은 건배사라도 반감될 수 있다.

C[contents]는 내용으로서 많은 건배사 중에서 신선하고 상황에 맞는 내용을 구호로 하는 것이 좋다.

C[cheers]는 건배라는 뜻으로 건배자가 선창을 하면 구성원이 후창을 하는 것이다. 다만, 선창과 후창을 어떻게 하는 것인지를 잘 말해주어야 헷갈리지 않고 잘할 수 있다.

건배사를 할 때 주의할 점은 다음과 같다.

첫째는 자연스럽게 하는 것이 좋다.

너무 잘하려고 욕심을 내거나 지나친 격식을 차리거나 너무 길면 지루함을 느낄 수 있다.

둘째는 술잔을 채울 시간을 줘야 한다.

건배사는 혼자 하는 스피치가 아니다. 건배사를 혼자 하면 외롭다. 사람들이 서로 잔에 술을 채우면서 눈인사라도 할 수 있는 시간을 주어야 한다.

셋째는 건배사의 구호는 크게 외쳐야 한다.

건배자가 구호를 크게 외쳐야 후창도 크게 하는 것이다. 특히, 건배의 선창자가 목소리가 작으면 후창자들도 크게 하지 않고 작게 하여, 건배사의 분위기가 흐리는 경우도 많다. 즉, 건배사는 전쟁터에서 승리하고 돌아온 개선장군처럼 씩씩하게 건배사를 하는 것이 좋다. 즉, 평소보다 목소리를 크게 해서 목소리에 간절한 소망을 담아 힘차게 하자.

건배사에서의 다양한 구호들

남행열차 : 남자도 행주들고 열심히 상 차리자
너나잘해 : 나와 나의 잘 나가는 새해를 위하여
당신멋져 : 당당하고 신나고 멋지게 살되 가끔은 져 주자
사우나 : 사랑과 우정을 나누자
변사또 : 변함없는 사람으로 또 만나자
오징어 : 오랫동안 징그럽게 어울리자
이우사 : 이상은 높게, 우정은 넓게, 사랑은 깊게
재건축 : 재미나고 건강하게 축복받으며 살자
진달래 : 진실하고 달콤한 내일을 위하여
해당화 : 해가 갈수록 당당하고 화려하게

05 유머나 위트를 발휘하라

1. 위트를 길러라

풍부한 유머는 인간관계의 활력소요, 청량제이다. 유머 감각이 풍부한 사람은 업무를 경직시키지 않고 원활하게 일을 해낼 수 있는

사람이다. 위트는 끊임없는 노력 가운데서 생겨난다. 특히, 조크는 타이밍이 중요하다. 상대방의 발언을 듣고 바로 하지 않으면 기회를 놓치는 경우가 많다.

화술과 유머는 도저히 뗄래야 뗄 수 없는 관계에 있다. 유머는 호기심과 깊은 연관이 있다. 어린아이들이 하루 종일 지루하지 않는 것은 바로 호기심이 강하기 때문이다. 그러므로 유머를 양성하는 기본은 어린아이와 같이 발랄하고 상쾌하며 무슨 일에나 흥미를 갖는 것이다.

예를 들면, 중학교 교장 선생님이 새로 부임한 선생님을 소개하려고 하는데, 학생들이 너무 떠들어대는 바람에 말을 할 수가 없었다.

그래서 교장 선생님은 "여기 소개하는 선생님은 왼쪽 팔이 하나밖에 없는 사람입니다"라고 입을 열었다. 그랬더니 학생들이 물을 끼얹은 듯 조용해지고, 모두가 귀를 기울인다. 그러자 교장 선생님은 여유를 갖고 조용히 말을 한다.

"오른쪽 팔도 하나밖에 없습니다."

학생들은 배를 잡고 웃는다.

이처럼 위트는 분위기를 반전시키는 중요한 요소이다. 유머의 화술이나 위트를 기르기 위해서는 재미있는 이야기가 있으면 메모하는 습관을 길러야 한다. 그리고 이것을 자주 사용해 보아야 한다. 가족이나 친구에게 해서 효과가 있으면 다음에는 공공장소에서 많은 사람을 대상으로 해보는 것이다.

자주 유머를 하다 보면 어느 부분에서 사람들이 웃음을 자아내는가를 알 수 있다. 가위도 오래 사용하지 않으면 녹이 슬듯이, 내가 잘 아는 위트라도 자주 사용하지 않으면 효과가 떨어진다. 위트는 상대방에게 긴장을 풀어주고 자연스럽게 대화를 진행시키는 윤활유 같은 역할을 한다.

2. 센스 있는 대화를 하라

상대방의 마음을 사로잡는 것은 센스 있는 대화이다. 센스 있는 대화의 요점은 위트와 유머이다. 유머와 위트는 굳은 감정을 풀어 주고, 우울한 분위기를 밝고 활기차게 만들어 준다.

그렇다면 유머는 어떻게 만들어질까?

유머에는 애정이 깃들어 있어야 한다. 애정이 없는 삭막한 곳에서는 유머가 나올 수 없다. 또 유머에는 여유가 있어야 한다. 여유로움 속에서 발상의 전환이나 기발한 아이디어가 나올 수 있다.

또 상대방과 즐겁게 대화를 해야겠다는 마음을 가져야 한다. 위트는 어느 누구의 마음에 상처를 주지 않고 웃기는 지적 유희이다.

3. 예상 밖의 허를 찔러라

사람들은 보통 예상을 벗어난 돌발적인 언행 앞에 놓이면 자신도 모르게 웃음이 나온다.

예를 들면, 썩은 미국산 소고기를 수입하여 화가 잔뜩 난 시위 주동대가 군중들을 모아놓고 “우리, 저 농수산부 장관실로 쳐들어갑시다”라고 하며 열변을 토하고 있있다.

군중들은 시위 주동대의 열변에 이끌려 구름처럼 모여들었다. 마침내 군중이 차도를 점령하자 경찰들이 출동하여 길을 막았다. 군중들은 경찰들의 행동을 예의 주시하면서 대치하고 있었다. 이때 모자를 눌러 쓴 한 경찰관이 연설대에 올라와 심각한 얼굴로 이렇게 말하는 것이었다.

"여러분, 장관실로 가고자 하는 분은 오른쪽으로, 그렇지 않은 분은 왼쪽으로 줄을 서서 질서를 지킵시다"라고 하였다.

군중들은 폭소를 터트린 것은 물론이요, 성난 군중은 웃음으로 화가 풀어져 위기를 모면했다고 한다.

4. 웃음으로 실수를 감싸라

링컨이 어느 날 대통령 관저 앞에서 작업복을 입고 모자를 눌러 쓴 채 잡초를 뽑고 있는데 어느 주지사가 대통령궁을 방문하였다.

링컨의 얼굴을 알지 못하는 주지사는 잡초를 뽑고 있는 링컨에게 거만스럽게 "대통령은 안에 계시는가?"라고 물었다. "계신다"라고 대답한 링컨은 곧 "잠시 기다리십시오" 하고 들어가더니 이내 옷을 갈아 입고 나와 주지사를 영접하였다.

주지사는 당황할 수밖에 없었다. 대통령 관저를 지키는 수위쯤으로 알았던 사나이가 대통령이었으니, 그가 당황한 것은 무리가 아니었다. 이때 링컨은 웃음을 띠면서 "조금 전에는 제가 정원사였구요, 지금은 대통령입니다"라고 하였다. 그러자 두 사람은 이내 웃음으로 어색한 분위기에서 벗어났다.

5. 밝은 웃음을 웃자

우리나라 속담에 "웃는 얼굴에 침 못 뱉는다"라는 말이 있다. 이는 상대방의 웃음이 그에 대해 나쁘게 생각했던 점까지 좋게 만들어 준다는 의미이다. 웃음은 정신뿐만 아니라 웃는 사람 자신의 신체에도 영향을 미쳐 건강에 도움을 준다.

웃음이 신체에 미치는 영향은 다음과 같다.

첫째는 부교감 신경을 자극한다.

즉, 부교감 신경을 자극해 심장을 천천히 뛰게 하며 몸 상태를 편안하게 해준다. 그러므로 웃음은 스트레스와 분노, 긴장을 완화시켜 심장마비와 같은 돌연사도 예방해 준다.

둘째는 '인터페론 감마interferon gamma'의 분비를 증가시켜 바이러스에 대한 저항력을 키워 준다. 이는 사람이 웃을 때 통증을 진정시키는 엔도르핀이라는 호르몬이 분비되기 때문이다. 웃음의 의학적 효과를 18년 동안 연구한 리버트 박사는 웃음이 많은 사람에게서 피를 뽑아 분석해 보면 암을 일으키는 종양 세포를 공격하는 '킬러 세포'가 많이 생성되어 있다고 한다.

웃음이 인체의 면역력을 높여 감기와 같은 감염질환은 물론 암과 성인병을 예방해 준다고 한다. 즉, 웃으면 엔도르핀endorphine이 생기고 그 엔도르핀은 암까지도 이겨낼 수 있는 자생력을 길러 준다고 한다.

이렇게 웃음은 육체적 · 정신적 건강을 유지하는 데 매우 중요한 요소이다. 웃음을 통해 친구나 직장 동료 등 다양한 사회적 관계를 건강하게 유지할 뿐 아니라, 가정에서도 화목이 넘쳐나고, 나아가 다양한 스트레스를 극복하는 기능도 가능하게 해주는 것이다.

유머 화술에의 접근법

1. 고정 관념을 뒤엎는다.
2. 순발력을 동원한다.
3. 약간의 허풍과 과장을 연출한다.
4. 세태를 비판하고 풍자한다.
5. 임기응변에 능해야 한다.

제 8 장

면접의 질을 높여라

면접은 '자신'이라는 상품을 파는 세일즈라고 생각하라.

-후타미 미치오-

Speech

01 면접에서 입사의 선택권이 주어진다

일류대학을 나오고, 성적이 좋아도 면접에서 승리하지 못하면 취직이라는 관문을 통과하지 못한다. 높은 실업률 속에 실로 경쟁률은 치열해지고 있고, 학생들의 스펙은 날로 높아지고 있으니, 인사담당자 입장에서도 좋은 지원자를 골라 내는 일이 여간 어려운 일이 아니다. 따라서 일부 기업들은 지원자들을 코너로 몰아 순발력, 정직함이 드러날 수 있는 압박 면접을 실시하기도 한다.

그러면 면접을 통과하기 위해서는 어떻게 하여야 할까?

우선, 면접도 일종의 대화라고 생각을 해보자.

A : 나 어제 S기업에 이력서 넣었어.

B : 아, 정말? 왜 지원했어?

A : 연봉이 높고, 회사가 크니깐 지원했지.

이게 바로 지원자의 100% 속마음일 것이다. 하지만, 적어도 면접을 앞둔 사람이라면, 기본적인 대답 말고 다른 무언가가 있어야 되지 않을까? 관점을 바꿔서 면접관의 입장으로 돌아와 보자. 기본적인 연봉이 높고, 회사가 크니까가 아닌 다른 대답을 할 수 있는 지원자가 누구일까? 이게 바로 면접의 기본 포인트이다.

전 세계 어느 기업도 내가 돈 벌고 싶으니, 물건 사 달라라고 말하지 않는다. 면접에도 "정답은 없지만 왕도는 있다"라고 한다. 사전에 철저히 준비하고, 장기적으로 대비하면 높은 점수를 얻을 수 있다. 실제로 취업한 사람들 중에 다른 회사 면접 경험이 실제 경험에서 도움이 되었다고 한다. 한번에 합격하길 바라는 것이 모든 지원자들의 마음이겠지만, 실제로는 떨어지면서 타의적으로 연습을 하게 되는 경우도 많다.

면접은 이력서로 평가할 수 없는 다양한 요소를 평가하는 것이다. 즉, 면접은 필기시험으로 측정할 수 없는 태도, 발표력, 문장력, 인성, 가치관, 신념, 창의력, 성실성 등 다양한 요소를 평가하는 것이다.

1. 면접을 위한 단기적인 준비

면접은 사전에 철저히 준비되어야 한다. 면접은 지원자의 인물 자체를 전체적으로 평가하는 것으로서, 일반 필기시험처럼 참고서나 어떤 교재를 기초로 하여 단기간에 수련한다는 것은 매우 어렵다. 그렇다고 준비를 하지 말라는 것이 아니라, 평소에 인품을 갈고 닦아 철저한 준비를 하면 효과가 크다. 면접 약 3~5개월 전에 준비할 주요 사항은 다음과 같다.

1) 지망 회사에 대하여 철저히 사전 준비를 해야 한다

자신이 지망하고자 하는 회사의 면접 형태 및 자주 질문하는 항목에 대해 사전에 알아서 준비해 두는 것이 필요하다. 즉, 면접은 개인 면접인지, 집단 면접인지 아니면 집단토의 방식인지, 아니면 PPT 방식인지를 사전에 충분히 알아두어야 한다.

또 회사에서 자주 묻는 질문이나 면접시 어떤 부분에 주안점을 두는지에 대해 인사과나 최근에 입사한 선배들을 만나 체험담을 들어두는 것도 매우 효과적이다.

2) 답변 내용과 제출된 서류는 일치하여야 한다

면접에서 처음에는 이미 제출한 입사 지원서나 이력서, 또는 자기소개서 등에 의해서 기본적인 질문을 하는 것이 보통이다. 이를 대비하여 자신이 면접보기 전에 그 회사에 제출한 이력서와 자기소개서 내용을 충분히 숙지하여야 한다.

기본적인 내용이지만, 생각보다 많은 지원자들이 많은 회사에 이력서를 내 놓고 간혹 기재사항과 실제 답변이 달라서 당혹감을 겪는 경우도 있다. 또한 컴퓨터로 이력서와 자기소개서를 작성하는 덕에 저자의 세대에 비해서 쉽게 서류를 접수할 수 있지만, 쉽게 실수를 하게 된다. 주로 하나의 이력서 컴퓨터 파일 저장본에서 Ctrl+C/Ctrl+V하여 사용하기 때문에, A회사에 지원해 놓고 B회사 정보를 넣어 놓는 경우도 생각보다 많다. 따라서 이력서를 제출시에 다시 점검하며, 제출한 서류의 사본을 꼭 준비하여, 면접보기 전에 본인이 기술한 내용을 충분히 숙지하고 면접에 임하여야 한다.

3) 자기소개와 지원 동기를 확실히 준비하고 면접에 임하자

면접에서 가장 중요한 것은 지원 동기와 1분 자기소개라고 할 수 있다. 이 두 부분의 유형은 어떤 면접을 볼 때에나, 반드시 나오는 질문임과 동시에 면접관들이 매우 비중 있게 듣는 답변이기도 하다.

일부 구직자는 자기소개와 지원 동기는 간단히 준비하는 데 반해, 다른 질문이나 집단 토론 등을 준비하는 데에는 많은 시간을 투자하는 경우가 있다. 그러나 실제로 자기 자신을 가장 확실하게 PR하기 위해서는 지원 동기와 자기소개를 확실히 준비하고 면접에 임하여야 한다.

4) 지망 기업 및 직종에 대해 구체적으로 파악하라

면접시험에 응하기 전에 자신이 지원한 기업의 사업 내용이나 연매출액, 제품의 특성, 기업이념 등을 사전에 미리 준비해 둔다면 큰 도움이 될 것이다. 지원자의 지망 기업이나 지망 직종의 정보를 정확히 수집해서 준비하고 있다는 것은 그만큼 취업에 대한 마음가짐이 되어 있고, 열의가 있다는 증거가 될 수 있다.

자신의 꿈이나 비전에 대한 질문이 나오면 회사와 연관지어 답변하면 더욱 좋은 점수를 얻을 것이다. 지원하는 회사의 정보는 다양한 요소가 있으나, 이중 중요한 요소는 회사의 연혁, 회사의 사훈이나 경영이념, 회사의 연매출액과 이익액, 회사의 주요 품목, 회사의 잠재적 능력 개발, 가장 최근에 이 회사에 관련된 뉴스에 대한 정보 등의 내용을 미리 준비하면 된다.

5) 영어 면접 준비이다

요즈음은 글로벌 시대이다. 토익 등의 점수 등도 제출하지만 면접에서 간단한 영어 능력을 테스트하는 경우도 있다. 영어 답변시 완벽한 발음이 아니더라도, 내게 온 질문에 자신감을 가지고 대답을 하는 것이 중요하다. 영어 능력이야 하루아침에 유창해질 수는 없겠지만 적어도 기본적인 부분은 항상 외워 준비해 두는 것이 영어 면접에 임하는 태도라고 생각한다.

따라서 자기소개 및 지원 동기 정도는 영어를 잘못하더라도, 영어 면접을 대비하여 자연스럽게 나올 수 있도록 철저히 준비하여야 한다.

2. 면접에서의 자세가 중요하다

면접에 임하는 자세를 5가지로 나누어 살펴 보고자 한다.

첫째는 스펙에 신경 쓰지 말고 적극적이고 자신감 있는 태도를 취하라.

적어도 1차 서류를 합격해 면접까지 왔다면, 당신은 이미 이 회사의 입사하기 위한 기본 스펙 커트라인을 넘었다는 것이다. 면접은 열정과 적극성을 보이지 않으면 면접관은 당신을 뽑으려 하지 않을 것이다. 예를 들면, 면접관이 당신의 이력서의 단점을 찾아서 질문을 한다고 가정해 보자.

"학점이 다른 지원자들에 비해 낮네요?"라고 물어 본다면, "네, 저는 학점이 보시는 대로 낮습니다. 그럼에도 제가 이 면접에 올 수 있었던 건 이런 장점이 귀사에 적합하여 면접 기회를 받은 것 같습니다"라고 답변하면 된다.

보통 입사담당자는 "소극적이고 자신감이 없는 사람이 회사 업무를 잘 수행할까?"라는 부정적 마인드를 갖게 된다. 따라서 자신감은 면접관에게 좋은 인상을 얻게 하는 중요한 요소이다.

둘째는 다양한 경험을 통해 실무 능력을 입증하라.

신입사원 면접에서 중요한 것은 자신이 원하는 부서에 깊은 이해와 경험이다. 특히, 신입사원은 자신이 원하는 분야에 경험이 대부분 없는 경우가 많다. 이럴 때 그 분야와 연관된 아르바이트 경험이나 각종 제안응모의 입상사례도 실무 능력을 인정하는 한 요인이 된다. 또한 겉으로는 연관되어 보이지 않더라도, 최대한의 비슷한 경험을 살려 업무와의 연결성을 찾는 것이 중요하다. 직무 경험은 전무하더라도, 적어도 직무에 대한 이해는 하고 있어야 입사 후에 교육시키기가 더욱 편리하기 때문이다.

셋째는 최소한 30분이나 1시간 전에는 면접장에 도착하라.

자신감을 갖기 위해서는 먼저 도착해서 차분하게 회사의 분위기를 익히고 최상의 컨디션을 준비하여야 한다. 잘 아는 길이라 해도 대도시는 교통정체나 다양한 환경적 요소가 나타날 수 있다. 그래서 미리미리 준비해서 면접장에 일찍 도착하도록 하여야 한다. 만약 면접 회사에 늦게 도착하여 면접장에 가면 준비도 안된 상태에서 면접을 보게 되어 더욱 불안감을 느낄 수 있다.

넷째는 감정적으로 응하지 마라.

요사이 면접 중의 하나가 압박 면접이 있다. 압박 면접은 크게 2가지로 분류할 수 있다.

첫째, 스트레스 상황에서 지원자의 반응을 보는 것이다. 이는 상대방의 장점이나 좋은 점에 대해서 면접하는 것이 아니라, 상대방의 부정적인 면이나 약점을 집요하게 파고드는 경우이다. 또 일부 면접관은 적절치 않은 태도로 지원자를 흥분시키는 질문을 하기도 한다. 이는 극한의 스트레스 상황을 두고, 지원자가 문제를 해결해 나가는 모습을 보기 위한 것이다. 이런 경우에 감정이 상해서 이성적으로 대처하지 못하면 면접을 실패하게 된다. 답은 긍정적으로 정직하게 자신이 평소에 가진 의견을 전달하면 된다.

둘째, 정확한 답이 없는 어려운 질문을 하는 경우이다. 예를 들면, "서울시 짜장면 가게 수가 몇 개일까요?"라는 질문에 가장 좋지 않은 답변은 "아마, 1,000개요?"와 같은 답변이다.

모법 답변은 "정확한 개수는 잘 모르겠습니다. 하지만, 유추해 보겠습니다. 저희 동에는 짜장면 집이 대략 10개 있는 걸로 알고 있습니다, 저희 동은 번화가도 아니고, 가구 수가 적은 곳도 아니여서 저희 동의 짜장면 가게 수를 평균으로 잡겠습니다. 이를 기준으로 서울시 구의 개수가 대략 20개이며, 각각의 구마다 동의 수를 10개로 계산하였을 때 약 2,000개 정도 되지 않을까 생각합니다. 제가 만약 이 회사에 입사를 한다면, 근처에 있는 짜장면 가게를 모두 파악해 가장 맛있는 집으로 여기 계시는 면접관님들에게 짜장면을 대접해 드리고 싶습니다."

위의 답변은 예시 답변이고 외워서 준비할 필요는 없다. 하지만, 위와 같은 방식으로 풀어나가는 모습이 질문에 대한 답변이다. 면접관도 짜장면 가게 개수는 모르고 관심도 없다. 그렇지만 왜 몇 개라고 이야기하는지 그것에 대해 설명하려는 태도를 듣고 싶은 것이다. 어떤 부정적인 질문이라도 감정적인 대답이 아닌 이성과 논리적으로 차분히 대답하여야 한다. 모든 질문 내용을 다 대답했다고 해서 면접에서 반드시 합격하는 것은 아니다. 따라서 모르는 질문은 모른다고 대답하는 것이 엉터리 답변으로 대답하는 것보다 낫다.

다섯째는 말투나 말하는 태도 등에 신경을 써라.

면접 대기실에서 아는 사람을 만났을 경우에, 큰 소리로 떠들거나 유별난 행동은 면접관이나 면접 관련자에게 좋은 이미지를 남기지 못한다. 또 긴장을 푼다고 안내자에게 농담을 거는 경우도 역효과를 나타낸다. 그리고 올바르지 못한 자세도 마이너스 효과를 줄 수 있다. 면접은 회사 정문에 입장하는 순간부터 면접이 시작되고, 면접을 끝낸 후 그 회사 정문을 나오는 순간까지 면접이 계속되고 있다는 생각을 버려서는 안된다.

02 면접에도 성공전략이 있다

1. 성공면접에는 기법이 있다

성공면접에는 5가지의 기법이 있다.

첫째는 첫인상이 중요하다.

면접관이 구직자를 만났을 때 처음 대면하는 것은 지원자의 얼굴 표정이다. 특히, 얼굴은 첫인상을 형성하는 많은 요소 중 가장 핵심이며, 그 사람의 심리 상태나 감정 상태를 확인할 수도 있다.

얼굴 표정을 밝게 하면 좋은 인상을 줄 수 있고, 면접관으로 하여금 긍정적인 평가를 하는 데 크게 기여한다. 만약 당신이 취업을 희망한다면 처음 만남의 순간에 밝은 표정을 지을 수 있도록 연출할 수 있어야 한다. 특히, 면접관들이 싫어하는 스타일은 처음부터 끝까지 얼굴에 표정이 없는 지원자들이다. 첫인상을 좋게 하기 위해서는 청결한 복장과 반듯한 자세로 침착하게 들어서면서 약간 미소 띤 밝은 표정을 지어야 한다.

둘째는 알아듣기 쉽게 말한다.

면접은 당사자의 태도만 보는 것이 아니라, 내용은 물론이고 말하는 화법까지 평가의 대상이 된다. 아는 것과 말하는 것은 다를 수 있다. 면접자가 알기 쉽게 이야기하기 위해서는 먼저 가상의 질문을 설정하고, 그에 대해 말하고 싶은 내용을 문장으로 써 보는 것도 좋다.

셋째는 잘 경청한다.

대화를 캐치볼이라고 한다. 캐치볼은 상대가 던진 공을 정확히 받아서 그것을 상대가 받기 쉬운 곳으로 던지는 것이다. 특히, 면접은 상대가 받기 쉬운 곳으로 공을 던진다고 볼 수 없다. 그래서 면접자는 어떤 질문을 해도 임기응변으로 대처할 수 있도록 철저한 준비·를 하여야 한다.

경청은 상대방의 내심을 파악하고, 자신이 해야 할 말의 밑그림을 그리게 해주는 것이다. 혹시 너무 긴장한 나머지 면접관의 이야기를 잘못 알아듣는 경우가 있는데, 이때 잘못 알아들은 대로 대답을 하면 엉뚱한 답변이 될 수 있다. 혹시 잘 알아듣지 못했다면, 긴장을 해서 못 알아들었다고 하면서 다시 한번 말씀해 주시기 바란다고 이야기를 해야 한다. 그래야 올바로 알아듣고 올바른 답변을 할 수 있다.

넷째는 결론부터 이야기한다.

지원자는 자기의 의사나 생각을 상대방에게 정확하게 전달하기 위해서는 먼저 무엇을 말할 것인가를 명확히 결정하여야 한다. 대답을 할 경우에는 결론을 먼저 이야기하고 나서 그에 따른 설명과 이유를 이야기하면, 논리가 정확하고 상대방이 쉽게 이해할 수 있다. 그렇다고 본인이 잘 아는 질문 내용이라고, 지나친 평론가적인 답변은 오히려 역효과를 자아낼 수 있다.

다섯째는 마지막 순간까지 최선을 다한다.

면접 중 질문에 대답을 잘못했거나 분위기가 엉망이 되었다 할지라도 결코 중도에서 포기해서는 안된다. 그리고 질문에 대한 답변을 못하였다고 무조건 다 떨어지는 것은 아니다. 설령, 대답을 잘못하였거나 잘못 이해하였다 하더라도 최후까지 용기를 갖고 성의 있게 면접에 임하여야 한다.

2. 독특한 나만의 자기소개방법을 구사하라

자기소개는 나만의 장점, 구체성, 전문성을 잘 알려주는 것이다. 그렇게 하기 위해서는 다음 3가지의 요소가 있다.

첫째는 '나' 하면 떠오르는 콘셉트concept로 면접관을 사로잡아라.

제품을 광고할 때는 그 제품의 경제성, 실용성, 편리성 중에서도 가장 으뜸이 되는 하나의 콘셉트만을 중심으로 짧은 15초 간 이야기를 진행하는 것처럼, 자기소개시 리더십, 추진력, 인내심, 전문성, 인간관계 능력 등 많은 단어 중에서 자신과 가장 잘 맞는 콘셉트에 자신의 경험을 살려 시나리오를 만들어야 한다. 차 중에서 '티코' 하면 '경제성'이 가장 먼저 떠오르는 것처럼 말이다.

둘째는 구체적으로 설명하고, 수치화하여 설명하여라.

아래 사례를 비교해 보자.

사례 1 저는 대학 재학시 연극 동아리 회장을 맡으면서 연극을 성공적으로 끝내기 위해 저의 뛰어난 사교성으로 팀워크를 다졌고, 철저한 준비로 관객들에게 기대 이상의 호응을 받았습니다. 이런 경험으로 저는 리더십과 원만한 대인관계 능력이 뛰어납니다.

사례 2 저는 연극 동아리 회장을 맡으면서 탁월한 팀워크와 노력을 하여 전에는 1회 평균 30명이었던 관객수를 50명으로 올렸고, 동아리 회원을 15명에서 무려 30명으로 증가시켰습니다. 이런 배경에는 저의 솔선수범과 적극성을 갖고 혼신의 노력을 경주한 결과라고 생각합니다. 이처럼 저는 리더십과 대인관계 능력이 뛰어나다고 생각합니다.

똑같이 자신의 리더십과 대인관계 능력에 대해 표현했지만, 구체성과 수치화를 통해 '사례 2'가 더욱 가슴에 와 닿는 것을 느낄 것이다. 수치화와 구체성은 면접관으로 하여금 보다 객관적으로 지원자를 판단할 수 있게 하는 근거가 된다.

셋째는 전문성 있는 경험을 이야기하라.

자기소개는 지원자의 역사를 말하는 연대기가 아니다. 어느 한 부분을 특화해서, 그 분야에 수상을 하였다든지 아니면 남과 다른 차별화를 부각하여야 한다. 즉, 전문가적인 경험을 통하여 새로운 안목을 가지고 있는 인재라는 것을 부각시켜야 한다.

어느 기업이나 원하는 인재란 비전을 만들어 내는 미래지향적인 사람, 끊임없이 자기 계발을 하는 사람, 목표달성을 위해 최선을 다하는 사람을 원한다.

3. 면접관이 점검하는 주요 사항이다

물론 각 면접관이나 회사에 따라 다르지만, 대체적으로 면접관이 중시하는 내용은 다음과 같다.

① 답변은 침착하게 하는가?

② 답변에 일관성과 진실성은 있는가?

③ 난처한 질문에 어떻게 대처하는가?

④ 농담과 재치, 유머를 구분하는가?

⑤ 임기응변의 순발력과 센스가 있는가?

⑥ 질문의 의도를 정확히 파악하고 있는가?

⑦ 답변은 간결하고 명확하게 하는가?

⑧ 자신감 있게 답변하는가?

⑨ 창의성을 요구하는 질문에 어떻게 답변하는가?

⑩ 면접관의 마인드에 맞는 답변을 했는가?

⑪ 지원 동기는 무엇인가?

⑫ 자신의 의견을 분명하게 전달하는가?

⑬ 면접이 끝났을 때의 행동은 어떠한가?

4. 면접에 패스하는 방법

물론 면접에는 정답은 없으나, 면접을 유리하게 이끄는 방법은 다음과 같다.

① 첫인상이 중요하다.

② 편안한 분위기를 연출하자.

③ 심호흡으로 기분을 풀자.

④ 열심히 잘 듣는다.

⑤ 질문의 요지를 정확히 파악한다.

⑥ 결론부터 이야기한다.

⑦ 올바른 경어를 사용한다.

⑧ 알아듣기 쉽게 말한다.

⑨ 말끝을 분명히 한다.

⑩ 적극적이면서 성심성의껏 답한다.

⑪ 흥분하지 않는다. 압박 면접에서도 절대로 흥분을 해서는 안 된다.

⑫ 끝까지 최선을 다한다.

5. 실제 면접 내용

이 면접 내용도 하나의 사례일 뿐, 각 기업이나 관공서의 업무나 그 회사(기관)가 추구하는 기치관에 따라 수없이 많은 면접 질문 내용이 나올 수 있다. 몇 가지 중요한 내용을 발췌하면 다음과 같다.

① 자신의 장 · 단점을 이야기해 보세요.

② 남들과 특별히 구분되는 자신의 개성은 무엇입니까?

③ 인생에서 성공이란 무엇이라고 생각합니까?

④ 존경하는 사람은 누구이며, 그 이유는 무엇입니까?

⑤ 오늘 조간신문에서 본 인상 깊은 뉴스 2가지에 대한 내용과 소감을 이야기해 보세요.

⑥ 원하지 않는 업무를 맡게 되면 어떻게 하겠습니까?

⑦ 상사의 지시가 자신의 견해와 다를 경우 어떻게 하겠습니까?

⑧ 전혀 경험도 없고, 어려운 많은 일을 내일 오전까지 해야 할 경우 어떻게 하겠습니까?

⑨ 자신이 가장 깊이 느낀 봉사활동 경험과 느낌에 대해 이야기해 보세요.

⑩ 나름의 스트레스 해소법이 있습니까?

⑪ 기업경영에서 가장 중요하다고 생각되는 것은 무엇입니까?

⑫ 본인의 전공을 보면, 지원한 업무와 전혀 상관이 없다고 생각하는데 왜 지원했습니까?

⑬ 상당히 영어점수(학점)가 낮은데 학창 시절에 공부는 안하고 무엇을 했습니까?

⑭ 자신의 인생관은 무엇입니까?

⑮ 지금까지 살면서 가장 자존심이 상했던 경우와 그 이유에 대하여 이야기해 보세요.
⑯ 전공도 아닌데 왜 지원했습니까?

6. 면접 평가의 지표

면접 평가의 지표도 각각의 기업체에서 추구하는 방향에 따라 매우 다르나, 대부분 중요하게 여기는 가치는 그 사람의 됨됨이인 인간성이다. 평소 좋은 인성을 쌓기 위해서 배려하고 봉사하는 습관을 갖기 바란다. 아래 내용이 직장 면접 평가 지표로 중요하게 인식되고 있다.

① 직업의식과 목표의식
② 전문지식과 상식
③ 조직 적응력과 성실성
④ 인성(인품)
⑤ 인간관계 능력
⑥ 창의력
⑦ 기타 회사에서 요구되는 다양한 요소

제 9 장

선거연설은 스피치의 진수이다

정치꾼은 다음 선거를 생각하고
정치가는 다음 세대를 생각한다.

-제임스 클라크-

Speech

01 선거연설의 원칙과 방법

1. 선거연설의 주제는 어떻게 할까?

연설이란 대중 앞에서 행하는 언어 및 행동으로 표현되는 의사 전달 및 교환행위로서 커뮤니케이션의 일종이다. 자세히 말하면, 연설은 많은 청중에게 자신의 사상이나 주의, 주장을 진술하여 공감과 이해를 구하는 것이다.

후보자가 다수의 청중을 상대로 하는 일반적 스피치로서, 후보자 자신의 개인적 정치소신이나 선거공약 등의 선전과 아울러 소속 정당의 정책 및 비전 제시, 그리고 상대 정당, 또는 후보자의 허상과 허구를 갈파하고 대응논리를 전개함으로써, 유권자로부터 지지를 획득하기 위하여 행하는 연설을 선거연설이라 한다.

선거연설은 당락이 좌우될 정도로 매우 중요하기 때문에 후보자는 유권자들에게 더 많은 점수와 표를 얻기 위하여 선거연설과 토론 등 연설 능력에 많은 노력을 기울여야 한다.

선거를 통하여 주권을 행사하는 유권자들은 자신의 귀중한 한 표를 바르게 행사하기 위하여 각 후보자에 대한 여러 가지 많은 정보를 얻으려고 한다. 그러므로 후보자들은 자신을 보다 널리 알리기 위해 여러 형태의 선거운동방법을 동원하게 되는데, 그 안에서 가장 적극적이고도 직접적이며 최대의 실효성을 얻을 수 있는 선거운동의 한 방법이 선거연설이다.

유권자는 후보자와의 만남을 통해서 후보자의 인간성이나 정치

철학을 파악하여 자질의 우열을 판단할 수 있고, 후보자의 입장에서 보면 자신의 정견과 공약, 그리고 쟁점사항이나 현안문제 등의 해결 방안을 직접 유권자에게 알릴 수 있다는 점에서 선거연설은 고능률의 선거운동방법이라 할 수 있다.

선거연설의 목적은 자신의 정치사상이나 공약을 유권자에게 제시하여 그들로 하여금 지지하도록 하는 데 있다. 연설의 목적이 불분명하면 아무리 유창하게 이야기를 하였다 하더라도 효과는 낮다. 그래서 연사는 자신이 말하고자 하는 연설의 목적을 명확히 알고 연설을 하여야 한다.

연설의 목적을 명확히 한 다음에는 주제를 선정하여야 한다. 주제는 연사가 말하고자 하는 중심사상이나 근본문제로서 다음의 사항에 유의하여 주제를 선정하여야 한다.

첫째, 연사에게 흥미 있는 것이어야 한다.

둘째, 청중에게도 가치 있는 것이어야 한다.

셋째, 제한된 시간에 충분히 표현해 낼 수 있는 것이어야 한다.

넷째, 참신성이 있어야 한다.

주제는 스피치의 핵심이며, 스피치에 동원되고 인용되는 모든 예화자료나 증거 등이 주제를 강하게 부각시키는 데 모아져야 하는 것이며, 스피치는 대개 정해진 시간 내에 짜임새 있게 자기주장을 펼쳐 나갈 수 있도록 사전에 철저한 준비가 필요하다.

주제가 잘 준비되어 있을 때는 스피치에도 활기가 넘치며, 청중도 뭔가 핵심이 되는 이야기를 듣고 있다는 만족감을 느낄 수가 있는 것이다.

그 다음은 논점으로서 이는 건물에 비유하면 기둥으로서 논점이 명확히 제시되어야 핵심의 줄거리를 명확하게 파악할 수 있는 것이다.

이상의 내용에 비추어 보면, 선거연설의 주제는 후보자나 청중에게 흥미를 유발하여야 하며, 또 가치가 있어서 후보자가 열정을 갖고 임할 수 있어야 한다. 나아가 청중에게 이익이나 도움이 될 때 청중은 보다 열심히 경청할 것이며, 이로 인하여 후보자에게 표를 줄 것이다.

2. 선거연설의 형식에는 5가지가 있다

준비 없는 연설은 전쟁터에서 훈련받지 않는 병사의 싸움과 같이 매우 위태롭다. 그래서 연단에 서기 전에 어떤 형식으로 연설할 것인가를 정한 다음에 그 요령과 장·단점을 파악하여 준비하여야 한다.

연설의 형식은 5가지로 나누어 생각하고자 한다.

첫째는 구호식 연설이다.

이 연설은 마치 간단한 구호를 선창하여 외치듯이 짧은 문장으로 주장하거나 호소하여, 청중의 감동을 순간적으로 촉발시키려는 연설의 한 방법이다.

공원이나 운동장, 그리고 실외의 넓은 공간에서 몇천 명이나 몇만 명의 청중이 모여 인산인해를 이루고 있을 때, 장황한 설명보다는 제기된 문제마다 간단하게 요약하여 핵심만을 주장하는 연설이다. 마치 구호를 소리 높여 외치듯이 연설하는 방법이 청중의 구미를 맞추어 주는 효과적인 연설이 될 수 있다.

특히, 대통령 선거연설방식 중에서 입후보자가 등단하는 시간 전까지 유권자들을 모이게 하고, 유권자들이 지루하지 않은 상태에서 후보자를 기다릴 수 있도록 하는 방식이다. 이 구호식 연설방법은 지명도가 낮은 찬조연사나 유세위원들이 이 같은 방법의 연설을 하여 청중의 마음을 더 자극하는 데 기여하는 것이다.

청중들의 수가 많을수록 이 구호식 연설의 효과가 크게 발휘하는데, 다음과 같은 요소에 더욱 힘을 발휘하게 된다.

① 청중들의 수가 상상 외로 수만이나 수십만 명에 모이게 되는 경우에 하는 방법이다. 요즈음은 정보화 시대로 인터넷이 발달되어 현장에 가지 않아도 현장의 내용을 들을 수 있는 다양한 방법이 있으나, 인터넷이 발달하기 전에는 직접 현장에 가서 들어야 하기 때문에 많은 청중이 모였다.

② 오합지졸로 모인 사람들을 짧은 시간에 한데 묶어 끌고 가야 하는 경우에 하는 방법이다.

③ 수많은 청중의 생각과 시선을 연사의 생각과 주장으로 일치시켜 호흡을 함께하도록 짧은 시간에 박수갈채를 유도하는 방법이다.

④ 청중을 계속해서 지루하지 않게 하기 위해서 박수나 '옳소' 등의 응답을 유도하는 방법이다.

⑤ 가장 빠른 시간 내에 평소 청중들이 가장 원했던 숙원사업들을 제시하여 청중들을 흥분시키고, 일체감을 유발시키는 방법이다.

이상과 같이 문제점을 요약해서 말하고, 감동적으로 호소하기 위한 방법이 이 연설방법이다. 이 연설은 연설경험이 부족한 연사나 테크닉이 없는 연사들도 단어의 내용에 따라서 큰 소리로 외치는 정도로 효과를 발휘할 수 있기 때문에, 기술적인 면에서도 부담이 적은 연설방법이다.

둘째는 메모식 연설이다.

연설의 요점을 번호 순서로 메모하고, 그 메모에 따라 즉흥적으로 내용을 첨가하여 연설하는 방법이다. 즉, 내용의 요점만 간추려 메모하여 앞뒤에 말을 덧붙여 연설하는 방법이다. 이 연설방법은 일반적으로 연사들에게 가장 많이 이용되고 있으며, 메모가 사전에 준비되어 있음으로써 연설 내용에 더욱 자신을 갖고 연설을 할 수 있다.

즉, 이 연설은 메모가 사전에 준비되어 있음으로써 연사는 더욱 안심하고 연설을 잘할 수 있다. 메모는 연설시에 자신감과 여유가 생겨 불안감이나 실수가 발생하지 않고, 오히려 더 체계적으로 자신 있게 연설을 잘하게 된다.

이 연설의 장점은 연설자의 스타일 대로 자연스럽게 말할 수 있으며, 그때그때의 상황에 따라 적합한 내용이나 용어를 구사할 수 있어 임기응변의 묘를 살릴 수 있다. 또 청중과 시선을 교환하는 행동도 가능하며 아울러 자연스러운 제스처 사용도 가능하다. 이 기법은 즉석법의 장점을 취하면서 암송법의 단점도 보완할 수 있는 것이다.

단점으로는 말하고자 하는 내용에 대하여 상당한 지식을 갖추어야 하고, 메모의 작성요령이나 내용의 자세한 설명 등 많은 지식이 필요하다. 또 연설기법도 일정한 수준 이상이어야 하며 초보자라면 위험 부담도 있다.

메모식 연설시 고려 사항

1. 메모는 요점을 요약해 놓은 것이기 때문에, 메모 속에 함축된 뜻을 잘 이해하지 못하거나 생각이 떠오르지 않아 실수할 수 있다.
2. 메모는 함축된 내용이 무엇인지 금방 알 수 있도록 단어나 문장을 잘 선택하여야 한다.
3. 숫자나 지명 등 혼돈하거나 암기하기 어려운 내용은 완전한 메모에 의존하여 정확하게 발표하자.
4. 메모에 의존하여 연설하다가 중간에 메모에 없는 내용을 너무 많이 설명하여 뒤죽박죽되지 않도록 일관성을 유지하자.
5. 메모의 내용을 더욱 강조할 부분은 붉은색 등의 글씨로 적어 쉽게 눈에 잘 띄게 구분하자.

셋째는 즉흥식 연설이다.

원고나 메모 등에 의존하지 않고, 즉석에서 전혀 준비 없이 하는 연설이다. 즉흥연설이란 즉흥적으로 생각하면서 발표하는 연설이기 때문에 그만큼 실수의 위험부담이 높은 것도 사실이다. 늠름한 자세, 여유 있는 마음가짐, 말하려는 내용에 대해 자신감을 갖고 있을 때 즉흥연설은 성공할 확률이 높다.

마음은 급하고 내용이 잘 정리되지 않으면 실수가 많아지고 생동감이 떨어지는 연설이 되기 쉽다. 천천히 머릿속에서 생각하면서 세련된 음성을 통하여 발표하는 여유를 가질 때 즉흥연설의 성공률은 더욱 높아질 것이다.

즉흥연설의 요령으로는 1~2분의 짧은 시간에 중요한 핵심을 찌르는 연설이 효과적이다. 이 연설은 많은 부분을 조금씩 조금씩 이야기하기보다는 중요한 논점 한두 개를 중점적으로 차례차례 진행시켜 나가면서 말하는 것이 좋다. 중요한 논점이나 자기의 결론된 의견을 맨 마지막에 한 번 더 되풀이 해주는 것이 효과적이다.

즉석식 소재의 선택으로는 앞서 말한 사람의 이야기에 내용을 덧붙이거나, 지금 이 장소에서 일어났던 일을 소재로 삼거나, 일상생활의 문제점과 영향력에 대하여 설명하거나, 주제에 대한 지역적인 관점에서 이야기를 하거나, 주제에 관한 경제적 · 정치적 · 사회적 측면에서 이야기를 하면 좋다.

이 연설의 장점으로는 연설자의 마음을 꾸밈없이 나타내기 때문에 진실성이 보이고, 청중의 깊은 관심과 신뢰를 얻을 수 있다. 또 청중의 반응에 따라 연설의 내용을 자유로이 조절할 수 있다. 경험을 쌓을수록 자신감이 생기고 중간중간에 유머를 사용하거나, 예화를 인용하거나, 현장에서의 소재를 찾아 주의를 집중시켜 능숙한 연설을 할 수 있다.

이 연설의 단점으로는 말이 고르지 못하고 내용이 충실치 못하여 되풀이되는 내용이 많을 수 있으며, 자칫 잘못하면 본 줄기에서 벗어나 횡설수설이 될 수도 있다. 그러므로 중요 정책이나 보고 사항, 선언문이나 발표문 등은 즉석법을 피하는 것이 좋다.

즉석법은 연설을 준비할 틈이 없이 하는 것이므로, 평소에 연설의 기초 능력을 향상시키고 자기 의견을 종합하는 실력을 길러 두는 것이 필요하다.

즉흥식 연설과정에서 주의해야 할 사항은 다음과 같다.

즉흥식 연설시 주의 사항

1. 필요 없는 군소리(아, 에, 응 등)를 삼가자.
2. 비슷한 말을 되풀이하여 지루한 감을 주지 말자.
3. 내용이 횡설수설하지 않도록 하자.
4. 비록 즉석에서 모든 과정이 이루어지더라도 연설 전체의 설계도를 세우고, 그 설계도에 따라 체계적인 연설이 되도록 하자.
5. 숫자나 지명 등은 정확하게 발표하자.

넷째는 낭독식 연설이다.

미리 원고를 작성해 가지고 나와서 원고를 보면서 읽어 가는 연설이다. 연설에 경험이 없는 연사나 연설의 내용이 너무 중대하여, 문구 하나하나에 따라서 중대한 영향을 미치게 되는 연설에서 낭독식 연설을 사용한다.

즉, 기념사, 식사, 학술 연구의 발표, 중대 담화 등 요점을 빠트리거나 잘못 말할 위험성을 피하기 위한 경우에 사용하며, 바쁜 일정에 쫓기는 연설자들이 많이 사용하기도 한다.

선거에 출마하는 입후보자인 경우, 오랜 관록과 연설 경험이 많은 사람은 메모법을 사용하나, 대개의 경우 출마자의 대부분이 이 낭독식 연설을 사용하는데, 이 연설은 시간의 절약과 안전성을 고려한 것이다.

이 연설의 요령으로는 청중이 잘 알아듣도록 읽어야 하므로, 연설의 기본원칙에 충실하여 연습하여야 하며, 음성 표현도 높고 낮음이나 강하고 약함, 그리고 길고 짧음과 내용에 따라 감정 표현을 잘하여 자연스럽고 실감이 나도록 낭독해야 한다.

글씨는 종이의 양면에 쓰지 말고 한쪽면만 쓰도록 하며, 각 페이지마다 번호를 매긴다. 종이의 두께도 너무 얇은 것은 피한다.

특히, 선거연설일 경우에는 원고를 한 장 한 장 떨어진 상태에서 들고 연단에 서지 않는 것이 좋다. 왜냐하면 선거 유세장이 바람이 세게 불 가능성이 많은 옥외이므로, 연설 도중에 원고가 흩어져 연설에 실패한 경우가 종종 있기 때문이다.

이 연설의 장점으로는 가장 적은 노력으로 가장 정확하게 뜻을 전달할 수 있고, 시간을 맞출 수 있고 되풀이되는 말이 적고 내용을 알차게 구성할 수 있다.

단점으로는 원고에만 시선을 주게 되어 청중의 주의가 산만하기 쉽고, 잘못 낭독하면 녹음기를 듣는 인상을 주게 되고, 음성의 변화가 없는 경우에는 지루한 느낌을 주기가 쉽다.

낭독식 연설에서 주의해야 할 사항은 다음과 같다.

낭독식 연설시 주의 사항

1. 원고가 2장씩 한꺼번에 넘어가지 않도록 주의하자.
2. 원고를 읽을 때 줄을 바꾸어 잘못 읽는 실수를 범하지 말자.
3. 원고는 본인이 직접 써서 정확한 뜻을 알자(다른 사람이 써 주는 경우, 글씨를 잘 알지 못하여 틀리는 경우가 있다).
4. 원고에서 강조할 부분이나 제스처를 사용할 부분은 붉은색 글씨로 표시하여 연설의 효과를 높이자.
5. 자주 청중을 보면서 읽음으로써, 보고 읽는다는 느낌을 가능한

줄이자.

6. 원고지를 넘길 때 청중들이 알아채지 못하도록 기술적으로 넘기자.
7. 원고지가 바람이나 실수 등으로 연단에서 떨어지지 않도록 주의하자.
8. 가능한 천천히 여유 있고, 생동감과 현장감을 살려서 직접 연설하는 느낌을 갖도록 하자.

다섯째는 암기식 연설이다.

연설문을 미리 외워서 말하는 것으로 효과는 매우 크다. 자유자재로 자신의 감정을 넣거나 제스처를 효율적으로 잘 사용할 수 있다. 특히, 선거연설의 경우에는 후보자 자신이 촉박한 일정과 시간이 쫓기므로 암기식 연설이 거의 불가능한 경우가 많으며, 연설 중간에 내용을 잊어버리면 치명적인 타격을 받는다.

이 연설의 장점은 즉석법보다 내용이 풍부하고 정확한 의사를 제한된 시간에 전할 수 있으며, 완벽한 경우에는 금상첨화로서 낭독법의 장점을 취하고, 즉석법의 단점을 보완할 수 있다.

단점으로는 내용을 전부 외워야 하므로 시간과 노력의 소모가 매우 크다. 또 낱말 하나하나를 암송한다는 것은 내용의 줄거리를 외우는 것보다 많은 힘이 들고, 또 연설 도중에 원고의 일부를 잊어버릴 경우가 나타날 수도 있다.

암기식 연설에서 주의해야 할 사항은 다음과 같다.

암기식 연설시 주의 사항

1. 완전무결하게 외우자.
2. 음성의 고저, 강약, 감정과 제스처도 완벽하게 연습하자.
3. 원고를 항상 준비하여 만일의 경우에 대비하자.
4. 문장이 끝나고 새로운 문장을 잊지 않도록 유의하자.
5. 잘 암기되지 않는 부분은 그 내용을 쉬운 문장으로 만들어 최대한 잘 외울 수 있도록 하자.

3. 선거연설 잘하는 방법

1) 청중의 수준에 맞는 연설을 하자

아무리 아름답고 비싼 옷을 사 입더라도 자신의 몸에 맞지 않는 옷을 입게 되면 옷맵시가 나지 않듯이, 선거연설도 자신의 인상이나 성격, 직업 등에 맞지 않는 원고 내용을 가지고 연설을 하면 어색하다.

또 후보자가 자신의 능력을 지나치게 내세우기 위하여 어려운 용어나 많은 외래어 등을 사용하면 언어전달 능력이 떨어져 효과적인 연설이 될 수 없다.

2) 쉽고 재미있게 하자

유권자들은 어렵고 딱딱한 연설보다는 쉽고 재미있는 연설을 원한다. 간혹 후보자들이 자신의 지적 수준을 자랑하려고 어려운 학술용어나 외국어 등을 인용하면서 어렵게 연설을 하는 경우가 있는데,

유권자들은 이런 권위적인 연설을 원하지 않는다. 지루하고 딱딱한 연설보다는 쉽고 재미있는 연설 내용이 유권자에게 한 걸음 더 가까이 다가갈 수 있는 비결이다.

선거는 축제이다. 그래서 선거는 즐겁게 치러야 한다. 그래서 후보자의 연설도 즐겁고 재미있게 진행되어야 하기 때문에, 후보자는 평소에 유머나 위트를 많이 준비해서 유권자의 귀를 즐겁게 해주는 연설을 해야 한다.

3) 능력 있는 후보자라는 인상을 심어 주자

대부분 유권자는 후보자의 신상에 관한 정보가 미약한 편이다. 유권자들이 알 수 있는 내용은 선전벽보에 나오는 후보자의 학력이나 경력 정도이다. 그래서 후보자의 연설을 듣고 나서 후보가 능력이 있는지 없는지를 판단하는 경우가 많다.

따라서 후보자는 자신의 연설문 내용 속에 유권자들이 마음 놓고 자신 있게 지역을 맡기고 단체를 맡길 수 있는 포용력과 능력과 지식을 겸비한 후보자라는 강한 인식을 심어 줄 수 있는 연설 원고를 작성하여 유권자를 설득시켜야 한다.

유권자는 선거유인물만 보고 후보자의 됨됨이를 파악하는 것이 아니라, 후보자의 연설을 듣고 표를 주어야 할지 말지를 판단하게 되므로, 능력 있는 후보자라는 인식을 심어 줄 수 있는 선거연설문을 작성하여 많은 연습을 하여야 한다.

4) 자신의 전공과 직업을 살리자

자신의 직업과 전공을 연결시켜서 출마의 이유를 설명하는 것이

유세에서 도움이 될 것이다.

예를 들면, 건설업을 하는 후보자라면 "시민 여러분이 믿고 맡길 수 있는 튼튼한 ○○시를 건설하겠습니다", 또는 행정학을 전공한 후보자라면 "저의 전공 학문을 살려 타 시군보다 10년 앞서가는 선진행정을 펼쳐보겠습니다"라고 하면서 "저를 믿고 맡겨주십시오"라고 출마의 변을 이야기하면 유권자로부터 더욱 호감을 얻을 수 있다.

지금의 유권자들은 지적 수준이 상당히 높아서 그냥 표를 주는 것이 아니라, 후보자의 업무수행 능력이나 도덕성, 그리고 전문성 등을 냉철히 평가하기 때문에 자신의 직업과 전공을 출마와 유리하게 연관시키는 기술이 필요하다.

5) 똑소리 나게 하자

유권자는 우유부단한 후보를 선호하지 않는다. 자신감 있고 똑소리 나는 후보를 원한다. 그러므로 후보자가 선거연설을 할 경우에는 신념을 갖고 강하게 자신의 출마의 변을 분명하게 밝혀야 하고, 유권자에게는 무엇을 맡겨도 똑소리 나게 잘할 수 있는 일꾼임을 부각시켜야 한다.

6) 넓은 가슴과 이해심 있는 후보임을 보여 주어라

지도자는 가슴이 넓어야 한다. 수많은 유권자들의 많은 요구를 다 들어줄 수 있는 포용력과 이해심이 있는 것 같은 연설 능력을 보여 주어야 한다.

속이 좁거나 상대방 후보의 시시껄렁한 내용이나 물고 늘어지는 옹졸한 후보보다는 이해심이 많고 포용력이 있고 가슴이 넓은 후보라는 것을 연설을 통하여 인식시켜 주어라.

7) 선동적이고 감동적인 연설을 하자

선거전에서 유세의 효과는 실로 엄청나다. 아무에게도 알려지지 않은 인지도가 낮은 후보가 유세장에서 거침없이 쏟아 내는 감동적인 연설 능력에 의하여 반전되는 경우를 많이 보게 된다. 선거연설은 충격적이고 감동적이어야 하며, 유권자에게 비전과 희망을 제시해 주는 내용이어야 한다.

4. 선거연설자의 문제점과 해결방안

대부분 내성적이며 연설능력이 떨어지는 후보들이 겪는 문제점으로는 다음과 같다.

① 내성적인 성격 때문에 남들 앞에 서면 떨리고 긴장이 된다.

② 연설 경험이 부족하여 연설에 대한 공포심을 많이 갖고 있다.

③ 다른 후보에 비하여 자신의 연설 능력이 부족하다고 스스로 위축시킨다.

④ 남들 앞에 서거나 중요한 장소에서 대화를 나누게 되면, 말을 더듬는 습관이 있어서 스스로 말더듬에 대한 콤플렉스를 가져왔다.

⑤ 성격도 급하고 말의 속도도 너무 빠르다.

⑥ 자신이 준비한 연설 원고를 완전히 암기하거나 소화하지 못했다.

이런 상태로 후보자가 연설을 하게 되면, 실패할 확률이 높으며,

해결방안은 다음과 같다.

첫째는 자신감을 갖자.

해낼 수 있다는 자신감만 가지면 누구나 해낼 수 있는 것이 선거연설이다. 후보자는 먼저 "연설이라는 것이 거창하고, 특수한 사람만이 할 수 있다"라는 고정관념을 버리고, 가족이나 친구들에게 대화하듯이 자연스럽고 차분하게 선거에 관련된 이야기를 하는 것이 선거연설이라고 생각을 한다면, 연설에 대한 부담감이 다소 줄어들 수 있다.

선거연설은 고난도의 기술을 요하는 것이 아니고, 자신감을 갖고 연습을 게을리하지 않으면 누구나 다 할 수 있는 것이다.

둘째는 충분한 연습을 통해서 원고를 암기하자.

원고의 내용을 암기하지 못하고 단상 위에 올라가면 누구나 당황하고 떨리기 마련이다. 이런 불상사가 발생하지 않도록 평소에 꾸준히 연습해야 한다.

셋째는 심호흡을 서너 차례 하고 말하라.

연설 경험이 부족한 사람들은 남들 앞에 서기만 하면 자기도 모르게 손에 땀이 나고, 얼굴이 붉어지며 호흡이 거칠어져 당황하게 된다. 이런 상태에서 연설을 하게 되면 실패의 확률이 높다. 떨리는 것을 줄이기 위해서는 연단에 오르기 전에, 심호흡을 몇 번 하고 마이크를 잡으면 긴장이 다소 줄게 되고 마음이 안정되어 연설을 잘하게 된다.

넷째는 청중을 편하게 생각하라.

청중이 무섭거나 어렵다고 생각하면 연설하기가 한없이 어려워진다. 그래서 후보자는 일단 연단에 올라가면 유권자를 어렵게 생각하지 말고, 편하게 생각하고 연설을 하라. 그렇다고 유권자를 무시하라는 뜻은 아니다.

5. 선거연설에 흥미를 끄는 재료를 동원하라

화술의 천재 나폴레옹은 "뭐든지 말할 수 있는 사람은 뭐든지 해낼 수 있는 사람이다"라고 하였다. 그래서 화술은 곧 능력이며, 인생에서 가장 중요한 요소이다.

"화술은 인생을 바꾼다"라는 말과 같이 인기가 있고, 많은 사람들이 그에게 모여들면 그 사람은 분명히 세련된 화술을 몸에 익힌 사람이다. 말은 그 사람의 인품을 나타내는 척도이며, 인간관계를 좌우하는 능력이다.

유세장이나 연설장에서 어떤 사람의 연설은 아주 재미가 있어 시간이 가는 줄 모르고 듣는 경우가 있는가 하면, 또 어떤 사람의 연설은 아주 지루하고 답답해서 빨리 끝났으면 하는 경우가 있다. 연사가 청중에게 자기의 사상을 잘 전달하려면 흥미 있는 말을 선택하여야 한다. 흥미를 유발하기 위해서는 다음과 같은 내용이 구비되어야 한다.

첫째는 구체적인 것이어야 한다.

일반적으로 추상적인 것은 이해하기가 어렵다. 그래서 추상적인 것이 아닌 구체적인 것은 알기가 쉽고 더 흥미를 끈다. 예를 들면, 건축 재료라는 추상적인 말보다는 벽돌, 시멘트, 철근, 모래라고 하는 구체적인 것들이 더 쉽게 이해된다.

둘째는 열성적이어야 한다.

미국의 유명한 사상가 에머슨은 "역사상 위대한 과업은 모두 열성의 결과이다"라고 하였다. 즉, 자신이 재미없다고 하는 것에서 청중이 감동받기는 어렵다. 특히, 선거연설에서 알아 두어야 할 중요한 사항은 유권자의 태도인데, 이는 연설하는 후보자에 달려 있다. 후보자가 시름없이 연설을 하면 청중도 시름없이 듣지만, 후보자가 열정을 갖고 박력적으로 힘차게 하면, 청중의 반응도 더 뜨거워진다.

셋째는 친근한 것이어야 한다.

청중 속에 앉은 어떤 사람에 관한 것이나, 눈앞에 보이는 사물에 관한 것이나, 방금 일어난 것이나, 오늘 신문에 나온 중요한 사건을 가지고 연설을 하면 청중의 주의가 더욱 집중된다.

넷째는 신기한 것이어야 한다.

사람은 새로운 것이나, 이상한 것이나, 기발한 것이나, 참신한 것 등에 더욱 주위가 쏠린다. 평이한 이야기보다는 신기한 소재를 갖고 연설을 하면 더욱 효과가 크다.

다섯째는 대립적인 방법으로 한다.

선거연설을 일반적인 서술형으로 기술하지 말고, 대립이나 대조를 하면 더욱 극적인 효과를 얻을 수 있다.

예를 들면, 내가 여당 후보로서 서술형의 연설을 한다면, "여당 후보인 저에게 표를 많이 주시면 제가 당선이 되어 중앙부처에서 예산을 많아 가지고 와서 우리 지역을 발전시키겠습니다"라고 이야기를 할 것이다.

이를 대립적인 어법으로 사용하면, "우리 지역의 발전이냐, 쇠퇴냐", 그리고 "힘 있는 여당 후보냐, 아니면 힘없는 야당 후보냐"라는 대립적인 표현을 사용하면 쉽게 이해되고 더욱 효과가 크게 나타난다.

여섯째는 유머러스한 것이어야 한다.

유머는 설득력의 원천이며, 좋은 인상을 얻게 된다. 혼다 소이치로(本田宗一郎)는 "웃는 얼굴이야말로 세계공통 여권이다"라고 하며, 유머의 중요성에 대해 이야기했다. 유머는 사람과 사람 사이의 벽을 한꺼번에 허무는 힘을 가지고 있다.

그래서 유머가 섞인 말은 설득력이 있고, 유머가 섞인 주장은 전달효과가 매우 크다. 똑같은 말을 해도 재미있게 하는 말은 기억에 오래 남고, 듣는 사람이 즐겁기 때문에 청중들이 집중해서 연사의 이야기를 잘 듣는다.

좋은 유머에는 여유, 인내, 사랑과 같은 고귀한 가치들이 깃들어 있다. 사업 · 정치 · 종교 등 사회 각 분야에서 성공한 사람들은 한결같이 뛰어난 리더십과 탁월한 유머감각을 갖추고 있다. 성공한 정치가에는 훌륭한 유머리스트humorist가 많다.

인도의 간디Mahatma Gandhi 수상은 "유머는 메마른 인간생활에 청량제 작용을 하는 것"이라고 했다. 평소 유머를 잘 사용하는 연설자는 청중의 흥미를 지속적으로 일으키는 좋은 연설을 할 수 있을 뿐만 아니라, 연설 도중에 일어나는 불의의 사태나 반대, 또는 야유나 혼란 등에 대해서도 여유를 가지고 유머로서 난관을 이겨 나갈 수 있다.

웃음을 터트리게 하는 유머기법

1. 상대방의 예측을 무너뜨려라.
2. 곡해와 궤변으로 말문을 막아라.

3. 말하고자 하는 내용을 최대한 과장하라.
4. 때로는 바보인 척하라.
5. 세태를 통렬하게 풍자하라.
6. 단어를 이리저리 비틀어라.
7. 독특한 표정과 몸짓을 개발하라.

02 선거연설가와 원고작성법

1. 훌륭한 정치인이란?

정치학자 이스턴David Easton은 정치를 "사회적 가치들을 권위적으로 배분하는 제반활동"이라고 한다. 이 말의 뜻은 재화나 자원인 물질적 가치와 명예나 지위, 존경 등의 비물질적 가치를 합법적 힘에 의하여 나누는 제반과정이라 한다.

그래서 이런 일을 잘하기 위해서는 정치가는 다양한 요소를 구비하여야 한다. 많은 학자가 훌륭한 정치가가 갖추어야 할 요소를 6가지로 제시하였다.

1) 전문가

정치의 영향력은 사회 · 경제 · 문화 · 예술에 이르기까지 지대하게 영향을 미친다. 정치가는 이 모든 면에서 완벽할 수는 없지만 정책이나 제도 등 다양한 요소에서 오류를 최소화하여야 한다. 오류를 줄이기 위해서는 전문가적인 소양을 갖추어야 한다.

2) 분명한 철학과 비전

정치인은 분명한 철학과 비전을 가지고 국민을 이끌어 나가야 한다. 또 국민들에게 꿈과 비전을 주어야 하다. 그렇게 하기 위해서는 정치가는 명확한 철학이 있고 비전이 있어야 한다. 나아가 번뜩이는 혜안의 눈을 갖고 밝은 미래의 청사진을 제시할 수 있어야 한다. 조직의 흥망성쇠는 리더의 손에 달려 있다는 사실을 인지하여야 한다.

이와 더불어 청렴해야 한다. 능력은 있으나 비리에 연루되어 중도에서 하차하는 많은 정치인을 보면 안타까운 생각이 든다.

3) 명확한 논리

정치인에게 논리의 무장은 군인에게 총칼과 대포와 같다. 상대를 압도하는 명확한 논리를 제기하고 명분을 추구하여야 한다. 이런 명쾌한 논리는 하루아침에 이루어지지 않는다. 현장의 상황을 정확히 파악하고 명확한 목표를 갖고 많은 자료를 수집하여 자신의 주장을 확고히 주장할 수 있도록 철저히 준비하여야 한다.

올바로 무장된 논리가 유권자를 효과적으로 설득할 수 있다.

4) 소통의 리더십

요즈음 국민들에게 정치인은 싸움꾼으로 인식되고 있다. 참으로 가슴 아픈 현상이다. 각각 서로 다른 팽팽한 주장이나 좀처럼 해결

될 것 같지 않는 사안들을 봄눈 녹이듯 풀어내는 기술이 정치에서 필요하다. 이것이 타협이고 양보이며 소통의 리더십이다.

진정한 정치가는 정당보다는 국민을 먼저 생각하고, 현재보다는 미래의 발전을 추구한다. 특히, 정당이나 정치인, 또는 국민과의 사이에서 소통과 타협이 정치인의 핵심 기술이라는 것을 인지하여야 한다.

5) 추진력

비전을 갖고 있다면 추진력을 발휘하여야 한다. 머리도 냉철해야 하지만 발도 부지런해야 한다. 목표가 주어지면 그 일을 해나가는 능력이 추진력이다. 아무리 좋은 구상과 계획이 있다 하더라도 이를 실천하지 않으면 아무 소용이 없다.

6) 역사의식

리더는 올바른 역사의식을 가져야 한다. 우리나라는 해방 이후 친일파를 척결하지 못한 관계로 올바른 가치관의 정립이 부족한 것이 현실이다. “독립투사는 3대가 멸하고, 친일파는 3대가 흥한다”라는 말이 있다. 이렇다 보니 올바른 역사관이 없고, 힘 있는 사람에게 적당히 아부나 아첨을 하는 것이 우리 삶의 현주소이다.

박애와 인권을 가장 중요한 가치로 신봉하는 프랑스가 독일 나치에 협력한 프랑스 인사들 수십만 명을 처단하고, 수만 명을 사형시킨 것을 알아야 한다.

2. 후보자(연설가)의 요건

연설을 잘하기 위해서 연사가 갖추어야 할 기본적 요건은 다음 7가지가 있다.

첫째는 정체성의 확립이다.

소크라테스Socrates는 "너 자신을 알라"라는 말로 자아관의 중요성을 설파하였으며, 《손자병법》에는 "지피지기는 백전불패"라는 말이 있듯이, 연설에 있어서 연설가가 자아를 확립하는 것은 매우 중요하다.

연설가는 평소 자신이 누구이며, 현재 어떠한 상황에 놓여 있고, 앞으로 무엇을 할 것인가 하는 일관성 있는 철학이 있어야 하며, 어떤 어려운 상황에서도 확고한 소신과 철학을 가져야 한다.

둘째는 신념이다.

신념은 의지의 결정체이다. 의지란 밖으로는 그 사람의 인격이요, 안으로는 그 사람의 사상으로서 확고한 인생관과 세계관을 말하는 것이다. 신념이 없는 사람은 학(學)이 없는 까닭이요, 의지가 약한 사람은 뚜렷한 관(觀)이 서 있지 않기 때문이다.

"만사가 신념에 달려 있다"라는 말이 있다. 신념이 없는 사람은 바람에 날리는 갈대같이 이리 가고 저리 가는 처신을 하며, 목표의식이 결여되어 있기 때문에 지조 없이 시류에 표류하게 된다.

그래서 연사로서의 신념은 지조요, 생명인 동시에 진리이며, 사명이고 의무이다. 그래서 확고한 신념은 어떤 권력, 금력에도 굽히거나 굴하지 않고 승리할 수 있는 원동력이 되는 것이다.

셋째는 충분한 자료 준비이다.

"알아야 연설을 잘할 수 있다." 선거연설이나 시국연설, 산업체 강연 등에서 무엇보다 중요한 것이 내용이다. 따라서 설득력 있는 연설을 하려면 충분한 내용이 있어야 하며, 이를 위해서는 충분한 사전 준비가 필요하다.

즉, 적절한 논제를 잘 설정하여야 한다. 특히, 정치연설에서 논제의 선정과 그 중심사상 파악이 적절하기만 해도 반은 성공한 것이나 다름없다. 선거지역의 특수성, 유권자의 욕구, 상대 후보에 대한 자료는 일단 완벽하게 준비되어서 그때그때 상황에 적절히 대응하여야 한다.

역사적 사실이나 숫자 등을 인용할 때는 연도, 출처, 인명, 지명 등을 정확한 발음으로 인용해야 말의 신빙성을 높이고 유권자에게 신뢰감을 주게 된다. 후보자는 지역의 다양한 사람들의 의견을 잘 경청하는 소통의 리더십을 발휘하여야 하며, 특히 자신에게 좋은 이야기보다는 좋지 않은 이야기에도 더욱 귀를 기울이는 자세가 필요하다.

넷째는 열성과 인격이다.

니체Nietzsche는 "열성은 연설가의 사명이다"라고 하였다. 열성은 연설가의 기본조건인 것이다. 연설가는 어떠한 조건과 상황에서도 최선을 다해 말을 해야 한다. 듣는 유권자에게 감동을 주려면 말하는 사람의 감동 없이는 불가능한 것이다. 연사의 열성은 청중의 가슴에 불을 지펴서 연설에 도취하도록 하는 것이다.

연설은 사람을 죽이고 살리는 차원을 넘어서 지역과 나라의 살림살이를 윤택하게 하거나 쇠퇴하게 할 뿐만 아니라, 세계의 역사를 번영과 패망으로 이끌 수 있는 무서운 무기다. 무서운 무기를 다루는 연설가의 인격이 수양되어 있지 않았다면 어떻게 되겠는가? 이는 강도가 칼을 들고 있는 것과 같다.

특히, 유권자의 권익을 대변하겠다고 출마한 후보자들은 자신의 사리사욕을 버리고 꾸준한 수양으로 올바른 인격의 소유자가 되어야 한다.

다섯째는 전문적인 지식이다.

불교의 설법에는 4가지 요소를 잘 갖추어야 한다. 즉, 음성과 연설력, 그리고 재지와 박학이다. 특히, 선거연설에 있어서는 상대의 논리가 어떻게 결론될 것인가를 파악하고 어떠한 궤변에도 반격할 수 있어야 하며, 반대파 청중의 야유에도 효과 있는 응수로서 반전을 꾀해야 한다.

연설가는 여러 가지 문제점에 대한 올바른 해답을 갖고 있어야 하며, 나아가 풍부한 지식과 철학을 갖고 있어야 한다. 자신이 주장하고자 하는 연설의 내용에서는 탁월한 식견과 철학을 갖고 그 분야 만큼은 누구에게도 뒤떨어지지 않는 전문가가 되어야 한다.

여섯째는 올바른 태도와 제스처이다.

후보자가 연단에 서면 유권자는 그 후보의 태도를 첫눈으로 보고 평가를 내리기 시작한다. 즉, 사람의 인격을 판단할 때 첫 번째가 그 사람의 몸가짐이다. 그래서 연사의 태도는 신념 있는 자세와 진지하고 성의 있는 자세, 나아가 여유 있는 자세를 겸비해야 한다.

인상이 좋고 여유 있으며 자신에 찬 연사의 모습은 유권자의 관심을 끄는 가장 정확하고 쉬운 득표 전략이다. 감명 깊은 연설은 시작 30초가 중요하듯이, 태도에 있어서도 최초의 이미지가 매우 중요하다. 진지하고 능숙한 태도와 조화로운 음성, 담백한 제스처는 반드시 연설을 성공적으로 이끌어 낼 수 있다.

연설 중에 어떤 야유나 냉소가 나오지 않도록 미리 이를 방지하여야 하며, 설혹 어떤 야유가 나온다고 하더라도 이를 태연히 물리칠 수 있는 확고한 신념의 자세가 중요하다.

일곱째는 용어 선택과 수사이다.

연설 내용을 구성하고 표현하는 말의 선택 여하가 그 연설의 효과를 좌우한다. 연설은 듣기 좋고 쉬워야 한다. 듣기 좋은 연설은 바로 용어의 선택이며, 수사법의 사용이다.

수사학은 연설에 필수적인 요소일 뿐만 아니라, 말하는 사람의 진의를 깨닫게 하고, 이를 도와 연사와 청중과의 거리를 밀착시켜 공감대를 형성시킬 수 있는 것이다.

그래서 수사법을 말하는 기술, 또는 말을 가장 유리한 방법으로 사용하는 기술이라고 한다. 제한된 시간 내에 청중을 사로잡으려면 연설가는 고도의 수사학을 능수능란하게 사용하여야 한다.

청중을 감동시키는 연설에는 일종의 미묘한 힘이 작용한다. 이 힘은 곧 암시력으로 작용하여, 청중의 의식은 연사의 주장에 따라 움직이게 된다. 유명한 연설가의 연설이 군중을 감동시키는 것은 그 표현의 힘으로써 청중의 마음을 휘어잡는 수사학의 영향이 크다.

3. 원고작성 요령과 핵심체크 사항을 숙지하라

선거시 선거연설문은 참으로 중요하다. 유권자들은 후보자의 내면적인 모습을 잘 몰라서 후보자와 대화를 나누어 보거나 후보자의 연설을 듣고 나서 표를 결정하기 때문에, 후보자는 유권자의 마음을 사로잡을 수 있는 감동적인 연설문을 준비하여야 한다.

하지만, 연설 원고는 전문적인 영역이기 때문에 후보자 혼자 작성하기에는 힘이 들 수도 있다. 후보자와 후보 참모진들은 원고를 쓰기에 앞서 후보자의 선거연설문의 기본지침을 만들고 참모진과 의견을 나눈 뒤 원고의 뼈대를 만들어서 연설전문가에게 의뢰하여 원고를 준비하는 것도 한 방법이다.

선거연설은 수시로 변하는 청중의 감정이나 생각에 대응하면서 자기의 소신과 생각을 펼쳐 나감으로써, 많은 사람을 설득해서 표로 연결시켜야 하기 때문에, 치밀한 사전 준비가 필요하고 원고가 작성되면 원고에 적힌 요점을 '내 언어'에 의해서 표현되도록 해야 한다.

훌륭한 선거연설문은 다음의 내용이 충족되어야 한다.

첫째는 선거구와 선거구민에 대한 지리, 풍습, 언어, 생활 상태, 지역구민의 특별한 감정과 욕구 등의 자료를 체계적으로 분류하여 작성하여야 한다.

둘째는 말할 장소, 시간 제한, 청중의 수를 예상하고 작성하여야 한다.

셋째는 수사법을 잘 활용하여 원고를 작성한다.

넷째는 쉬운 말과 어감이 좋은 말, 어법에 맞는 말을 사용하여야 한다.

다섯째는 말의 신빙성을 위하여 자료를 제시할 때는 정확한 출처와 숫자를 명확히 제시하여야 한다.

여섯째는 명언, 유머, 질문을 적절히 배치하여야 한다. 적절한 명언이나 유머가 연설의 질을 높인다.

일곱째는 후보자의 확신과 신념을 보일 수 있는 용어를 잘 사용하도록 한다. 이외에도 주제와 청자의 특성, 시간과 장소와 위치 등을 파악하여 적절히 준비하여야 한다.

주제로는 청중들이 모인 취지를 정확히 파악하고 청중이 원하는 화제를 작성하여야 한다.

후보자는 듣는 사람의 특성과 수준이 어느 정도인지를 파악한다. 즉, 남녀노소, 노동자, 대학생, 노인, 중년 여성 등을 분석하여 들어주는 청중의 수준과 알맞은 화제를 선택하여야 한다.

시간은 아침인가, 점심인가, 저녁인가를 알아보아야 하며, 또 연설의 순번은 처음, 중간, 마지막 중 언제이며, 앞의 연사는 누구이고 뒤의 연사는 누구인가를 참조하여 대응논리를 펴고, 필요하다면 상대의 예지와 공격마저도 차단시켜야 한다.

위치는 선거유세의 입후보자로서 당사자인가, 찬조자인가, 배우자인가 등의 위치를 파악하여 적절한 내용을 기술하여야 한다.

이상의 내용을 잘 숙지하여야 하며, 특히 선거연설은 결론이 중요하다. 논지를 확실하게 이끌어 아직도 선택할 후보자를 결정하지 못한 유동표를 지지표가 되도록 이끌어야 한다. 결론에서는 본론에서 논의된 중심 사안을 다시 요약 강조하고, 유권자에게 후보자 자신의 주장에 동의하고 지지해주기를 간절히 호소하는 내용으로 틀을 짜야 한다.

연설문 작성시 주의 사항은 다음과 같다

첫째는 서론은 가급적 재미있게 시작하자.

연설 서두를 너무 딱딱하게 하거나 권위적으로 연설을 하면 유권자의 흥미를 유발할 수 없고 주의를 집중시키기 어렵기 때문에, 재미있는 위트나 유머를 사용하여 서론을 시작하자.

둘째는 후보자의 장점을 지나치지 않을 정도로 홍보하자.

후보자의 인지도를 높이기 위해서는 유권자들에게 후보자를 많이 알리고 홍보하는 길밖에 없다. 하지만, 후보자 스스로 자신을 지나치게 자랑하거나 홍보하게 되면 오히려 마이너스가 될 수도 있기 때문에, 후보자는 원고 내용에서 자신의 자랑은 하되 지나치지 않도록 주의를 하자.

셋째는 원고 작성에 필요한 많은 자료를 준비하자.

건물을 지으려면 많은 건축자재가 필요하듯이, 후보자가 10분 연설을 하기 위해서는 수많은 연설 자료가 필요하다. 유권자를 설득시키고 이해시킬 수 있는 많은 연설문 자료를 모으기 위해서는 도서나 신문, 그리고 인터넷이나 잡지 등에서 많은 자료를 모아서 연설문 원고에 인용하고 사용을 하자.

넷째는 숫자나 통계는 정확하게 한다.

후보자가 연설 도중에 인용하는 숫자나 통계는 정확해야만 신뢰가 이루어질 수 있다. 혹시 후보자가 연설시 사용한 숫자나 통계를 잘못 발표할 경우에는 상대편 후보로부터 공격을 받거나 고소를 당해 피해를 보는 경우가 있을 수도 있기 때문에, 선거연설에 사용되는 모든 숫자나 통계는 정확한 출처를 바탕으로 올바르게 인용하여야 한다.

다섯째는 상대 후보의 신상을 비방해서는 안된다.

지난 1970~80년대의 선거전을 보면 상대 후보의 비리를 캐고, 상대 후보를 비방하는 볼썽사나운 선거유세를 하는 후보들이 많이 있었는데, 21세기를 살아가는 오늘의 현명한 유권자는 절대로 상대방을 비방하는 후보에게 표를 주지 않는다. 또 상대방의 거짓 사실이나 흑색선전을 하면 오히려 무고혐의로 상대 후보에게 고소를 당해 큰 낭패를 보는 경우가 있으니, 가급적이면 상대 후보를 비방하지 않는 것이 좋다. 다만, 정책적으로 문제가 있다면 정확한 출처를 바탕으로 개인의 신상이 아닌 정책적인 면은 비판할 수는 있다.

여섯째는 희망과 비전이 제시되어야 한다.

희망과 비전이 없는 연설 원고는 죽은 연설문이다. 유권자에게 희망을 주고 용기를 심어 줄 수 있는 비전이 있는 원고를 가지고 유권자를 설득해 나가야 한다. 나폴레옹Napoleon이 "리더는 희망을 파는 상인이다"라고 한 명언을 잘 기억하고 새기자.

일곱째는 지역 특성에 맞는 원고를 준비하자.

아무리 좋은 내용이라 하더라도 우리 지역이나 나와 관계가 없으면 유권자의 관심은 멀어질 수 있다. 그래서 후보는 많은 지역의 특성이나 유권자의 욕구를 정확히 파악하여 이에 맞추어 원고를 작성하여야 한다.

4. 선거연설은 내용이 좋아야 한다

첫째는 연설 내용이 알차야 한다.

후보자는 목에 핏대를 올리면서 흥분하며 열정적으로 연설을 하였는데, 연설이 끝나고 난 뒤 유권자들은 도대체 후보자가 무슨 말을 하였는지 아무 기억이 나지 않는다고 할 때가 있다. 이런 경우에는 후보자의 연설 내용에 문제가 있는 것이다.

지나치게 연설자가 기법에만 의존을 하거나 내용이 미비하면 연설을 잘해도 효과는 크게 나타나지 않을 수 있다. 내용이 풍부한 원고를 만들기 위해서는 풍성하고 정확한 원고 자료를 구비하고 논리 정연하게 원고를 작성하여, 청중이 이해하기 쉽도록 내용을 구성하여야 한다.

둘째는 선거연설문의 주제는 유권자 중심으로 이루어져야 한다.

선거유세장에 가 보면 일부 눈치 없는 후보는 몇십 분 동안 자기 자랑만을 장황하게 늘어놓는 경우가 있다. 이런 경우 유권자는 초기 몇 분 동안은 잘 들어주지만 지나치게 시간이 길어지면 유세장을 떠난다.

선거연설문의 내용은 후보자를 알리고 자랑하는 것도 중요하지만, 유권자들의 마음을 읽으면서 해야 한다. 유권자가 무엇을 알고자 하는지를 먼저 파악한 후 유권자가 원하는 것에 대한 대답을 해주는 것이 선거연설이다. 이 뜻은 후보자의 이야기가 아닌 유권자의 생각과 욕구를 충족시켜 줄 수 있는 연설 내용이 되어야 한다는 것이다.

셋째는 내용은 현실적이고 시사성이 있어야 한다.

캐캐묵은 내용을 인용하고, 또 오래된 과거의 정치사 문제에 대해 연사가 열을 올려 연설을 해도 청중의 반응은 냉담할 수 있다. 이런 경우는 현실성이 떨어지기 때문이다.

선거연설문의 내용은 현실적이고 시사성이 있어야만 청중의 호기심을 자극할 수 있다. 그래서 후보자는 최근의 시사성 있는 국내외 문제들을 연설문의 소재로 선택하거나, 가장 최근의 지역현안을 가지고 연설을 하여야 유권자의 욕구를 충족시킬 수 있다.

넷째는 내용이 진실해야 한다.

후보자가 연설을 아무리 잘한다고 하더라도 인격적으로 진실하지 못하다면 유권자들은 그 후보자의 연설을 믿으려 하지 않을 것이며, 후보자는 겉과 속이 다른 이중인격자라고 느끼게 된다.

또 중요한 것은 후보자의 연설 내용이 진실하냐, 진실하지 않으냐에 달려 있다. 후보자가 비록 말솜씨는 조금 부족하다 하더라도 내용이 진실하고 인격적으로 깨끗하다면 유권자의 마음은 움직이게 된다.

정치인은 못 믿는다는 우리 국민들의 오랜 관념이 아직도 남아 있기 때문에, 이제라도 정치인들은 신선하고 깨끗한 이미지를 유권자에게 심어 주기 위해서 한층 더 노력을 하여야 한다.

다섯째는 감동적이어야 한다.

후보자가 유권자의 마음을 움직이기 위해서는 유권자의 가슴에 감동을 주어야 한다.

무조건적으로 목소리만 높여서 연설하는 것이 아니라, 유권자의 마음을 찡하게 울릴 수 있는 감동적인 선거연설을 연출해 준다면, 유권자들은 후보자의 연설에 매료되어 후보자의 마니아mania가 되거나 적극적인 지지자가 되어서, 그들 스스로가 자발적으로 후보자를 홍보하게 될 것이다.

감동적인 연설이란 내용이 중요하다. 그래서 후보자는 성공적인 연설을 위해서 유권자의 마음에 가장 가까이 접근할 수 있는 진실하고 친근한 소재로서 침착하고 조리 있게 말의 속도와 강약을 조절하여 연설을 하여야 한다. 유권자의 마음과 후보자의 연설 내용이 일치가 되어 공감대가 형성된다면 그 연설은 성공이라고 할 수 있다.

5. 군중 심리를 이용하라

청중과 군중은 엄격히 구별된다. 흔히 후보자는 군중을 청중으로 바꿀 능력이 있어야 선거에서 이길 수 있다고 한다.

유명한 연설가인 르 봉Le Bon은 "군중이란 자극의 노예이다"라고 하였다. 발동된 군중 심리는 매우 무서운 위력을 발휘한다. 따라서 연설가의 궁극적인 목적은 군중을 청중으로 만들어 그들을 감화시켜 자기편으로 끌어들이는 데 있다.

그래서 후보자는 자신의 신념을 가지고 청중의 모든 주의력을 자기 주장에만 집중케 하여 군중의 모든 의식을 완전히 정복해야 한다. 즉, 군중의 뇌리에서 어떤 비평도 어떤 의혹도 없이 연사의 모든 것에 사로잡히게 만드는 것이다.

그렇게 하기 위해서는 유권자를 잘 알아야 하며, 잘 알기 위해서는 유권자의 분석이 필수 사항이다. 유권자 분석에는 유권자의 수준, 연령과 성별, 직업과 성향, 군중의 수, 상대 후보에 대한 분석이 요망된다.

즉, 선거연설을 성공적으로 이끌어 내기 위해서는 자기 선거구의 특수성과 일반성, 유권자의 다양성(성별, 연령, 교육 수준, 생활 정도 등)과 유력한 상대 후보[1]에 대한 제반 사항에 대해서 완벽한 자료를 수집하여 치밀하게 분석하여 자신이 할 말을 일목요연하게 정리하여야 한다.

1 유력한 상대 후보는 선거에 나온 모든 후보의 장 · 단점을 파악하는 것이 아니라, 가장 당선이 유력시되는 후보를 집중 파악하는 것이다. 이 후보를 이겨야 내가 당선하기 때문이다. 단 1명을 뽑는 소선거구에서 이런 전략을 사용해야 한다.

선거구역의 역사적 배경, 지리, 풍습, 언어, 습관 등을 고려하여 유권자들을 분석하여야 성공할 수 있다. 지역에 따라서 인정과 이성에 호소하는 경우도 있고, 지역적 특성에 따라 적당한 사투리를 효율적으로 사용하여 동질감을 얻을 수 있어야 한다.

군중 심리를 유발하는 방법에는 다음의 5가지 요소가 있다.

첫째는 후보자는 진실에 근거를 두고 돌이라도 녹일 수 있는 열의와 정열을 가지고 청중과 같이 감격하고 호흡을 일치시키며 나아간다.

둘째는 군중은 구체적이고 실제적인 사실에 마음이 움직인다. 그러므로 어떤 사건을 인용할 때는 누구나 다 기억하고 있는 사항을 선택하여 연설을 한다.

셋째는 공동의 이해관계와 흥미를 가질 수 있는 문제를 제시하여야 한다.

넷째는 청중에게 자극을 주는 강렬한 어구를 사용한다.

평범한 이야기나 무미건조한 내용이나 추상적인 표현으로는 청중을 움직일 수 없다. 그러므로 같은 내용이라고 하더라도 다양한 수사법인 의문문, 반복법, 점층법 등을 사용하여 내용을 극적으로 만들어 청중의 심리 상태를 파고 들어가야 한다.

다섯째는 감정에 호소하여야 한다.

군중은 대부분 자극과 충동에 따라 행동하기 때문에, 이론과 조리를 따지면서 설명하기보다는 그들의 감정에 자신의 논지와 소신을 강하게 표현하여야 한다.

6. 유권자는 무엇을 기대하는가?

유권자를 설득하는 데 있어서 어려운 점은 그들의 마음 깊숙이 숨어 있는 욕구와 관심을 어떻게 읽고 그 감동을 어떻게 풀어 주느냐 하는 것이다.

예를 들면, 장기기증 캠페인에 있어서도 보통 "당신의 장기로 여러 사람의 새로운 생명이 태어납니다"라고 하면 불멸을 원하는 내가 빠져 효과가 크지 않다.

이것을 다르게 바꾸어 보자. 즉, "당신의 심장은 멎어도 당신의 눈은 계속 세상을 보고 있습니다." 이 얼마나 흥분된 말인가? 내가 살아 있다는 것이다. 이처럼 숨어 있는 욕구의 파악이 마케팅이나 설득에서 중요한 요소가 되는 것이다.

심리학자 디히터Dichter 박사는 유권자들이 투표장에 가는 심리를 면밀히 분석하였는데 그 내용은 다음과 같다.

첫째는 선거는 나와의 관계가 중요하다.

유권자들은 선거를 정치적이나 철학적으로 이해하지 않는다. 오히려 선거라는 것이 자신과 자기 가족들에게 어떤 의미를 지니게 되는지가 더 중요한 관점이라는 것이다.

즉, 만약에 내가 다른 후보자보다 이 후보자를 위해 투표한다면 "내 아이의 인생과 내 인생은 어떻게 될 것인가?"라는 질문을 스스로에게 던진다는 것이다.

이것은 후보자의 정책이나 비전이 훌륭한 것만으로 그쳐서는 안 된다 라는 것을 시사해 주고 있는 것이다. 그래서 후보자는 자신의 정책이 유권자 개개인, 그리고 그 자녀들의 인생과 미래에 어떻게 연결되는가 하는 점을 친절하게 설명해 주어야 한다.

둘째는 미래의 불안을 제거하여야 한다.

대부분의 사람들은 변화를 두려워한다. 그래서 유권자 자신이나 자기 자녀의 미래가 불안하지 않고 더 나아지길 바란다. 그러므로 후보자는 자기의 정책이나 비전을 제시함에 있어 마치 의사처럼 과거와 현실을 진단하고 미래를 예측함으로써, 그들의 불안감을 없애 주어야 한다.

셋째는 나 자신의 정보를 궁금해 한다.

유권자들은 자신의 미래의 삶을 맡긴다는 생각이 드는 후보에 대해 그 사람이 어떤 사람인지 신상정보에 대해 궁금해 한다. 따라서 후보자들은 어떠한 채널을 통해서든지 자신의 모든 것을 알려야 한다. 나아가 유권자의 미래에 대해 어떤 도움이 되는지도 함께 설명하여야 한다.

넷째는 투표하는 순간은 진지하다.

가족을 위해 돈을 버는 시기에 있는 유권자나 갓 성인이 된 유권자 모두 투표 행위를 진지하게 생각한다. 그래서 그들은 미래를 위한 보험을 드는 것과 같은 감정을 갖는 것이다. 그러므로 후보자는 유권자와 가깝고 친근한 이미지도 좋으나, 한편으로는 유권자들의 미래와 영혼을 책임지는 정신적 지주의 모습도 지녀야 한다.

다섯째는 힘 있는 이미지를 원한다.

개인은 혼자서 고립되어 살 수 없듯이 국가도 마찬가지이다. 따라서 후보자의 덕목은 자신의 나라를 위해서 무엇을 해야 할지를 알고 있으며, 나라 일을 그르치지 않을 것 같은 힘이 있는 이미지가 있어야 한다. 모든 것을 맡겨도 든든하다는 믿음을 유권자에게 주어야 한다.

여섯째는 말보다 이미지가 중요하다.

요즈음은 정보화 시대이다. 이 정보화 시대에는 이미지가 대단히 중요하게 작용한다. 즉, 매체를 통한 후보자의 미소나 얼굴 표정 등이 중요하게 작용한다.

유권자들은 후보자의 말보다 그의 행동 하나하나가 주는 의미를 보고 후보자를 심판하는 경우가 많다. 후보자는 나의 이미지가 말이나 정책만으로 형성된다는 생각에서 벗어나 보다 겸손하고 올바른 태도가 중요하다는 것을 인식하여야 한다.

결국, 디히터 박사는 "인간의 동기조사를 통하여 선거가 단순히 지역이나 국가를 이끌어 갈 지도자를 뽑는다는 단순한 개념 이상이다"라고 하였다.

투표는 지역이나 국가 전체가 아닌 나와 내 자식의 미래를 위한 보험에 드는 영적인 행위인 것이다. 후보자는 의사처럼 올바른 진단과 처방을 잘하여야 하며, 나아가 힘 있고 좋은 이미지를 가져야 한다.

제10장

토론의 선수가 되어라

토론을 할 때는 부드럽게 하면서도 논리를 분명히 밝히도록 노력하라. 상대방을 흥분시키지 마라. 토론의 목적은 상대방을 설복시키는 데에 있다.

-윌킨스-

Speech

01 토론 이론을 숙지하라

1. 토론의 개념을 이해하라

토론은 한 가지 논제에 대하여 긍정하는 쪽과 부정하는 쪽으로 나누어 양측이 논의를 하는 것으로, 자신의 논리를 증명하는 싸움이다. 즉, 토론은 갈등과 문제를 해결하기 위한 것으로, 토론의 개념은 "목적한 바의 문제에 서로 다른 의견을 가지고, 비판적으로 접근하여 합리적인 결정에 이르는 과정"이라고 정의할 수 있다.

이 정의가 함축하는 바는 다음과 같다.

첫째는 목적지향적인 활동으로서 이슈나 문제에 대한 최선의 해결책을 찾는 것으로 목적 달성을 위한 활동이다.

둘째는 같은 의견이 아니라, 서로 다른 의견을 주고받는 것이다.

예를 들면, 상사의 의견에 무조건 예스맨으로 일관하는 것이 아니라, 다양한 각도에서, 다양한 관점에서 서로 다른 의견을 제시하는 것이다.

셋째는 합리적으로 문제에 접근하고 의사결정을 한다는 것이다. 비이성적이고 목소리 큰 사람이 승리하는 것이 아니라, 문제를 올바르게 정의하고 합리적으로 해결하여 의사결정에 이르는 사람이 승리하는 것이다.

넷째는 비판적이다. 비판적이란 무조건 반대를 위한 반대를 하는 것이 아니라, 문제를 다양한 각도에서 분석 · 평가 · 응용한다는 것이다. 즉, 반증의 의무를 내세워 토론하는 것이다. 반증이란 반대의 내용을 증명하여 설득을 이끄는 것이다.

다섯째는 결과만을 중시하는 것이 아니라, 과정 또한 중시하는 것이다. 토론은 새로운 문제에 답을 찾아가는 과정이다.

민주주의의 발전은 토의, 토론, 회의 문화의 발전에 기반을 두고 있다. 특히, 다양한 생각과 다양한 문화를 가진 개인이나 집단이 많을수록 더욱 그렇다. 그것은 다양한 이해관계를 강압이나 폭력으로서가 아니라, 대등한 관계 속에서 말로서 설득하고 합의점을 찾아가는 것이다.

민주주의 발전을 위해서는 서로가 가지고 있는 생각이나 말의 자유로운 교환은 필수적인 것이다. 이를 위해 토론은 반드시 필요한 것이며, 우리 사회의 좀 더 나은 변화를 위해서도 토론은 필수적인 요소이다. 토론에서 가장 중요한 것은 논리적인 사고와 표현이다. 사실이나 자료수집, 문헌 등의 모든 자료를 수집해 자신의 논리를 얼마나 과학적으로 표현하고 증명하느냐에 승패가 갈린다.

토론의 목적에는 정보제공과 문제해결이 있다. 정보제공의 목적은 그 모임의 리더가 구성원 전체에게 새로운 정보를 전파하거나, 구성원 각자가 가진 정보를 서로 교환하고 통합하는 방법을 모색하고자 하는 것이며, 문제해결의 목적은 당면한 문제를 효율적이고 효과적으로 해결하는 방법과 정책을 모색하는 것이다.

2. 토론의 기본원칙과 청취방법을 숙지하라

화자는 분명한 목적을 가지고 정확한 발음과 적절한 어휘선택, 그리고 명료한 구조로 표현해야 한다. 토론에는 4가지의 기본원칙이 있다.

첫째는 말하기와 듣기에 적극적으로 참여하여야 한다. 이것은 참여의식을 높이고 능동적인 사고와 창의적인 사고력을 향상시킨다.

둘째는 자기가 한 말에 책임을 진다. 그래서 토론자는 말하는 것에 대해 깊이 생각하고 신중하게 말하고 언행일치를 수행하여야 한다.

셋째는 말의 내용을 비판적으로 수용하여야 한다. 이 말의 뜻은 무조건 반대하는 것이 아니라, 말의 내용이 주제에 적합한가, 논리적으로 타당한가, 진실성이 있는가, 더 좋은 의견은 없는가 등을 비판적으로 수용하는 것이다.

넷째는 상대방의 입장과 의견을 존중한다. 의사결정에 참여하는 사람은 사장이나 말단 직원에 관계없이 동등한 자격과 권리를 갖고 토론에 임하는 것이다. 그래서 지위고하를 떠나 의견을 개진하고, 의결된 사항은 내가 반대를 하였다고 하더라도 존중하여야 하는 것이다.

바람직한 청취방법으로는 다음 3가지를 고려하여야 한다.

첫째는 화제와 주제를 분명히 알고 듣는다. 이를 정확히 파악하지 않고 경청하면 주제와 내용을 정확히 파악하는 데 어려움이 있다.

둘째는 어법에 유의하자. 이는 같은 말이라도 부탁이나 명령, 그리고 설득이나 질문 등의 어법이 따라 청중의 감정이 다르게 나타날 수 있다.

셋째는 내용의 정확성, 적절성, 타당성, 효율성을 평가하며 듣는다. 정확성은 화자가 전달하는 정보의 근원, 해석, 전달방법 등이 얼마나 정확하며 신뢰할 것인지를 평가하는 것이며, 적절성은 화자의 내용과 표현이 목적에 부합하는 것인지를 평가하는 것이다. 타당성은 내용의 합리성과 보편성을 파악하는 것이며, 효율성은 얼마나 유효한 가치가 있는지를 평가하는 것이다.

3. 토론의 유형

토론이 이루어지는 목적과 장소에 따라 크게 자유토론, 교육토론, 법정토론으로 나눌 수 있다.

첫째 유형은 자유토론이다.

자유토론은 가장 일반적인 토론의 유형으로, 각각 각자의 입장을 가지고 토론하는 형식이다. 이 토론은 찬성과 반대의 입장이 엄격하게 구분되어 있지 않은 것이다. 외견상으로는 대체로 찬성과 반대로 나누어 있으나, 같은 편도 토론자의 입장에 따라 문제가 발생한 원인과 배경은 동일하다고 하더라도, 문제해결 방안에 대해서는 전혀 다른 입장을 취할 수도 있다.

자유토론은 찬반 양측의 팽팽한 대립적 입장을 중시하지 않고, 토론자들이 내세우는 주장이나 문제해결의 과정을 중요하게 생각한다. 자유토론에서는 규칙과 형식이 엄밀하게 적용되지 않기 때문에 사회자의 역할이 크다. 사회자는 토론이 원활하게 진행될 수 있도록 안내하고 이끌어 가는 중대한 역할을 한다.

사회자는 한쪽만 거들거나 지지해서는 안되며, 반드시 중립적인 위치에서 회의를 이끌어 나가야 한다. 자유토론에서는 사회자의 역량과 능력에 따라 토론이 잘될 수도 있고, 아니면 비효과적으로 진행될 수도 있다.

둘째 유형은 교육토론이다.

교육토론은 교육하기 위해서 만든 토론 형식으로, 찬성과 반대의 입장이 분명하게 대립하고, 발언 시간이나 순서 등과 관련된 규칙과 형식이 엄격하게 적용되는 것이다. 교육토론의 주요 내용은 다음과 같다.

① 찬성과 반대의 입장이 분명하게 대립한다. 교육토론은 논리적 사고를 훈련하는 과정으로 자신의 주장을 중간에 바꾸면 안되고, 자신의 주장을 꾸준히 밀고 나가야 한다.

② 논리적 명제로 제시하여야 한다. 찬성과 반대의 입장을 처음부터 끝까지 고수하고 자신의 주장이 타당함을 입증해야 하므로, 입장이 분명하게 드러나도록 논제를 완결된 명제로 제시하여야 한다.

③ 과정을 중시한다. 교육토론은 토론을 훈련하는 교육적 목적이 강하기 때문에, 승패의 결과보다 과정을 중시한다. 과정을 잘하기 위해서는 근거와 자료를 찾아 반박하고 논리적으로 설득하며, 상대방의 모순에 대해 집중적으로 문제를 제기한다.

셋째 유형은 법정토론이다.

법정토론은 법정에서 이루어지는 토론으로, 일반 사람이 접할 수 있는 것으로는 모의 재판이나 배심원 토론 등이 있다. 배심원 토론은 어떤 갈등이나 문제가 발생했을 때 전문가들이 나와 문제를 해결하기 위해 토론을 하고, 시민들로 구성된 배심원들이 전문가들의 토론 내용을 듣고 판단을 내리는 식으로 진행하는 것이다. 이외에도 다양한 토론 유형이 있으나, 여기에서는 중요한 몇 가지만 기술하였다.

02 사회자와 구성원의 역할이 중요하다

1. 사회자의 자질에 따라 회의 성과는 큰 차이가 난다

사회자의 자질은 회의를 잘 진행하고 토론을 성공적으로 이끌려면, 사회자(회장)는 다음과 같은 자질을 갖추어야 한다.

① 창의력과 지능, 스피치 능력, 그리고 판단력과 주의력을 갖추어야 한다.

② 지혜롭고 경험도 풍부해야 한다.

③ 책임감과 끈기가 있어야 한다. 어떤 어려움이 나타나도 지치거나 포기해서는 안된다.

④ 주도력이 있어야 한다. 스스로가 주도권을 갖고 그룹을 이끌어야 한다.

⑤ 적극적인 참여정신을 가져야 한다. 예를 들면, 구성원이 발표를 잘하지 않으면 구성원의 이름을 부르면서 "이 문제에 대해 어떻게 생각하십니까?"라고 질문을 하면 구성원은 자신의 의견을 말하게 된다.

이상에 비춰 보면, 사회자의 자질에는 스피치 능력, 적극성과 책임성, 참여정신, 그리고 문제해결 능력과 창의력이 요망된다.

사회자의 역할과 수행방법은 다음과 같다. 회의시 사회자의 역할에 의하여 회의의 효과가 크게 다르게 나타난다. 사회자는 구성원에게 이 5가지 역할을 잘 숙지하여 회의를 효율적으로 잘 이끌어야 한다.

① 균등한 기회보장을 해야 한다.

② 친근감을 조성해야 한다.

③ 회의 분위기를 편안하게 조성해야 한다.

④ 구성원의 긴장을 완화시켜야 한다.

⑤ 참여자들 사이의 다양한 의견을 조정시켜야 한다.

즉, 사회자는 편안한 분위기에서, 친근감을 주고 긴장을 완화시키며, 균등한 기회보장을 주며 회의를 이끌어야 한다. 또 사회자가 수행할 업무는 다음과 같다.

첫째는 회의나 토론의 목적을 명확히 하여야 한다. 즉, 사회자는 "왜, 이 회의를 갖게 되었는가?" 하는 이유를 명확히 밝혀 구성원들에게 납득을 시켜야 한다.

둘째는 토론의 진행절차를 명시하여야 한다. 토론은 게임과 마찬가지로 일정한 규칙에 따라 진행하여야 하며, 이를 무시할 경우에는 큰 혼란을 야기하고 토론의 목적을 달성하기가 어렵다.

셋째는 필요한 정보와 아이디어를 제공하여야 한다. 토론에 필요한 정보와 아이디어가 있으면, 사회자는 이를 구성원에게 제공하여 토론을 활성화시켜야 한다.

넷째는 토론장의 질서를 유지시켜야 한다. 만약 토론의 분위기를 해치는 소란행위가 일어나면, 말이나 행동으로 이를 저지하여야 한다. 즉, 소란을 일으킨 장본인에게 좋은 말로 토론에 더욱더 기여하도록 촉구하여야 한다.

다섯째는 구성원의 참여와 피드백feedback을 권장한다. 사회자는 발언권을 동등하게 배분하여 구성원 모두가 토론에 적극적으로 참여할 수 있도록 하여야 한다. 만약에 참여에 소극적인 사람에게는

"이 문제에 대하여 어떻게 생각하십니까?"라고 먼저 질문을 하여 구성원의 적극적인 참여를 유도한다.

여섯째는 발표자의 발언 내용을 정리하거나 요약한다. 사회자는 필요한 경우에 참여자의 발언 내용을 설명하거나, 요약하고 평가하여 구성원의 이해를 돕도록 하여야 한다.

일곱째는 중요 사항을 기록하여야 한다. 사회자는 주요 발언, 결정 사항, 핵심 내용 등을 기록하여 구성원들이 숙지하고 행동으로 옮길 수 있는 기반을 마련해야 한다.

결론적으로 원만한 회의를 진행하기 위해서는 역량을 갖춘 사회자가 자신의 역할과 업무를 충실히 수행할 때, 효과적인 회의 결과를 생산해 낼 수 있다.

2. 좋은 토론자가 생산적인 회의를 만든다

좋은 토론자는 업무 수행에 기여하고, 다른 사람의 욕구를 충족시켜 주면서도, 스스로의 목적을 달성할 수 있는 사람이 가장 뛰어난 토론자이다. 회의의 성과는 토론자에 의해서 이루어지는 것이다. 토론자 개개인의 역량과 참여에 의해 회의 성과가 크게 달라질 수 있다. 좋은 토론자가 되기 위해서는 다음 7가지의 요소를 잘 알아야 한다.

첫째는 철저히 준비하여야 한다.

준비된 자만이 최상의 토론을 할 수 있다. 내가 아무리 많이 알아도 토론의 주제를 미리 준비해 오지 않으면 효율적인 회의를 하는데 한계점이 있다. 대부분 회원의 구성원에게 토론의 주된 내용은 일주일 전에는 알 수 있도록 홍보하고 통지하여야 한다.

둘째는 적극적으로 참여하여야 한다.

우리나라 사람들은 대부분 평소에는 말을 잘하다가도 회의 자리에만 가면 말을 하지 않는 경향이 있다. 이런 자세로는 생산적인 회의 결과를 얻을 수 없다. 토론에서 침묵은 금이 아니라, 무능함이라는 것을 알아야 한다. 보다 정열을 가지고 회의에 적극적으로 참여하여야 한다.

셋째는 독점하지 말아야 한다.

토론이란 혼자서 하는 것이 아니라, 여러 사람의 협조 속에서 이루어지는 것이다. 다른 사람에게도 발표할 기회를 주고 그들의 말을 잘 경청하는 자세를 가져야 한다. 회의 구성원 모두가 골고루 참여할 때 주인의식이 생기고 소속감이 높아지는 것이다.

넷째는 의미 있는 참여를 하여야 한다.

한마디를 하더라도 보탬이 되는 말을 하여라. 어떤 회의 참가자는 의안에 대해서는 한마디 말도 하지 않다가 불쑥 하는 말이 "밥이나 먹으러 갑시다"라고 하면서 회의 분위기를 흐리는 경우가 있다. 이런 구성원은 회의에 전혀 도움이 되지 않는 사람이다.

다섯째는 사안에 집중하여야 한다.

일부 회의 구성원 중에는 처음에는 사안에 대해 말을 잘하다가 삼천포로 빠지는 경우가 있다. 이런 사람은 시간만 낭비하는 사람이다. 토론은 여러 사람이 자유로운 참여를 토대로 하지만 자유로운 참여라고 해서 아무 말이나 막 해도 된다는 것은 아니다. 토론 주제에 맞게 이야기하여야 한다.

여섯째는 마음을 열어야 한다.

사람이 싫다고 그 사람의 정책까지 싫어해서는 안된다. 사람이 싫어도 제안이 좋으면 그 제안에 찬성을 하여야 하는데 그렇지 않는 경우가 많다.

우리나라의 잘못된 회의 행태 중 하나가 지나치게 정이 많아서 친구가 어떤 주제나 안건을 내면 싫어도 무조건 찬성하는 경우가 많다. 이런 방법은 바람직한 토론의 행태라고 할 수 없으며, 바람직한 의사결정에 역기능적인 요소로 작용한다.

일곱째는 갈등은 봉합하여라.

갈등을 피하려면 모든 것을 요령 있게 표현해야 한다. 상대의 정책이 바람직하지 않다고 하더라도, 가급적이면 직설적인 표현을 피하고 간접적인 표현을 사용하여야 한다.

특히, 토론에서는 서로의 의견을 평가하고 장 · 단점을 논하기 때문에 다른 사람을 불쾌하게 만드는 발언을 하기 쉽다. 이럴 때에도 항상 친근하면서도 예의 바른 표현을 사용하여 상대의 기분을 나쁘지 않게 만들어야 한다. 이런 적극적인 토론자에 의해 회의 성과가 잘 나온다.

03 토론에는 다양한 설득기법이 있다

1. 왜 토론이 필요한가?

토론은 말싸움이 아니라 추구하는 목적을 효율적으로 달성하기 위한 것이다. 생산적인 토론이 되기 위해서는 다음과 같은 내용이 전제가 되어야 한다.

첫째, 토론은 형식을 위한 형식적인 과정이 아니다.

토론은 남들이 하니까 그냥 따라가는 형식적인 절차가 아니다. 토론에 적극 참여하여 소기의 결과물을 얻도록 노력하여야 한다.

둘째, 토론은 수평적 관계를 전제로 이루어져야 한다.

토론에서는 상대방을 같은 선상에 놓고 서로가 다름을 인정하는 과정에서 이루어져야 한다. 상대방을 인정하지 않거나 상하의 관계나 우열의 관계를 갖고 토론을 하면 원만히 이루어지기가 어렵다.

셋째, 토론은 민주화의 과정이고, 또한 그 산물이다.

토론은 서로 수평적 관계에서 바라본다는 점에서 민주화의 과정이라 할 수 있다. 이런 토론이 민주화의 산물이요, 나아가 민주화를 가속시키는 수단이다.

넷째, 토론하는 사회는 소통과 통합을 이끈다.

토론은 소통을 통하여 갈등을 넘어 사회통합, 세대통합, 국민통합을 열어 갈 수 있다. 가족 간의 토론이 가족의 갈등을 해결하며, 기업에서 노사 간의 토론이 노사화합을 만드는 원동력이 된다.

2. 토론에서 설득기법은 다양하다

토론하는 사람은 우선 토론에 익숙해져야 한다. 토론은 일상대화와 다르게 분명한 원칙과 형식이 있다. 호소력이 강한 토론의 설득기법에는 다음과 같은 것이 있다.

첫째는 사전 준비는 기본이다.

모든 일이 그러하듯이 토론에 있어서 사전 준비는 기본적인 전략이다. 아무리 실력 있는 전문가라 하더라도 아무런 준비 없이 토론에 참석했다가 낭패를 보는 경우가 많이 있다.

토론시 준비사항으로는 토론의 목적이 무엇인지, 토론의 방식은 어떻게 진행하는지, 토론의 구도와 구성은 어떻게 진행하는 것인지를 미리 알아보고, 그것에 맞추어 적절히 준비하여야 한다.

모 국회의원 후보가 후보자 토론에 대한 내용을 사전에 숙지하지 못하고 토론장에 갔다가 토론 중간에 토론장을 빠져 나와 많은 사람들에게 웃음거리가 된 사건이 있다. 아무리 내가 그 분야에 유능하다고 하더라도 사전에 철저히 준비하지 않고 가면 큰 낭패를 볼 수 있다는 것을 보여 주는 사례이다.

토론의 목적은 크게 4가지로 나누어 볼 수 있는데, 이에는 문제인식, 쟁점분석, 대안모색, 성과평가 등이 있다.

문제인식은 문제의 배경과 그 의미를 파악하는 데 토론의 목적을 두는 것으로, 토론자는 자신의 관점을 갖는 것이 중요하며, 바로 그 점에서 상대방과 논쟁이 시작된다.

쟁점분석은 문제를 인식하는 방법에 있어서 대립적 가치를 찾아내고, 그에 따른 이해관계자들 간의 논쟁을 제시하는 데 토론의 목적이 있다.

대안모색은 문제해결을 위한 다양한 방안을 제시하고, 그에 대하여 현실 적용성을 논의하는 데 목적이 있다.

성과평가는 논쟁의 성과를 평가하는 데 목적이 있는 것으로, 평가기준이나 평가측정방법 등 다양한 전문가적 논쟁이 이루어진다.

또 토론방식도 잘 숙지하여야 하는데, 사회자의 지명에 의해 발표하는 지명토론방식인지, 아니면 사회자의 지명 없이 토론이 이루어지는 자유토론방식인지, 아니면 이 두 방식이 혼합적으로 이루어지는 혼합토론방식인지를 사전에 알아서 잘 대처하여야 한다.

둘째는 토론 전 워밍업warming-up은 전략이다.

축구경기 전에 선수들이 가볍게 몸 풀기를 하고, 그라운드의 감각을 익히고, 또 상대 선수와 악수를 나눈다. 이런 축구경기와 마찬가지로 토론에서도 워밍업이 중요하다. 토론 시작 전에 반드시 미리 도착하고 토론의 분위기를 파악하며, 점검 사항을 체크하고 상대방과 인사를 나누는 것이 중요하다.

토론의 대화는 일차적으로 토론자 간의 대화이다. 그러므로 지나치게 청중을 의식하면 원만하게 토론이 잘 진행되지 않을 수도 있다. 지나치게 나의 의견에 반대하는 청중을 너무 의식하여 토론에 실패하는 경우도 있다. 내가 이런 이야기를 하면 청중이 어떤 반응을 보일까? 등을 너무 인식하면 원만한 토론이 잘 안될 수도 있다. 토론은 청중도 듣지만 일차적으로는 토론자 간의 대화라는 것을 인식하여야 한다.

셋째는 듣는 것에서부터 시작해야 한다.

토론은 주고받는 대화이다. 자신의 주장과 의견을 설득력 있게 말하는 것도 중요하지만, 상대방의 말을 정확히 듣고 논리적으로 분석하는 것도 말하는 것만큼 중요하다.

토론을 하는 사람이 많으면 사회자의 지명에 의해 말할 수 있기 때문에, 남이 말한다고 그냥 멍하니 앉아 있다 보면, 자신이 지명되어도 상대방의 말을 잘 안 들어서 효율적으로 말을 하지 못하는 경우도 있다. 그래서 토론자는 자신이 말할 순서를 그냥 기다리는 것이 아니라, 듣기에서 토론의 찬스를 만들어 가야 한다.

듣는다는 것은 상대방을 인정하고 상대방에게 말할 수 있는 기회를 준다는 것이다. 품위 있는 토론자라면 상대방을 존중하는 분위기를 만들어 주는 것이 필요하다. 분위기를 만드는 일에는 시선관리, 표정관리, 메모하기 등으로 나누어 볼 수 있다.

시선관리는 상대방을 눈을 바라보는 것인데, 우리나라에서는 상대방의 눈보다 약간 아랫부분을 보는 것이 좋다. 특히, 말하는 사람을 바라보지 않고 다른 곳을 바라본다면, 말하는 사람을 무시하는 인상을 주게 된다.

표정관리는 상대방의 말에 지나친 희노애락의 표시를 삼가고 편안한 표정을 짓는 것이 좋다.

상대방의 토론 중 핵심적인 사항을 간단하게 메모하는 것은 토론에 도움이 된다. 메모하는 것을 상대 토론자가 보면 상대 토론자도 발언에 조심을 하게 되고, 진지한 토론 분위기를 만드는 데에도 도움이 된다. 듣기 테크닉은 한마디로 상대 토론자의 토론을 품위 있게 들어주는 보디랭귀지의 일종이라고 할 수 있다.

넷째는 핵심적인 메시지를 전달하여야 한다.

토론의 과정은 자신의 주장이나 의견을 피력하고, 상대를 설득해

나가는 과정이다. 이 과정에서 자신의 메시지를 단순하고 강하게 전달할 수 있어야 상대를 설득할 수 있다. 이때 메시지에는 핵심 내용이 들어 있어야 한다. 자신이 주장하고자 하는 핵심적인 내용이 포함되어야 한다.

아무리 말을 많이 해도 핵심 내용이 없으면, 팥 없는 찐빵과 같다. 찐빵에 팥이 없다고 생각해 봐라. 얼마나 빵의 가치가 떨어지는지를 알 수 있을 것이다.

메시지는 논리이다. 토론에서 메시지는 단순하고 강하게 전달해야 설득효과가 크다. 내가 어떤 주장을 하게 되면 주장에 대한 이유나 원인을 정확히 밝혀 주는 것을 논리적이라고 한다. 그래서 성공적인 토론자가 되기 위해서는 핵심의 대화법을 배우고, 대화 또한 논리체계에 맞추어 이야기하여야 한다.

다섯째는 자신의 입장을 당당하게 밝혀야 한다.

성공적인 토론은 설득과정에서 결정된다. 단순하고 강한 메시지로 설득의 조건을 만드는 것이 중요하며, 자신의 입장이 분명하게 전달되어 주제의 대안으로 결정될 수 있는 타협의 조건을 구성하는 것이 중요하다.

토론에서 논쟁은 피할 수 없으며, 논쟁에서는 대립과 동조를 수반한다. 그러므로 자신의 입장을 분명하게 살려 내는 기술이 필요하며, 이 기술에는 새로운 시각과 경험적 근거, 그리고 선택의 순간 등 다음의 3가지 사항이 필수적이다.

남과 다른 새로운 시각으로 접근하여야 한다. 경제학자가 보는 시각이 다르고, 정치학자나 예술가가 보는 시각이 다르다. 새로운 시각은 만드는 과정은 주제의 설정범위와 분류과정, 그리고 해석단계로 나누어 볼 수 있다.

주제의 설정범위는 시간적으로, 공간적으로, 그리고 내용적으로 규정하는 것이다. 분류과정에는 논제를 문제 유형에 따라 단계별로 분류하고, 분류과정을 통해 새로운 유형을 채택한다. 해석단계에서는 선택된 분류의 설명력을 판단하는 과정이다.

예를 들면, 여성문제를 정치문제로 분류했을 때, 분명히 기존의 유형과는 다른 문제로 시도했다고 할 수 있다. 하지만, 그 의미를 해석해 보았을 때 정권교체, 민주화, 양성평등 등 정치문제와 여성문제의 관계 설정이 필요하고, 그 관계의 설명력이 어느 정도인지를 판단해 보아야 한다.

그 의미가 무의미하다면 그 유형은 다른 시각으로써 유효하지 못한 것이다. 이때에는 새로운 시각으로 접근하여야 하는 데 새로운 시각으로서의 접근을 창조성이라 한다. 창조성에는 발상의 전환과 다양한 상상력이 가미되어야 한다.

설득력 있는 토론자는 새로운 시각과 더불어 경험적 근거를 확보하는 것이다. 즉, 문제와 관련된 다양하고 충분한 경험적 근거를 확보하여야 한다.

경험적 자료는 1차 자료와 2차 자료로 나누어 볼 수 있는데, 1차 자료는 토론자가 토론을 위하여 직접 조사하여 수집한 자료이다. 예를 들면, 각종 서베이 조사 자료나, 개인경험 자료나 인터뷰 자료 등을 말하는 것이며, 2차 자료는 각종 통계 자료, 역사적 자료, 각종 보도 자료, 사례연구 자료나 문헌 등을 들 수 있다.

선택의 순간은 토론자가 새로운 시각을 가지고, 이를 뒷받침하는 경험적 근거를 바탕으로 자신의 주장을 당당하게 밝히는 것이다. 자신의 입장은 자신의 의견과 주장을 말한다. 이를 좀 더 분석적으로 말하면, 가치판단과 선택의 결과라고 할 수 있다. 즉, 논제에 대한 가치와 관련하여 체계적으로 판단하고 가치유형을 선택하는 과정이다.

결론적으로 토론은 자신의 주장이나 의견을 피력하고 설득하는 과정이다. 여기에서 자신의 의견이나 주장이 자신의 입장이며 이것이 가치판단과 선택인 것이다.

여섯째는 표현의 테크닉이 설득력이다.

글을 쓸 때와 마찬가지로 토론에서도 표현의 기술이 필요하다. 글을 쓸 때 수식어를 붙이고, 비유법을 쓰고 각종 부호를 넣어 글의 내용을 보충하듯이, 토론에서도 때로는 강하고, 때로는 정확하게, 때로는 강한 의문을 품기도 하고, 때로는 질문을 하면서 토론의 맛을 만들어 간다.

표현의 테크닉은 설득력 있는 대화의 기술로서 쉬운 말과 정확한 말, 그리고 말의 리듬이 있어야 한다.

쉬운 말이 강하다는 기본적인 원칙을 잘 알아야 한다. 전문 용어나 지나친 외래어 등 어려운 용어들을 많이 사용하면, 본인은 품격이 높아진다고 생각할지 모르나, 듣는 사람이 제대로 그 뜻을 이해하지 못해 설득의 힘은 약해질 수 있다. 반면에 쉬운 용어로 표현해서 상대방이 그 뜻을 정확히 이해하게 된다면, 설득의 힘은 당연히 강해진다.

토론자의 설득기법 중에서 중요한 원칙 중의 하나는 정확한 말이다. 정확성을 높이기 위해서는 순서 매기기, 질문으로 확인하기 등이 있다. 순서 매기기는 그냥 이야기하는 것이 아니라, 어떤 내용을 말할 때도 첫째, 둘째, 셋째 등을 표시하면 더욱 효과적이다. 질문으로 확인하기는 상대방의 토론을 듣고 내용을 분석하며, 분명하지 않은 부분이나 쟁점이 되는 부분은 질문으로 확인하는 것이다. 이는 상대 토론자를 긴장시키고 자신의 정확성을 재고할 수 있는 방법이라고 할 수 있다.

말의 리듬은 여유로움과 편안한 모습을 보여 줌으로써 상대 토론자를 제압할 수 있다. 말의 리듬에 유머와 개인 경험 등을 첨가하면 보다 논리적이다. 금방 싸울 것 같은 분위기에서 유머를 통해 분위기를 바꾸는 것은 대단한 능력이다. 적어도 60분 정도의 토론에서 한두 번 정도의 웃음을 줄 수 있는 유머를 사용하는 것은 대단한 것이다.

다음은 개인 경험인데, 개인 경험은 논제를 이해하는 데 크게 도움이 되고 재미를 더해 준다. 다만, 이는 분명히 흥미를 유발할 수 있지만, 적정선을 유지하지 않으면 소위 객관성을 유지하기 어려워진다는 점도 동시에 고려해야 할 대상이다.

일곱째는 토론의 성공은 마무리에 달려 있다.

토론의 구성형식을 제대로 갖춘 토론에서는 토론의 마무리 부분인 종결부를 갖는 것이 원칙이다. 종결부는 토론에서 가장 중요한 부분인 타협, 조정, 합의 등 토론의 최종 결과에 도달하는 과정을 말한다.

그래서 토론은 마무리가 중요한데, 마무리에서 중요시 할 내용은 자신의 의견을 조정하는 것이며, 대안을 모색하고 최종 메시지를 준비하는 것이다. 자신의 의견을 조정하는 것은 자신의 의견을 압축하는 것에서부터 시작된다. 쟁점에서 제시된 자신의 논점을 논쟁과정에서 나타난 상대 토론자들의 의견과 비교 · 분석하고, 이를 종합하여 조정안을 구성하는 과정이다.

대안을 모색한다는 것은 문제해결을 위한 여러 가지 방안 중에서 가장 바람직한 방안을 설정하는 것이다. 즉, 이것은 조정안에 대한 토론자들의 최종 의사표시 과정이라 할 수 있고, 최종 결정안을 위한 대안들을 제시하는 과정이라 할 수 있다. 최종 메시지 과정은 토론자들에게 끝으로 말할 수 있는 기회를 주고, 그 후 사회자의 폐회로 공식적으로 끝나게 된다.

토론자들이 결론에 포함시킬 주요 내용으로는 토론의 의미, 중요성, 개인 소감, 향후 과제, 미래 예측, 논제 관계자들에 대한 당부의 말 등을 포함할 수 있다. 특히, 토론에서는 시간 제한이 중요하기 때문에 제한된 시간 속에서 가장 핵심적인 내용을 효율적으로 하고, 이 과정 속에 감동을 주는 내용이라면 더욱 좋은 토론이라 할 수 있다.

3. 토론은 논리적으로 해야 한다

토론을 잘하기 위해서는 논리적으로 설득하고, '왜'라는 질문과 함께 논리적인 사고력을 배양하여야 한다.

첫째는 논리적으로 설득해야 한다.

논리적 설득에는 이야기의 전개 과정에서 모순이나 비약이 없고, 전체 흐름이 조리에 맞고 일관성이 있어야 한다. 즉, 어떠어떠한 전제에서 논리를 이야기하고 그 논리에 맞추어 결론이 있어야 한다.

예를 들면, 전제는(오늘은 내 생일이다), 논리는(아빠가 내 생일에 공원에 가기로 했다), 결론은(오늘은 내 생일이기에 공원에 가야 한다) '무엇이다'에 맞추어 이야기하는 것이다.

둘째는 모든 것에 '왜'라는 질문을 던져라.

'왜why'라는 질문 속에는 호기심과 더불어 세밀함과 분석력, 그리고 올바른 판단력이 길러진다.

셋째는 글쓰기를 통해 논리적인 사고 능력을 배양한다.

글을 많이 써 보고 독서를 많이 한 사람이 지식도 풍부하고 논리적으로 토론을 잘 이끈다. 하루아침에 로마가 이루어지지 않았듯이, 하루아침에 유능한 토론자가 되기는 쉽지 않다. 다만, 꾸준한 노력에 의해 토론을 잘하는 사람으로 변모될 수 있는 것이다.

4. 토론시에는 금기 사항을 준수하라

토론에서 해서는 안될 사항을 다음 3가지로 요약하였다.

첫째는 가르치려고 하지 마라.

토론에서 가장 다루기 어려운 유형의 토론자는 상대방을 가르치려 하는 사람이다. 상대와의 토론을 통하여 자신의 의견이나 주장을 피력하는 것이 아니라, 일방적으로 자신의 의견만을 주장하며, 상대방의 의견은 전혀 들으려 하지 않는 사람이다.

이런 사람은 대부분 시간제한을 고려하지 않고, 토론의 방식도 강의 내지 강연식으로 하는 경우가 많다. 즉, 토론은 문자 그대로 토론자와 의견을 교환하고 협의하는 과정이라는 것을 명심하여야 한다.

둘째는 감정을 노출시키지 마라.

성격이 급하고 평소에 남의 이야기를 잘 안 듣는 사람들은 토론자로서 적절하지 않다. 이런 유형의 사람들은 자기 의견하고 다르거나 자기의 주장에 반대 질문을 하면 미리 화부터 내는 사람들이다.

또 너무 지나치게 굽실거리거나 쩔쩔매는 것도 토론에서 바람직하지 않다. 수평적 관계의 토론을 저해하는 요인이 되기 때문이다. 그렇다고 다른 토론자와 의견이 일치한다고 지나치게 "같은 의견입니다"를 반복하면 획일성을 갖게 된다. 토론은 새로운 각도에서 다시 한번 검토하는 것이 생존의 원칙이라는 것을 명심하길 바란다.

셋째는 너무 풀어지지 마라.

지나치게 형식에 얽매이면 토론이 딱딱해질 수 있다. 그렇다고 형식도 없이 지나치게 자유롭게 하다 보면 토론이 아니라 좌담이 되고, 뜻한 바의 목적을 달성하기 어려운 경우가 있다.

자세도 바르게 앉아서 상대의 이야기를 잘 경청하고 대화에 임해야 한다. 지나치게 바르지 못한 자세나 태도는 상대방이나 청중에게 좋은 인상을 주기 어렵다. 토론자는 침착하게 올바른 자세와 부드러운 말씨로 상대방을 포용할 수 있어야 하고, 품격 있는 대화로 토론의 격을 높여야 한다.

결론적으로 토론에서의 금기 사항은 상대를 가르치려 하지 말고, 감정을 절제하고, 룰에 따르면서 진행하여야 한다.

제11장

프레젠테이션의 명수가 되어라

청중의 마음을 움직이는 것은 시각적인
자료가 아니라 프레젠터의 말이다.

-후쿠다 타게시-

Speech

프레젠테이션은 의도한 목표를 달성하기 위하여 내가 생각하고 계획한 내용을 청중에게 전달하는 목표지향적 행위이다. 즉, 자신이 가지고 있는 생각이나 자료들을 상대방에게 전달하기 위한 말하기 형태의 모든 것이라 할 수 있다. 이는 기획이나 아이디어에 대한 제안을 발표하고 협력을 이끌어 낸다는 분명한 목적이 있다. 즉, 제한된 시간 내에 발표기술을 발휘하여 설득을 하도록 하는 것이다.

즉, "자신의 생각, 지식, 정보, 제품 등 자신이 가진 모든 것을 청중에게 효과적으로 전달함으로써, 청중을 설득하여 자신의 목적을 달성하고자 하는 커뮤니케이션 방법이다"라고 할 수 있다.

성공적인 프레젠테이션의 핵심 3요소는 내용Contents, 전달방법Delivery, 발표자Presenter이다.

내용이란 전달하고자 하는 내용에 대한 기획성, 가치, 수용성, 논리성 등 전반적인 부분을 말한다. 아무리 전달방법이 뛰어나고 프레젠터의 역량이 좋아도 내용이 별 가치를 지니지 못하면 성공적인 프레젠테이션을 할 수 없다.

그리고 전달방법에 따라 같은 내용도 크게 다르게 효과가 나타날 수 있다. 단순히 E-mail로 보낼 것인가, 유인물을 만들 것인가, 비주얼로 만들어 직접 프레젠테이션을 할 것인가, 동영상이나 영화를 만들어 설득할 것인가, 아니면 직접 대면하여 구두로 설명할 것인가 등 전달방법도 매우 다양하다.

요즈음 대부분 전달방법으로 크게 활용되는 것은 파워포인트로 비주얼 자료를 제작하여 직접 청중 앞에서 프레젠테이션하는 것이 보편화된 전달방법이다.

그리고 프레젠터의 중요성은 언급하지 않아도 잘 알 것이다. 아무리 내용이 좋고 전달방법이 최고라 해도 이것을 효과적으로 전달하는 매개체는 바로 프레젠터이다. 최고의 역량을 갖춘 프레젠테이션 전문가란 결코 하루아침에 이루어지지 않는다. 장기적인 목표를 갖고 철저히 준비하고 연습하는 과정에서 유능한 프레젠터가 탄생할 수 있다.

01 청중을 사로잡아라

프레젠테이션에서 첫 90초가 중요하다. 성공적인 프리젠테이션을 원한다면 시작과 동시에 청중의 마음을 사로잡아라. 특히, 이런 사항을 명심하여야 한다. 프레젠테이션은 막이 오르는 순간에 결정되며, 청중의 시선을 끌고 귀를 기울이게 만들어야 한다.

1. 프레젠테이션의 시작과 분위기는 이렇게 하라

프레젠테이션에서 시작이 중요하므로, 아래 내용을 잘 숙지한 후 시작하여야 한다.

① 심호흡을 2~3회 한 다음에 마음을 안정시킨 후에 시작한다.

② 이야기 중간중간에 청중을 따뜻한 눈빛으로 둘러본다.

③ 한마디씩 또박또박 천천히 이야기를 한다.

④ "~라고 생각하지 않으십니까?"라고 질문을 던져 청중과 공감

대를 형성하여, 참여의식을 높여 준다.

⑤ 자신의 경험이나 장점을 전면에 내세운다. 남의 이야기보다 내 이야기에 더욱 쉽게 접근이 가능하다.

⑥ 서론은 짧게 하고 곧장 본론으로 들어간다. 서론이 길면 청중은 본론에 들어가기 전에 이미 지치게 된다.

또 프레젠테이션의 분위기를 잡기 위해서는 시작하기 전에 장소의 특징 및 청중의 수까지 미리 파악하여야 한다.

단, 모든 상황을 완벽하게 예측하여 준비한다는 것은 불가능하지만, 알 수 있는 범위에서 미리 파악하여 대처방안을 마련하여야 한다. 흐트러진 분위기를 잡기 위해서는 연사는 상황에 맞게 임기응변을 해야 하며, 순발력을 발휘하여야 한다. 단, 순발력은 꾸준히 준비하는 자의 것이다.

그리고 첫마디에 대한 청중의 반응을 살펴라. 화사하게, 또박또박, 천천히 이야기를 하면서 청중의 반응을 살펴야 한다. 처음에 놓친 고기를 다시 잡기 어렵다는 말처럼, 처음에 청중의 마음을 잡지 못하면 나중에 잡기는 더욱 어렵다. 재미있게 하거나, 내용의 가치를 심어 주거나 코믹하게 해서라도 청중이 적극적으로 관심을 보이도록 유도하여야 한다.

2. 청중의 마음을 잡아야 한다

뛰어난 이야기꾼일수록 첫마디를 소중히 여긴다. 능숙하게 말하고 싶다면 짤막한 이야기로 흥미를 유발하는 기술을 닦아야 한다. 즉, 청중의 마음을 잡기 위해서는 다음 4가지를 잘하여야 한다.

첫째는 좋은 프레젠테이션 분위기부터 만들어라.

좋은 프레젠테이션 분위기를 만들기 위해서는 "제가 몇 살로 보이십니까?" 등의 질문으로 청중이 말하게 하고, 청중의 주변 상황에도 관심을 갖고 이야기하여야 한다. 나아가 질문도 청중이 대답하기 쉬운 질문을 함으로써 편안히 대화를 시작하여야 한다.

둘째는 흥미와 관심을 불러 일으켜라.

청중이 미처 예상하지 못했던 말이나, 의외의 말을 전개하여 청중의 궁금증을 불러 일으켜라. 그리고 생각하게 하여라. 다음은 사고의 전환과 시각의 변화를 통하여 기존의 선입견을 뒤집어라.

셋째는 아우트라인outline을 제시하라.

책에도 목차가 있듯이, 말도 아우트라인을 제시하면, 청중은 보다 안정된 상태에서 이야기를 잘 들을 수 있다.

예를 들면, "제 프레젠테이션 시간은 15분으로 하고, 주요 내용으로는 현재의 문제점, 개선 방안, 그리고 효과에 대하여 말씀드리겠습니다." 이렇게 아우트라인을 이야기하면 청중은 밑그림을 알 수 있으므로, 편안한 마음으로 잘 경청할 수 있다.

넷째는 신뢰를 주고 청중을 편안하게 만들어라.

프레젠테이션을 성공으로 이끄느냐 아니면 실패하느냐 하는 것은 프리젠터가 얼마나 자신감을 갖고 여유 있는 태도로 청중을 사로잡느냐에 달려 있다. 아무리 철저히 준비하고 자료를 많이 갖추었어도, 프레젠터가 자신감이 없고 신뢰감이 떨어지면 효과적인 프레젠이션을 하기 어렵다.

3. 신뢰감을 주는 태도로 임하라

태도에는 복장과 자세, 그리고 표정과 제스처 등으로 나누어 볼 수 있다. 복장은 자신의 품위와 기업의 이미지를 결정짓는 잣대이다. 프레젠터는 분위기에 맞는 의상을 입어야 한다. 분위기에 맞는 의상을 착용해야 청중들에게 더욱 친밀감을 얻을 수 있다.

자세는 등을 곧게 펴고, 턱을 약간 안으로 당기는 것이 좋다. 이런 자세는 당당해 보인다. 표정은 자신감 있고 부드러운 미소를 띠는 것이 좋다. 이런 미소 띤 표정을 연출하는 것이 더욱 청중을 편안하게 하고 안심시킨다. 제스처는 내용의 효과를 더욱 극대화시키는 것이다. 다양한 제스처는 청중에게 집중과 공감을 얻기 위해 절대적으로 필요한 기술이다.

02 프레젠테이션에서 3원칙은 필수이다

프레젠테이션의 3원칙은 알기 쉽게 하고, 간결하게 하며, 인상 깊게 하는 것이다.

1. 알기 쉽게

알기 쉽게 표현하는 것은 프레젠터의 사명이다. 즉, 청중이 이해하기 쉽게 말하여라. 어려운 내용일수록 쉽게 말하여라. 알기 쉽게 하기 위해서는 다음 5가지로 정리할 수 있다.

첫째는 일목요연하게 하는 것이다. 처음에 아우트라인을 제시해 주고, 지금 이야기한 부분이 어느 항목에 연결되는지를 명확하게 이야기하는 것이다.

둘째는 이유와 근거를 제시하는 것이다. 모든 주장에는 반드시 근거가 있어야 한다. 근거가 없는 주장은 설득력이 미약하다. 근거가 주장에 대해 적절하면 알기 쉬운 이야기가 된다.

셋째는 숫자로 보여 주어라. 근거를 숫자로 제시하면 더욱 명확하게 이해할 수 있다. 수치와 통계만으로도 알기 쉽게 피부에 와 닿는다.

예를 들면, "나는 매일 영어공부를 열심히 하고 있다"라고 하면 그냥 막연하게 "영어공부를 열심히 하고 있구나" 하는 정도로만 느낀다. 그러나 숫자로 "나는 하루 3시간씩 영어공부를 한다"라고 하면 보다 정확하게 공부하는 양을 알 수 있는 것이다.

넷째는 구체적인 사례를 든다. 추상적인 표현이나 막연한 설명은 이해하기가 어렵다. 직접적이나 간접적인 경험을 늘리고, 애매모호한 개념을 구체적인 사례를 들어 설명하는 것이다.

다섯째는 상대방에게 통하는 단어를 사용한다. 현재 지나치게 외래어가 범람하고 있다. 알기 쉽게 설명하고 싶다면, 상대방이 잘 알 수 있는 쉬운 단어를 사용하여 설명하여라.

2. 간결하게

필요한 것은 빠짐없이 챙기고, 필요 없는 것은 과감하게 생략하라는 것이다. 간결하게 말하기 위한 요점은 다음 5가지로 정리할 수 있다.

첫째는 주제를 한 줄로 요약한다. 주제는 화자가 하고 싶은 이야기이다. 이것을 한 줄로 요약할 수 있어야 한다. 이렇게 한 줄로 요약하는 것을 핵심명제라고 한다.

둘째는 쓸모없는 말은 생략한다. 군살을 버리고 날씬한 몸매를 만들어라. 없어도 되는 것으로는 중복된 표현이나 반복되는 말이고, 없는 편이 좋은 것으로는 과장된 표현이나 지나치게 화려한 수사이다. 그리고 서두는 간략하게 하고, 접속사는 되도록 사용하지 말며, 변명은 절대 하지 마라.

청중을 불안하게 만드는 내용들!

- 잘 모르겠습니다만.
- 아마, 이렇지 않을까 생각됩니다만.
- 그리 큰 일은 아니라고 생각합니다만.
- ~한 것 같습니다만(추측이나 무지나 불확실성의 말).

셋째는 문장을 짧게 한다. 결론을 먼저 언급하고, 마침표를 사용해 문장을 가급적이면 짧게 하여야 한다. 지나치게 소설을 쓰듯이 길게 하면, 청중은 내용을 이해하기가 어렵다.

넷째는 불필요한 것은 빼버린다. 이것저것 다 포함시키면 뼈대 없이 살만 넘치게 된다. 여행에 익숙하지 않은 사람이 이것저것 물건을 가득 담아 가방만 무겁게 들고 어렵게 다니는 것과 같다. "진정한 여행가는 배낭이 매우 가볍다"라는 문구를 명심하길 바란다.

다섯째는 정확한 말로 요점을 강조한다. 짧지만 많은 것을 생각하게 하는 함축된 언어가 좋은 것이다. 즉, 말하고자 하는 핵심 키워드를 잘 생각하여야 한다.

3. 인상 깊게

인간은 끊임없이 무언가를 생각하고 느끼면서 살아간다. 표현의 관점에서 '느낀다'라는 활동은 매우 중요하다. 즉, 인상 깊게 하기 위한 방법은 다음 4가지로 설명할 수 있다.

첫째는 감정을 실어 생기 있게 이야기한다. 음식에도 여러 가지 맛이 있듯이, 이야기에도 다양한 감정을 넣어 이야기하는 것이다. 즉, 사람에게도 희노애락의 4가지 감정이 있다. 이것을 내용에 맞추어 잘 사용하여야 한다.

둘째는 이미지가 떠오르도록 이야기한다. 청중의 머릿속에 장면이 생생하게 떠오르도록 구체적으로 이야기하라.

예를 들면, 교통사고를 이야기한다면, "어제 저녁 9시에 할머니가 무단 횡단을 하다가 트럭에 치여 큰 부상을 당했습니다"라고 하면, 크게 동요하지 않고 많은 교통사고 중의 하나라고 대부분 생각한다.

그러나 이를 구체적으로 하면, "어제 저녁 비가 내리는 9시경에

50m만 가면 횡단보도가 있는데, 어느 할머니가 이를 지키지 않고 무단 횡단을 하였는데, 이때 과속으로 달리던 8톤 트럭이 할머니를 치었습니다." 목격자에 의하면, "할머니가 트럭에 머리를 다쳐 머리에서 피가 많이 나고, 온 몸이 피범벅이 되었다고 합니다."

이렇게 똑같은 교통사고라도 어떻게 설명하느냐에 따라 그 느낌은 크게 다를 수 있는 것이다.

셋째는 비유를 사용하라. "사람은 생각하는 갈대이다", 또는 "당신의 눈은 호수같다"라는 말처럼 일상생활에서 쉽게 접할 수 있는 시각적인 것일수록 이해도가 빠르고 인상 깊은 표현이 된다.

넷째는 고비에서 강조한다. 고비란 클라이맥스나 절정을 말하는 것이다. 강조에는 반복이나 대비, 그리고 확대 등이 있다. 공감을 불러일으키는 프레젠테이션을 위해 '인상 깊게'의 원칙을 잘 활용하자.

특히, 프레젠테이션을 잘하기 위해서는 이 3원칙을 잘 활용하여야 한다.

03 청중을 매료시키는 기술들이다

프레젠터는 지나치게 농담을 섞어 이야기하거나, 기발한 연출에 신경을 쓰다 보면 오히려 프레젠테이션을 실패할 수 있다. 청중이 들어주었으면 하는 것이나, 이해해 주길 원하는 것이나, 행동으로 옮겼으면 하는 것을 효율적으로 이끄는 것이 프레젠테이션을 성공시키는 방법이며, 내용은 다음과 같다.

1. 청중에게 먼저 한발 다가선다

청중과 쌍방향으로 커뮤니케이션을 해야 하며, 청중으로 하여금 "나를 위하여 이야기하고 있다. 잘 들어주자"라는 의식을 심어 주어야 한다.

능숙한 프레젠테이션을 방해하는 요소

1. 자기만 아는 농담으로 시작한다.
2. 형식적인 도입부로 발표한다.
3. 상황에 관계없이 준비해 온 원고 그대로 진행한다.
4. 원고나 차트만 쳐다보며 발표한다.

2. 시작할 때 짬을 둔다

연단에 올라와 연설 시작시 약 3~5초 간 뜸을 들인 후, 밝게 인사하며 시작한다. 전문적인 이야기나 복잡한 이야기는 생각할 시간이 더 많이 필요하다. 따라서 적당한 짬을 주어야 청중의 이해 정도가 좋아진다. 한 단락이 끝나면 약 3~5초 간 쉰 다음에 이야기를 하여야 한다.

또 청중의 수에 따라 짬을 두는 법도 다르다. 청중이 많을수록 짬도 길게 주어야 한다. 청중 전체를 둘러보고 천천히 이야기를 시작한다.

짬을 두고 시작하는 방법

1. 청중 앞으로 한발 나가 당당하게 선다.
2. 전체를 한번 편하게 둘러본 다음 심호흡을 한다.
3. 밝고 활기찬 목소리로 '안녕하십니까!' 하고 허리를 굽혀 인사를 한 다음에 이야기를 한다.
4. 그 다음 상체를 일으킨 뒤 심호흡을 하고, 또박또박 자신의 이름을 밝힌다.

1～4까지를 시작을 여는 시간이라 하며, 여기서 청중과 호흡이 잘 맞으면 이야기가 잘 풀리는 것이다.

3. 청중이 지루해 할 때 잘 대처해야 한다

타인의 이야기를 집중해서 들을 수 있는 시간은 평균 15분이다. 제 아무리 뛰어난 만담가라 하더라도 30분 이상 말을 계속하면 들어줄 사람이 많지 않다. 지루한 이유는 여러 가지가 있으나, 설명이 너무 길거나, 이해가 잘 안되는 내용이거나, 프레젠터가 자기 자신 이야기에만 너무 빠지면 나타날 수 있는 현상이다.

쌍방향 커뮤니케이션은 화자와 청중이 양방향 통행으로 끊임없이 교류하는 것이다.

졸고 있는 사람이 있을 때 대처방법

자신의 실패담 같은 극적인 이야기를 한다.
"그런데 내일 날씨는 어떻다고 했죠?"와 같은 대답하기 쉬운 질문을 던진다.
졸고 있는 사람 옆에 서서 진행한다.
(금물) : 큰소리를 지르거나, 비난하면 역효과가 나타난다.

4. 지나치게 비주얼에 의존하지 마라

비주얼의 활동범위나 연출효과는 갈수록 확대되고 있다. 문제는 비주얼 도구가 발전함에 따라 프레젠테이션의 패턴이 정형화될 수 있다. 너무 정형화되면 청중에게 선명한 인상을 심어 주지 못한다. 내용이 아니라 비주얼에 승부를 보려는 사람이 많다. 이는 내용보다 포장에 지나치게 신경을 쓰는 것과 같다. 비주얼의 특성에는 다음과 같은 것이 있다.

첫째는 다수의 사람에게 이야기하는 것이 자신이 없으면, 비주얼(파워포인트, 슬라이드)에 과도하게 매달리는 경우가 있다.

둘째는 설득력 있는 화술이 주인공이며, 비주얼인 도구는 문자 그대로 도구라는 사실을 알자.

셋째는 비주얼의 편리함과 화려함에만 의존하다가는 자칫 개성과 강렬함이 사라진 프레젠테이션이 되기 쉽다. 그때그때의 상황이나 상대방의 이해 정도에 따라 슬라이드를 건너뛰거나 요약하는 유연성도 필요하다. 심혈을 기울여 준비한 자료라고 해서 하나도 남김

없이 보여 줄 필요는 없다.

넷째는 청중을 끌어 들이는 비주얼을 활용하자. 비주얼을 활용해 강렬하고 인상적인 프레젠테이션을 실현하려면 적극적으로 청중을 참여시켜야 한다. 아주 쉬운 질문을 하여 청중에게 답하도록 하는 방법도 좋은 방법 중의 하나이다.

이런 비주얼은 금기한다

1. 처음부터 끝까지 슬라이드만 보여 준다.
2. 시선이 스크린에만 고정되어 있다.
3. 무턱대고 효과음을 많이 사용한다.
4. 같은 리듬과 톤으로 해설하듯이 한다.
5. 슬라이드상의 글자가 너무 작아서 청중이 보기 어렵다.

04 올바른 자세와 원칙이 감동을 준다

잭 웰치Jack Welch, 빌 게이츠Bill Gates 등 세계적인 최고 경영자CEO들에게는 공통점이 있다. 모두 프레젠테이션의 명강사라는 점이다. 자료가 아무리 풍부해도, 비주얼이 아무리 화려해도, 핵심을 잡아 일목요연하게 설명하는 프레젠터가 없으면 효과는 떨어진다. 청중의 마음을 움직이는 것은 프레젠터의 말이다.

프레젠터의 영역은 실로 광대하다. 업무의 진행상황 보고부터 기업의 사활이 걸린 신제품 발표에 이르기까지 프레젠테이션의 중요성은 날로 높아지고 있다.

1. 성공적인 프레젠테이션과 자세

성공적인 프레젠테이션을 위해서는 다음 4가지 요소를 잘 활용하여야 한다.

첫째는 청중만족이다.

자신의 목표와 목적을 정확히 설정하고, 청중의 눈높이를 올바르게 파악하고, 내용이 논리적으로 구성되어야 청중이 만족할 수 있다.

둘째는 창의적이고 차별적인 아이디어idea가 효과적이다.

남과 다른 방법으로 접근하여야 한다. 즉, 신선한 착안과 발상의 전환이 이루어져야 한다. 남과 같은 방법으로 접근하면 청중은 지루함을 느낄 수 있다. 즉, 남과 다르게 접근하고 창의적 요소를 가미하여야 청중의 흥미를 유발할 수 있다.

셋째는 효과적인 전달 능력이 있어야 한다.

스피치기법을 터득해야 한다. 즉, 음성의 강약, 시선 처리, 제스처, 얼굴 표정 등을 적절히 잘 구사하여야 한다. 스피치기법을 잘 활용하고 배우처럼 열정과 확신을 가지고 발표를 하여야 한다.

넷째는 심리마케팅을 이용하라.

청중이 왜, 무엇을 원하는가를 정확히 파악해야 한다. 즉, 심리적인 연구를 해야 한다. 나아가 청중의 주의를 집중시킬 수 있는 방법은 인용하고, 질문하고, 웃겨야 한다. 그리고 내용도 돌발사건이나 의외성, 그리고 실패담 등 기존의 내용과 다른 각도에서 접근하는 것이 더욱 청중을 집중시키는 것이며, 성공적인 프레젠테이션을 하는 것이다.

프레젠테이션시의 자세는 다음 6가지로 나누어 볼 수 있다.

첫째는 원고를 읽듯이 하지 마라. 많은 연습을 통하여 일단 자신의 것으로 만든 다음에 발표를 하여라. 내용을 잘 모르고 하면 프레젠테이션은 실패로 가는 첩경이다. 우선, 이해하고 발표를 해야 한다.

둘째는 전체를 둘러보면서 이야기를 시작하여야 한다. 즉, 침착하고 여유 있게 발표를 하여라.

셋째는 키워드는 몇 번이고 반복하여 이야기하자. 중요한 것은 몇 번 강조하는 것이 효과가 크다. 모든 청중은 나의 모든 이야기를 다 들을 것 같지만, 사실은 자신이 좋아하는 일부분만 듣는다는 것을 알아야 한다.

넷째는 흥미를 가지고 있는 사람을 발견하여 그 사람에게 이야기하듯이 발표한다. 핵심적인 사람이나 영향력이 큰 사람을 중심으로 하여라. 그 사람이 수긍하면 주위의 대부분의 사람들도 수긍하게 된다.

다섯째는 청중을 끌어들여야 한다. 즉, 청중이 공감할 수 있도록 해야 한다. 그렇게 하기 위해서는 청중의 심리 상태를 잘 파악하여 그들의 욕구를 충족시켜 주어야 한다.

여섯째는 짧게 말하여야 한다. 간결하게 이야기하면 초점을 분명히 할 수 있다. 소설 같이 길게 내용을 전개하면 청중이 이해하기 힘들고, 힘들면 들으려 하지 않는다. 그래서 공감할 수 있도록 짧게 하여야 한다.

2. 프레젠테이션의 핵심 7원칙

프레젠테이션을 잘하기 위해서는 핵심 7원칙은 꼭 숙지하여야 한다.

첫째는 먼저 전체를 이야기한다. 그리고 부분으로 옮겨 간다. 프레젠테이션은 한정된 시간 내에 청중을 이해와 설득을 시키는 것이다. 이해와 설득을 잘 시키기 위해서는 서두 부분에 효용이나 가치를 먼저 이야기하면 청중의 집중도가 높아질 수 있다.

둘째는 밝은 음성으로 크게 말하여야 한다. 열정을 갖고 발표하며 적극적인 태도로 임하고, 요점은 반복하는 것이 효과가 크다.

셋째는 미소를 머금고 부드럽게 이야기하라. 예전에는 프레젠테이션을 강하고 크게 하는 것을 능사라고 하였지만, 요즈음은 부드러우면서 감성을 넣어 이야기를 해야 더 많은 감동을 얻을 수 있다. 그 과정에서 웃음은 커뮤니케이션에서 최대의 무기인 것이다. 웃음 띤 밝은 표정으로 시작하면 반은 성공한 것이다.

넷째는 시각화하여라. 그냥 글자의 내용보다는 그림이나 그래프가 더 효과가 크며, 나아가 동영상인 시청각은 더 효과가 크게 작용한다. 시청각적으로 하면 청중은 더 많은 감화를 받을 수 있다.

다섯째는 '3'이란 숫자를 자주 사용하자. 한국인은 '3'이라는 숫자를 좋아한다. '과거, 현재, 미래'도 '3'이며, '왔노라, 보았노라, 이겼노라'도 '3'이다. 이 '3'이라는 숫자는 길지도 그렇다고 짧지도 않은 적당한 길이의 숫자로서, 우리 국민에게는 좋은 의미가 내포되어 있다.

여섯째는 자신감을 갖고 여유롭게 이야기하자. 자신감은 모든 스피치에서 성공의 열쇠이다. 나아가 여유로움과 확신에 찬 신념이 프레젠테이션을 성공적으로 이끈다.

일곱째는 리허설 없이는 진행하지 마라. 연설에서 실패는 용인할 수 있어도, 리허설 없는 실패는 용인할 수 없다는 것이 프레젠테이션에서의 불문율이다. 많은 연습이 프레젠테이션을 성공적으로 이끈다.

05 프레젠테이션 전문가가 되기 위한 5원칙

1. 성공전략을 수립하라

성공적인 프레젠테이션을 위한 가장 중요한 원칙은 철저히 성공전략을 수립하는 것이며, 성공적인 프레젠터가 되기 위해서도 목표달성을 위한 전략수립이 요구된다. 이러한 성공전략을 바탕으로 진행을 하면 성공적인 프레젠테이션이 가능하다.

프레젠테이션 전문가가 되기 위해서는 다음의 내용을 갖추어야 한다.

첫째는 풍부한 전문지식을 쌓아라.

내용이 없이 프레젠테이션을 한다는 것은 빈 깡통이 요란한 것과 같다. 전문가가 되기 위해서는 자신의 분야에 대한 해박한 지식과 풍부한 경험을 갖추어야 한다. 이런 역량을 갖추기 위해서는 많은 경험과 더불어 꾸준한 독서와 자기계발이 필요하다.

둘째는 자신감과 열정이다.

당당한 자신감과 뜨거운 열정을 지닌 사람은 프레젠테이션을 잘 할 수 있다. 자신감과 열정을 갖기 위해서는 긍정적인 마인드와 최선을 다하는 자세가 중요하다.

특히, 프레젠터의 열정적인 의사전달은 그 기가 청중에게까지 전달되어 프레젠테이션을 성공으로 이끄는 매우 중요한 요소가 된다. 나아가 긍정적인 자세가 중요하다. 사람은 자신이 한 말만큼 이루어진다고 한다. 내가 아무리 능력과 기량이 높다고 해도 부정적인 마음과 말은 나의 역량을 발휘하지 못하는 요소로 작용한다.

셋째는 의사전달 기술을 습득하라.

알고 있는 것과 전달하는 것은 별개이다. 특히, 불특정 다수의 청중들 앞에서 하는 프레젠테이션은 많은 노력이 요망된다. 발표기술을 향상시키기 위해서는 전문가의 지도가 요망된다. 내가 춤을 잘 추기 위해서는 춤 전문가의 지도가 필요하듯이, 프레젠테이션 능력을 향상시키기 위해서는 전문가의 지도가 요망된다.

넷째는 인격적인 품성을 갖추어라.

프레젠테이션은 단순한 정보의 전달이나 상품을 청중에게 판매하는 능력을 넘어 프레젠터의 신뢰감까지 파는 행위이다.

그러므로 프레젠터는 단순한 발표의 차원을 넘어 인품적인 요소도 판매하는 것이다. 그러므로 프레젠터 전문가란 지식이나 자신감, 전달기술도 중요하지만, 더욱 중요한 것은 인품이라는 사실을 잘 알아야 한다. 인품에는 연사의 태도, 이미지, 가치관, 인사법, 신뢰감, 표정, 긍정적 마인드, 내용의 깊이 등 모든 면을 망라하는 것이라 할 수 있다.

2. 철저히 준비하라

성공적인 프레젠테이션을 위한 준비에도 전략이 필요하다. 즉, 무엇을, 어떻게, 어떤 방법으로 준비를 할 것인가이다.

성공적인 프레젠테이션의 준비는 4단계로 나누어 볼 수 있다.

1단계는 성공전략을 수립하는 것이다. 전략 없는 승리란 어렵다. 전략이란 내용을 어떻게 짜며, 준비는 어떻게 하며, 전문가의 도움은 어떻게 누구에게 받을 것이며, 예산은 얼마로 할 것이며, 리허설은 언제, 어떻게 할 것이라는 구체적인 계획을 의미한다.

2단계는 자료와 정보 수집이다. 성공적인 프레젠테이션은 철저한 자료 수집에서 나온다는 말이 있다. 자료 수집방법은 다양하다. 인터넷을 통한 자료 수집이나, 전문서적이나 세미나 등에서 얻을 수도 있고, 신문, 방송 등의 대중매체나 자신의 경험이나 타인의 경험 등 다양한 방법으로 자료를 수집할 수 있다.

3단계는 가외성이다. 잘 준비하여 만든 자료도 당일 바빠서 잘 챙기지 못하면 아무 소용이 없다. 그래서 요즈음 지식 정보사회에는 가외성의 원칙이 있다. 즉, 하나를 더 만드는 것인데, 혹시 내가 가지고 간 USB가 실행이 안되면 큰 낭패를 보게 된다. 이를 방지하기 위해서 하나 더 준비해 가는 것으로, 내용을 USB와 더불어 자신의 메일에 저장을 한다든가, 또 미리 강의 내용을 프린트한다든가 하여 혹시 있을지도 모르는 위험에 대처해야 한다.

4단계는 의상이다. 프레젠터는 옷을 잘 입어야 한다. 왜냐하면 의상은 그 사람의 첫 이미지를 결정하는 데 중요한 역할을 한다. 그래서 복장은 너무 비싼 것을 살 필요도 없지만, 그렇다고 너무 싼 것을 사서 입는 것도 바람직하지 않다고 본다. 적절한 가격에 자신의 이미지에 어울리는 단정하면서도 깔끔한 이미지를 줄 수 있는 복장이 무난하다.

3. 자신감과 열정을 계발하라

"당당한 자신감이야말로 성공의 제1의 비결이다"라고 미국의 사상가 에머슨R. W. Emerson은 말했으며, 스티븐 스코트Steven Scott는 "성공을 위한 최고의 연료는 열정이다"라고 하였고, 슈와프Schwab는 "사람은 그 자신이 무한한 열정을 품고 있는 일에는 대부분 성공한다"라고 하였다. 이처럼 자신감과 열정은 성공으로 이끄는 도구이다.

특히, 프레젠테이션에서 자신감과 열정은 청중을 내 편으로 이끄는 데 중요한 역할을 한다. 이렇게 중요한 것이 자신감과 열정인데, 이를 잘하지 못해 고생을 하는 사람들이 우리 주위에 너무 많다.

자신감의 지나친 부족은 원만하지 못한 대인관계, 대중공포증, 연단불안증 등 다양한 요소를 일으켜 사회생활에서도 많은 지장을 초래하기도 한다.

특히, 내성적이고 소극적인 사람들은 저명한 심리학자 마티 올슨 래니Marti Olsen Laney의 《내성적인 사람이 성공한다》라는 저서의 내용을 잘 기억했으면 한다.

소극적이고 열등감이 높은 사람, 즉 소심함, 나약함, 두려움, 대인공포증, 발표불안증의 문제를 가진 사람은 평소에 자신의 이런 성격 때문에 대인관계가 원만하지 못하고, 발표력도 부족하다. 이런 문제를 수 년 동안 갖고 살다가, 자신감과 열정을 갖추면 이런 문제들을 긍정적으로 극복하면서 삶에 엄청난 변화를 가져오게 된다.

저자 역시 매우 내성적이고 소심한 성격이었다. 별명이 샌님으로 어느 장소에서나 전혀 말을 하지 못했으며, 하물며 대학교 때에도 자기소개 1분만 해도 얼굴이 붉어지고, 가슴이 콩닥콩닥 뛰어 무슨 말을 했는지 전혀 기억이 나지 않고, 무수히 발표를 실패하곤 하였다.

그렇게 하던 내가 웅변을 배우고 스피치 선생이 되고, SBS TV의 '기분 좋은 밤에'라는 프로그램에서 스피치 선생이 되어 강의를 할 줄은 정말 꿈에도 몰랐다. 저자의 경우처럼 내성적이고 소심한 사람도, 마음을 바꾸고 연습과 교육을 받으면, 크게 변모된다는 것을 나 자신을 통해 입증하게 되었다.

청중을 움직이는 화법

1. 열의와 적극성으로 이끌어라.
2. 올바른 자세와 태도는 청중에게 좋은 이미지를 준다.
3. 훌륭한 제스처는 청중을 이끄는 지휘봉이다.
4. 중요한 내용을 클라이맥스로 효과성을 높인다.
5. 자기만의 개성을 발휘한다.
6. 유머로서 웃음을 자아낸다.
7. 나만의 개성 있는 스피치를 연출한다.

4. 리허설 없이는 진행하지 마라

“프레젠테이션에 실패한 사람은 용서할 수 있어도, 리허설 안하고 프레젠테이션을 한 사람은 용서할 수 없다”라는 말이 있듯이, 성공적인 프레젠테이션의 가장 확실한 비결 중의 하나는 리허설이라는 사실을 잊어서는 안된다. 리허설도 그냥 하는 것보다는 방법과 순서를 정해서 하면 더욱 효과적이다.

처음에는 원고를 수차례 반복적으로 연습해서 원고를 내 것으로 만든다. 그 다음에는 실제처럼 가족이나 동료 앞에서 제한된 시간에 맞추어 연습을 해본다.

그 다음에는 가능하면 실제의 장소에서 총리허설을 하는 것이 좋다. 연극이나 대형 뮤지컬, 오페라 등은 수주 전부터 실제 현장에서 리허설을 하는 이유는 바로 한 치의 실수도 있어서는 안되기 때문이다. 그리고 가능하면 자신이 하는 프레젠테이션은 동영상으로 찍어서 잘못된 부분을 수정하는 것도 프레젠테이션의 발전에 크게 기여한다.

또 중요한 것 중의 하나가 질문시에 대처하는 방법이다. 어떤 프레젠터는 프레젠테이션은 매우 잘하였으나, 질문에 대한 답변을 잘하지 못해서 프레젠테이션을 실패하는 경우가 있다. 우선, 청중이 질문을 할 때에는 잘 경청하여야 하며, 좋은 내용의 질문이라고 말한다.

예를 들면, “네, 좋은 질문입니다”, 또는 “매우 예리한 질문입니다”라는 말을 먼저 한 후에 정확하고 간단명료하게 답변을 해야 한다. 다만, 이 과정에서 지나치게 장황하게 설명을 하거나 좌충우돌

하는 모습을 보이면 지금까지 잘한 프레젠테이션의 이미지가 흐려진다.

특히, 질문 과정에서 프레젠터가 잘 모르는 질문을 하면, 이 질문은 이 강의의 부분을 넘어서 잘 모르겠다고 솔직히 이야기하면 된다. 잘 모르는 질문 내용도 모든 질문에 대해 답변을 다해야 한다는 잘못된 생각으로 답변을 하다가는, 그 질문자가 다시 재차 내용이 깊은 질문을 하면 엉뚱한 답변이 되어 현재까지 잘한 프레젠테이션을 실패로 이끄는 경우도 있다.

5. 뛰어난 커뮤니케이션 능력을 계발하라

미국 CNN의 앵커 래리 킹Larry King은 "말을 잘하는 사람이 성공한다"라고 하였고, 세계적인 지식경영학자 피터 드러커Peter F. Drucker는 "인간에서 가장 중요한 능력은 자기표현이며, 현대의 경영이나 관리는 커뮤니케이션에 의해 좌우된다"라고 하였다.

이처럼 말은 단순한 의사표현이나 전달의 차원을 넘어 그 사람의 사고나 지식, 경험, 사상, 인격 등 모든 것을 내포하고 있는 것이다.

뛰어난 커뮤니케이션은 무에서 유를 창조한다고 한다. 우리가 지하철에서 똑같은 물건을 같은 고객에게 파는데, 먼저 파는 사람은 말이 어눌하여 하나도 팔지 못하였는데, 뒤에 온 사람은 언변술이 뛰어나 많이 파는 것을 보았을 것이다.

뛰어난 커뮤니케이션 능력은 선천적인 역량도 있지만, 교육이나 훈련에 의해서 후천적으로 얻는 역량에 의해 더욱 크게 능력을 발휘할 수 있다. 다만, 다수의 청중을 대상으로 하는 프레젠테이션은 결코 하루아침에 이루어지지 않는다. 부단한 노력과 지속적인 훈련을 한다면 누구나 뛰어난 프레젠테이션의 전문가가 될 수 있다.

효율적인 의사소통의 5원칙

1. 상대편의 입장에서 이야기하라.
2. 서두에 흥미와 효용가치를 부각시켜라.
3. 감성적 커뮤니케이션을 구사하라.
4. 상대방의 가치를 존중하라.
5. 자신감은 갖되 겸손하게 말하라.

제12장

유명 인사의 스피치

신념이란 단순히 갖고 있는 무엇을 뜻하는 것이 아니다.
신념이란 실천하는 무엇이다.

-버락 오바마-

Speech

01 프로 연사의 장점을 벤치마킹하라

프로 연사들은 자신들만의 독특한 장점이 있다. 그 중에서 많은 프로 연사들의 공통점은 자신의 탁월한 전문성과 독특한 기술, 그리고 차별화된 콘텐츠를 갖고 있다. 프로 연사들은 자신의 콘텐츠를 잘 말할 수 있는 능력과 요건을 갖추고 있다. 그들은 자신의 분야에서 많은 연구를 하여 업적을 남겼으며, 다양한 현장경험과 저서 등 많은 실적물을 가지고 있다.

하버드 대학의 종신교수인 존 코터John P. Kotter는 리더십과 변화이론의 권위자로서 그의 책은 전 세계에 번역될 정도로 탁월한 리더십 전문가이다. 그는 철저한 현장연구와 사례분석 나아가 문제에 대한 대안 제시는 타의 추종을 불허할 정도로 뛰어나다.

존 코터 교수는 강의하기 전에 항상 리허설을 하는데, 하루 전날 실제 강의와 똑같이 하고 모든 스태프가 단 한 명도 빠져서는 안 된다는 것이다. 이 리허설의 장점은 스태프들이 당일 강의가 어떻게 흘러가는지를 미리 숙지를 하고, 혹시 나타나는 강사 따로, 시스템 따로의 문제점을 해결한다는 것이다. 이렇게 철저한 준비와 완벽한 리허설로서 능력을 갖춘 후에 단상에 오른다.

또 프로 연사들은 자신만의 독특한 기술을 가지고 있다. 프로 연사들은 자신의 연설 내용을 자신만의 독특한 커뮤니케이션 기술로 청중과 공유한다. 물론 자신만의 탁월한 기술을 연마하여야 한다.

《성공하는 사람들의 7가지 습관》을 저술한 하버드 대학 교수 스티븐 코비Stephen Covey는 강의시에 독특하게 시작하고, 청중을 참여시키고, 스토리텔러가 되어 재미있게 이야기를 풀어 가고 언어의 리듬감을 살린다.

통일운동가 백기완 선생은 온몸으로 노래하고, 춤추고, 온몸으로 시를 읊는다. 그는 그렇게 자신의 마음을 노래하면서 뜨거운 염원을 온몸으로 표현함으로써 청중의 가슴을 울린다.

프로 연사들은 강의 내용도 차별화를 추구한다. 자신의 분야에서 몇십 년을 연구하고 강의를 한 전문가들이다. 이들은 자신의 분야에서 가장 핵심적인 부분을 내용으로 제시하여 최고의 찬사를 받는다.

브라이언 트레이시Brian Tracy는 감동을 주는 파워 스피치를 구사한다. 가난한 거지에서 백만장자가 된 자신만의 실전 노하우에 이론을 접목한 인생철학을 콘텐츠로 활용한다. 이렇게 프로 연사는 자신만의 전문성과 커뮤니케이션에서의 차별화된 스킬과 내용으로 청중의 마음을 사로잡는다.

02 오바마의 설득법을 인용하라

1. 탁월한 오바마의 스피치를 알아라

21세기 최고의 스피커는 버락 오바마Barack Obama라고 할 정도의 그의 스피치 능력은 대단하다. 오바마는 여러 가지 탁월한 연설 능력이 있었지만, 더욱 청중을 울린 것은 그의 진정성이다.

오바마의 스피치는 내용이 훌륭한 논리적 완결성을 갖추고 있고, 설득 기술은 최고의 경지에 오른 뛰어난 전달자이며, 청중을 이해하고 희망으로 이끄는 탁월한 청중 분석 능력을 갖고 있고, 내용은 논리적 완결성을 넘어 감성으로 느낄 수 있는 인간적인 끌림까지도 준다. 즉, 오바마는 비전을 제시하고, 자신감을 불어넣고, 설득하고, 동기를 유발한다.

좋은 스피치는 내용을 잘 전달하는 것이라고 할 수 있다. 내용이란 목적에 맞는 메시지를 구성하는 것이다. 즉, 스피치에서 무엇을 얻고 싶은지 목적을 명확히 정하고, 참여할 청중의 관심사나 참석 이유에 대해 이해하고, 목적과 청중에 맞추어 어떤 테마를 가지고 어떠한 메시지를 전달해야 하는지를 결정하는 것이다.

오바마는 내용을 탁월한 단어로 전달한다. 즉, 내용도 청중들에게 긍정과 희망을 주어 더 많은 미래의 비전을 제시한다. 스피치를 잘 전달하기 위해서는 자신감과 더불어 다양한 표정과 제스처를 잘 구사하여야 한다.

오바마는 등장시부터 자신감을 갖고 당당하다는 느낌이 들 정도로 등장하고, 그리고 천천히 부드럽고 자연스럽게 청중을 본다. 그리고 확신에 찬 말을 한다. 연사가 말에 확신이 없으면, 청중을 설득시킬 수 없다.

다음은 청중 분석이다. 상품 판매 시에 고객의 욕구를 만족시켜야 팔 수 있듯이, 스피치에도 청중이라는 고객을 만족시켜야 한다.

그래서 스피치를 할 때 스피치의 목적과 청중이 누구인지를 명확히 분석하여 그에 맞추어 이야기하여야 한다. 또 청중을 잘 분석하였다고 하더라도 실제 현장에서 청중이 어떻게 반응할지 100퍼센트 정확히 예측하기는 어렵다. 그래서 탁월한 연사는 현장에서의 청중의 반응에 민감하게 잘 대처하여야 한다.

오바마는 청중의 반응에 효과적으로 잘 대처한다. 그리고 내용과 전달력과 청중 분석이 뛰어나다고 하더라도 연사의 상품력이 떨어지면 청중은 감화를 받지 않는다. 연사 스스로 지성과 덕성을 쌓아서 정말로 훌륭한 연사라는 이미지를 심어 주어야 한다.

오바마야말로 혼혈아이고, 어린 시절을 부모의 이혼 등으로 불행한 생활을 하였지만, 대학생이 되어서 독서를 많이 하고 절제된 생활을 하고, 풀뿌리 사회운동가로서 모범을 보여 미국 역사상 처음으로 흑인대통령이 되었다. 오바마가 대통령이 되기까지에는 여러 가지의 요인이 많이 있었지만, 그 중 하나가 탁월한 연설 능력이라는 것은 부인할 수 없는 현실이다.

2. 오바마는 청중을 황홀하게 한다

훌륭한 세일즈맨이 고객들과 관계를 잘 맺어 자신들이 판매하는 상품이나 서비스에 비전을 파는 것처럼, 연사들도 자신의 사상과 내용을 잘 들어줄 청중과 좋은 관계를 맺어야 한다. 오바마의 독특한 설득법을 소개하고자 한다.

첫째는 청중의 관심사에 대해 이야기한다.

연사가 아무리 박식하고 능력이 뛰어나도 청중의 관심사를 이야기하지 않으면 청중은 연사의 이야기를 잘 들으려 하지 않는다. 그래서 오바마는 청중의 대다수를 차지하는 중산층, 서민층의 삶과 이들이 직접적으로 관심을 갖고 있는 정치, 경제, 교육, 환경, 복지, 국방, 문화 등의 문제와 해결책에 대하여 진지하게 이야기하여 청중을 감화시킨다.

둘째는 감정을 이입시킨다.

아무리 좋은 연설의 내용이라 하더라도 딱딱하고 지루하면 끝까지 들으려 하지 않는다. 딱딱함을 줄이기 위해 중간중간에 전달하고자 하는 메시지와 잘 연결되는 이야기나 실제 일화를 예로 들어 스토리텔링으로 전개해 나아가야 한다.

특히, 오바마의 연설이 지루하지 않는 것은 목소리의 크기, 높이, 성량 등이 변화무쌍하기 때문이다. 오바마의 스피치를 듣고 눈물을 흘리는 사람들을 많이 볼 수 있는데, 그 이유는 보통 사람이라면 누구나 수긍할 수밖에 없는 지극히 당연한 논리를 가지고 청중의 머리뿐만 아니라, 마음을 파고드는 진한 감동을 주는 스토리로 구성하여 말하기 때문이다. 특히, 다양한 계층을 설득하려면 논리뿐만 아니라, 감정에도 호소를 하여야 하는데, 감정을 넣어 하는 스피치 능력이 탁월하다.

셋째는 유머를 즐겨 사용한다.

오바마는 같은 내용이라도 유머와 즐거움을 주며 이야기한다. 무거운 주제에 대한 심각한 스피치 도중에 그는 목소리를 변화시킨다든지, 또는 청중들이 하는 말에 맞장구를 함으로써, 청중들을 크게 웃게 만든다. 이렇게 함으로써 청중들이 그에게 호감을 갖게 되고, 더욱 친숙하게 스피치를 진행하게 된다.

넷째는 청중에게 질문을 던지고 참여시킨다.

오바마는 청중을 향해 질문을 던져 청중들이 그 질문에 대해 생각하고 대답하게 하여 스피치의 깊이를 더하게 만든다. 청중이 일방적으로 듣는 것이 아니라, 오바마와 주고받는 쌍방향 커뮤니케이션을 구사한다. 또 "Yes, we can"과 같은 슬로건을 반복적으로 사용하여 청중들이 그 슬로건을 따라하게 만든다.

다섯째는 열정으로 한다.

눈맞춤에서 청중 누구 하나도 소외시키지 않고 다 포용하려고 하듯이, 오바마의 스피치는 내용면에서도 다양한 청중을 포용한다. 즉, 어느 계층도 "나는 여기 들러리인데, 왜 와 있는 거지?"라는 생각이 들지 않도록 주위를 기울이고, 그들 모두를 배려하고 감싸 안는 언어와 내용으로 스피치를 구사한다.

특히, 오바마는 스피치시에 열정이 뛰어나다. 열정이 넘쳐흐르는 스피치는 청중을 감동하게 만든다. 열정은 내용만으로 전달되는 것이 아니라, 말로 하지 않는 얼굴 표정, 시선, 몸의 움직임, 제스처나 목소리, 전체적인 느낌 등의 여러 요소가 복합적으로 작용한다.

오바마가 강조하는 부분들은 청중이 머리로도 가슴으로도 가장 공감하는 부분이기 때문에, 그의 열변과 합쳐져서 청중의 마음을 더욱 움직이는 것이다. 청중이 환호하고 열광하게 한 후에 오바마는 분위기를 바꾸어 조용히 묻는다. 즉, 청중은 바뀐 분위기를 감지하고 더 집중해서 듣는다. 그리고 오바마의 질문에 자신도 모르게 대답한다.

대중연설은 쌍방향 커뮤니케이션이다. 청중과 함께 호흡하고 같이 울고, 웃고, 질문하고, 대답하게 하라. 그래서 청중이 구경꾼이 아닌 연설의 주인공이라고 믿게 되는 순간 한마디 한마디의 말은 청중들의 머리와 가슴에 스며들게 된다.

연설가로서의 오바마는 울림이 풍부한 바리톤 음성을 타고난 것도 큰 자산이다. 이에 덧붙여 오바마는 자신의 목소리를 마치 정밀 음향기기 조정하듯이 다루는 능력이 뛰어나다. 오바마는 연설의 내용에 따라 사색에 잠긴, 분노한, 낙관과 결의에 넘치는 톤으로 목소리의 빛깔을 자유자재로 바꾼다.

또한 오바마는 말을 빨리 하거나, 속도를 늦추거나, 음량을 높이거나, 필요하다고 생각되면 목소리를 끄는 등 다양한 기술을 구사한다. 그리고 오바마는 언제 침묵을 해야 하는지도 정확히 안다. 또 오바마의 또 다른 역량은 보디랭귀지를 역동적인 이미지로 그려 사람들의 마음을 움직인다.

그리고 그는 다양한 수사법 중 무엇을 언제 써야 할지를 잘 알고 있으며, 주제와 감정을 의인화하고, 이미지의 후진, 반복재생기법을 사용하며, 효과적으로 일화를 이야기하는 그의 능력과 전하고자 하는 메시지를 압축하고 구체화시켜 연설 후에도 오랫동안 기억되도록 하는 그의 테크닉은 다른 연설가들과 차별화되고 있다.

여러 독자들도 오바마처럼 연습하고 노력하여 스피치의 전문가가 되길 바란다.

핵심 내용

품격의 스피치를 구사하라

말은 그 사람의 품격을 결정하는 잣대이다. 말 속에서 그 사람의 인생항로가 담겨져 있다. 상황에 맞는 적절한 예의를 갖추고 진지하게 경청을 하고 진심에서 우러나오는 말을 하고, 청자의 욕구를 파악하여 말의 내용에 신경을 쓰고, 올바른 말투를 사용하고 유머 감각을 갖고 자신감 있게 말하는 것이 품격의 스피치이다. 사람의 화술에서 품격과 매력이 나타나며 품격의 스피치는 다음 7가지 내용을 잘 준수하여야 한다.

1. 진지한 경청은 상대를 존중하는 가장 좋은 표현이다

세익스피어W. Shakespeare는 "세련된 화법은 듣는 것으로부터 출발한다"라고 하였다. 경청은 예의 바른 행동이자, 화자에 대한 존경의 표현이다. 그래서 경청을 잘하면 상대방으로부터 신뢰를 얻을 수 있다. 타인에게 존중을 받는 것을 원하지 않는 사람이 어디 있겠는가? 당신이 겸손하고 진지하게 경청하면 상대방은 존중받고 있다고 느낀다.

경청시의 자세는 부드럽게 웃으면서 고개를 끄덕여라. 웃으면서 고개를 끄덕이는 것은 상대방에게 긍정과 격려의 의미가 들어 있는 것이다. 나아가 더욱 경청을 잘하는 방법은 기록하는 것이다. 기록은 상대로 하여금 존중받고 있다는 생각을 들게 하는 것이며, 상대의 요점을 정확히 파악할 수 있고, 이로 인하여 더욱 원활하게 의사소통을 할 수 있다.

《탈무드》에 "인간은 입이 하나 귀가 둘 있다"라고 하였다. 이 말의 뜻은 말하기보다 듣기를 두 배 더 하라는 뜻이다.

도미타 타카시는 성공의 언어에는 7 : 3의 대화법이 있다고 한다. 상대가 7을 말하게 하고, 자신은 3을 말하는 것이 대화의 황금률이라는 것이다.

세계적인 토크쇼의 1인자 오프라 윈프리Oprah Winfrey는 뛰어난 달변가라기보다는 공감과 경청의 달인이라고 한다.

철강왕 앤드류 카네기Andrew Carnegie는 "말을 잘하는 것은 지식이지만, 말을 잘 듣는 것은 지혜다"라고 하였다. 잘 들어라! 그것이 상대를 사로잡는 최강의 비법이다.

2. 진심에서 우러나오는 말을 하여라

가식적인 말이나 진심이 가미되지 않는 말은 아무리 화려해도 공허한 울림에 불과하다. 꾸며서 하는 말은 한계가 있다. 말에는 진심이 담겨 있어야 듣는 사람의 마음을 움직일 수 있다. 이것을 진정성이라고 하는데, 이는 마음 속으로부터 우러나오는 본심의 이야기를 뜻하는 것이다.

말은 그 사람의 내면의 표현이라고 한다. 항상 독서하고 사색하여 좋은 명언이나 속담 등을 활용하여 말하여야 한다. 말은 진정성을 갖고 쉽고 감동적으로 이야기를 해야 말의 품격이 올라가는 것이다.

3. 청자의 욕구를 충족시켜라

심리학자 알프레드 아들러Alfred Adler는 "타인에게 관심이 없는 사람은 평생을 역경에 시달리고 남에게 상처를 준다. 세상의 모든 실패는 바로 이런 사람에게서 일어난다"라고 하였다. 이처럼 타인에게 관심이 없는 사람은 실패하고, 성공하는 사람은 상대방에게 깊은 관심을 갖고 상대방의 흥미를 유발하거나, 상대를 감동시키는 말을 하는 사람이다.

특별히 말재주가 없다고 하여도 상대의 입장에서 이야기하고 상대와 같은 눈높이에서 공감대를 형성하면서 이야기하면 설득과 소통이 잘 이루어진다. 말의 시작은 논리적으로 상대방을 설득하기에 앞서 상대의 감정을 먼저 읽고, 상대방과 같은 마음으로 공감을 느끼도록 이야기하는 것이 우선이다. 상대방의 특성은 고려하지 않고 자신이 좋아하는 것만 이야기를 하면 말의 효과는 나타나지 않는다. 그래서 말에는 상대방의 눈높이에 맞추어 이야기하여야 하는 것이다.

학생을 대상으로 이야기를 하려면 학생의 입장에서 이야기를 하여야 하고, 농부를 대상으로 이야기를 하려면 농부의 특성을 잘 파악하고 이야기를 하여야 한다. 즉, 과부가 홀아비의 마음을 잘 알듯이 상대방의 입장이나 특성을 충분히 파악하고 이야기를 하여야 상대방도 공감하고 설득도 쉽게 할 수 있는 것이다. 한비자(韓非子)의 책에 "설득이 어려운 것은 상대의 마음을 잘 알 수 없기 때문이다"라는 의미를 잘 파악하여야 한다.

4. 콘텐츠에 정성을 쏟아라

스피치는 진실한 콘텐츠의 힘으로 내 삶을 표현하는 것이다. 아무리 스피치 능력이 뛰어나도 내용이 부실하면 청중을 설득하는 데에는 한계가 있다. 훌륭한 스피치에는 철학이 담겨져 있어야 한다. 즉, 그냥 생각나는 대로 아무 말이나 하는 것이 아니라, 깊은 사상과 심오한 철학이 담겨 있어야 한다. 즉, 스피치는 타인의 삶을 업그레이드시키거나 최소한 좋은 영향을 주기 위해서 하는 말이다. 그래서 스피치에는 화자의 경험과 지식, 지혜가 담긴 콘텐츠가 중요하다.

또 콘텐츠도 누구나 다 아는 그런 내용이 아니라, 남들이 하지 못하는 나만이 할 수 있는 말, 나만의 콘텐츠를 갖추어야 비로소 청중이 더욱 귀를 기울이게 된다. 그래서 탁월한 스피치는 깊은 연구와 노력에 의해서 나오는 것이다.

세계 제일의 갑부 빌 게이츠Bill Gates는 어떻게 해서 세계 제일의 갑부가 되었느냐는 질문에 "나는 미국의 하버드 대학을 나와서 세계 제일의 갑부가 된 것이 아니라, 시간 있을 때마다 도서관에서 독서를 한 것이 오늘의 내가 되었다"라고 하였다. 이처럼 품격의 스피치를 구사하기 위해서는 내용이 중요한데, 내용을 잘 갖추기 위해서는 독서가 절대적으로 중요하다. 독서는 지식과 지혜와 용기를 얻게 해 주는 무기이다.

5. 말투와 억양을 개발하라

말의 내용만큼 중요한 것이 말의 방식이다. 같은 말이라도 말투와 억양에 의해서 의미가 크게 달라진다. 철학자 허버트 스펜서Hebert Spencer는 "억양이란 지성의 주장 위에 감정의 논평을 싣는 것이다"라고 하였다. 이 말의 뜻은 억양의 변화가 말 자체보다 더 많은 의미를 보인다는 것이다.

유만근 교수는 품격의 언어에는 발음이 정확해야 한다고 하였다. 같은 말을 해도 부드럽게 하는 것이 말의 품격을 높이는 것이다. 평상시 좋은 인상을 갖고 있어도 말이 거칠고 말투가 쌍스럽거나 비논리적이면 그 사람의 품격이 떨어진다. 상대방을 비하하는 말투나 지나친 자기 독선에서 벗어나 한마디를 하더라도 신중하고 따뜻하며 정감 있는 화법을 사용하여야 한다.

또 좋은 목소리로 발성을 하여야 한다. 좋은 목소리를 내기 위해서는 수많은 노력이 필요하다. 방송국의 성우들이 좋은 목소리를 내기 위해서 피나는 노력을 한다는 것을 알아야 한다. 교양 있게 보이려면 외투를 잘 입어야 하는 것처럼, 남들에게 호감을 주려면 말투를 제대로 갖추어야 한다. 나그네의 옷을 벗게 하기 위해서는 매서운 강풍이 아니라, 태양의 따스함이라는 것을 알아야 한다.

6. 유머 있게 해라

유머는 고도의 지성과 감성이 균형적으로 발달된 성숙한 인격에서 우러나오는 가장 인간적인 삶의 방식이며, 인간관계의 활력소이고 청량제이다. 유머 감각이 풍부한 사람은 업무를 경직시키지 않고 원활하게 일을 해낸다. 그래서 유머는 일의 능률을 높이는 부드러운 카리스마라고 한다. 유머는 설득력의 원천이며, 좋은 인상을 심어주고 엔도르핀endorphin이 생겨 삶의 활력을 준다. 암세포가 가장 징그러워 하는 사람이 웃는 사람이라고 한다. 즉, 웃으면 도파민dopamine이 생겨 암세포를 잡는다고 한다.

또 유머는 대화와 협상의 성공비결이다. 협상의 분위기가 딱딱해질 때 적절한 유머 한마디가 분위기를 부드럽게 만들고 협상을 성공으로 이끈다.

인도의 수상 간디Mahatma Gandhi는 유머 감각으로 비폭력 평화시위를 성공적으로 이끈 인물로 유명하다. 그는 "유머는 메마른 인간관계에 청량제 작용을 하는 것"이라고 하였다. 유머는 인생을 즐겁게 만드는 기폭제이다. 웃음이 넘치는 샘물이며, 웃음꽃이 피어나는 들판이다. 이처럼 유머는 매력을 주고 품격의 스피치를 구사하는 중요한 요소이다.

7. 자존심을 갖고 자신감 있게 말하라

자존심이란 스스로를 존중하는 마음이다. 구체적으로 말하면 외부의 환경이나 조건과 관계없이 스스로를 존중하는 것이다. 세상의 누가 나를 하찮고 업신여긴다고 해도 스스로는 자기 자신을 귀하고 소중한 존재로 보는 것이다.

자신감은 "어떠한 것을 할 수 있다"라는 것으로 어떤 결과를 성공적으로 수행하는 데 큰 역할을 한다. 대화에서 자존심을 갖고 자신감 있게 하여야 한다. 내가 말을 하다가 실수한다고 상대가 나를 업신여기거나 멍청이로 생각할 것이라고 겁먹지 말자.

사람은 누구나 미완성이다. 이 세상에 모든 면에서 한치의 오차도 없이 완벽하게 하는 사람은 아무도 없다. 다만, 준비는 철저히 하고 말하는 그 순간에는 당당하고 자신감 있게 이야기를 하여야 한다. 그렇게 해야 자신이 대화하는 과정에서 불안감도 사라지고 떳떳하게 말을 잘할 수 있는 것이다.

나폴레옹Napoleon은 엘바섬을 탈출하여 프랑스의 영광을 재현하고자 동지를 규합하고자 할 때, 여러 면에서 상황은 어려웠으나, 나폴레옹은 자신에 찬 눈빛과 말 속에서 승리의 확신을 얻어 짧은 시간에 많은 사람을 규합할 수 있었다고 한다. 자신감이야말로 무에서 유를 창조하는 원동력이다.

참고문헌

강치원, 토론의 힘, 2013, 느낌이 있는책.

강헌구, 단 한마디 말로도 박수 받는 힘, 2013, 위즈덤하우스.

김경태, 스티브 잡스의 프레젠테이션, 2009, 멘토르.

김미경, 김미경의 아트 스피치, 2010, 21세기북스.

김양호 외, 대중화술, 1987, 도서출판 시몬.

______, 대중화술의 비결, 2003, 영언문화사.

김영임, 스피치 커뮤니케이션, 2006, 한국방송통신대학교 출판부.

김영준, 성공취업 클리닉백서, 2006, 백산출판사.

김용환, 상대를 사로잡는 면접의 기술, 2006, 버들미디어.

김은성, 마음을 사로잡는 파워 스피치, 2007, 위즈덤하우스.

김은주, 명강의 핵심전략, 2004, 연세대학교 출판부.

김진모 · 이용환, 효과적인 프레젠테이션 스킬, 2008, 서울대학교 출판부.

김진배, 유머화술, 2005, 도서출판 무한.

데일 카네기, 화술 1, 2, 3의 법칙, 2003, 도서출판 들녘미디어.

______, 카네기 대화론, 2003, 도서출판 매일.

______, 카네기 스피치와 커뮤니케이션, 2004, 씨앗을 뿌리는 사람.

도리스 메르틴, 똑똑하게 대화하라, 2006, 비즈니스 북스.

류석우, 세계 최고의 명강사를 꿈꿔라, 2006, 씨앗을 뿌리는 사람.

문병용, 오바마의 설득법, 2009, 도서출판 길벗.
박경현 외, 리더와 말 말 말, 2006, 도서출판 역락.
박보식, 리더십, 2014, 대영문화사.
박영찬, 카네기식 휴먼스피치, 2012, 시그마북스.
박인옥, 유머를 밝히면 세상이 즐겁다, 1999, 도서출판 무한.
박정길, 1% 다른 스피치, 2008, (주)비전비엔피 · 비전코리아.
안은표, 나의 가치를 높여주는 화술, 2005, 시아출판사.
양서편집기획실, 자기소개서 입사면접, 2004, 양서원.
용해원, 유머의 법칙, 2004, 도서출판 청우.
우치야마 다쓰미, 성공을 부르는 대화의 기술, 2004, 도서출판 형설.
우치야마 다쓰미 외, 성공을 원하면 화술에 능하라, 1994, 행담.
윌리엄 장, 100일 만에 프레젠테이션 전문가 되기, 2008, 도서출판 무한.
윤미선, 윤미선의 파워스피치, 2013, (주)미르북컴퍼니.
윤치영, 마음을 움직이는 따뜻한 대화법, 2013, 시그널북스.
이근면, 면접의 키포인트 55, 2009, 위즈덤하우스.
이서영, 끌리는 말에는 스토리가 있다. 2012, 위즈덤하우스.
이서정, 이기는 대화, 2013, 머니 플러스.
이연택, 토론의 기술, 2003, 21세기북스.
이정옥, 토론의 전략, 2009, 문학과 지성사.
이정환, 재치 있는 말 한마디가 인생을 바꾼다, 2006, 시아출판사.
임순재, 현대 비서 실무, 2001, 한올출판사.
임유정, 성공을 부르는 스피치 코칭, 2013, 원앤원북스.
임태섭, 스피치 커뮤니케이션, 2001, 연암사.
정순인, 성공하는 사람은 스피치에 강하다, 2004, 갑진출판사.
조원환, 스피치와 프리젠테이션, 2002, 갑진출판사.
천태윤, 토의 토론 회의 방법론, 2004, 선학사.
커트 모텐슨, 무엇을 해도 잘 풀리는 사람의 설득 기술, 2009, 황금부엉이.

한국소설문학연구회, 재미있게 풀어쓴 고사성어, 2005, 도서출판 송정.
후쿠다 타케시, 프레젠테이션 잘하는 법, 2006, 바른지식.

Shel Leanne, Say it Like OBAMA(오바마처럼 말하라), McGraw hill.

지적 대화를 위한 품격의 스피치

펴낸날 | 제1판 제1쇄 2015년 11월 20일

지은이 | 박보식
펴낸이 | 임춘환
펴낸곳 | 도서출판 대영문화사
주소 : 서울특별시 용산구 청파로 61길 5(청파동 1가) 제일빌딩 2층
전화 : (02)716-3883, 714-3062
팩스 : (02)703-3839
홈페이지 : http://www.dymbook.co.kr
출판등록 : 1975년 12월 26일 제3-16호

정　가 | 15,000원

© 박보식, 2015
ISBN　978-89-7644-533-9

• 잘못된 책은 바꾸어 드립니다.
• 이 책의 내용은 저작권법의 보호를 받습니다.